PFEFFER

Schnittstelle Arbeits- und Sozialrecht

Leitfaden mit Praxistipps

AF871786

Schnittstelle Arbeits- und Sozialrecht

Leitfaden mit Praxistipps

Julia Pfeffer
Richterin am Sozialgericht Gießen

BOORBERG

Bibliografische Information der Deutschen Nationalbibliothek |
Die Deutsche Nationalbibliothek verzeichnet diese Publikation in der Deutschen Nationalbibliografie; detaillierte bibliografische Daten sind im Internet über www.dnb.de abrufbar.

ISBN 978-3-415-07678-5

© 2024 Richard Boorberg Verlag

Das Werk einschließlich aller seiner Teile ist urheberrechtlich geschützt. Jede Verwertung, die nicht ausdrücklich vom Urheberrechtsgesetz zugelassen ist, bedarf der vorherigen Zustimmung des Verlages. Dies gilt insbesondere für Vervielfältigungen, Bearbeitungen, Übersetzungen, Mikroverfilmungen und die Einspeicherung und Verarbeitung in elektronischen Systemen.

Titelfoto: © InnovPixel – stock.adobe.com
Satz: abavo GmbH, Nebelhornstraße 8, 86807 Buchloe
Druck und Bindung: Laupp & Göbel GmbH, Robert-Bosch-Str. 42, 72810 Gomaringen

Richard Boorberg Verlag GmbH & Co KG | Scharrstraße 2 | 70563 Stuttgart
Stuttgart | München | Hannover | Berlin | Weimar | Dresden
www.boorberg.de

Vorwort

Oft liest man, Arbeits- und Sozialrecht seien „eng miteinander verknüpft" – was tatsächlich maßlos untertrieben ist, denn Arbeits- und Sozialrecht sind ohneeinander faktisch nicht zu denken. Es lohnt sich daher stets und ist in Beratungssituationen unabdingbar, einen vordergründig arbeitsrechtlichen Sachverhalt durch die Brille des Sozialrechts und einen vordergründig sozial(versicherungs-)rechtlichen Sachverhalt durch die Brille des Arbeitsrechts zu betrachten. Selbstverständlich hat die Betrachtung von Schnittstellen allgemein bei der Vertretung von Arbeitnehmer- und Arbeitgeberrechten, von Versicherten-, Leistungsempfänger- und Behördeninteressen auch in anderen Bereichen seine Daseinsberechtigung. Arbeits- und Sozialrecht haben jedoch so große Schnittmengen, dass das eine sinnvollerweise nicht ohne die Betrachtung des anderen zu einem schlüssigen Ergebnis gebracht werden kann. Als klassischer Fall mag zur simplen Veranschaulichung der Abschluss eines Aufhebungsvertrages dienen, der ohne Berücksichtigung seiner sozialrechtlichen Auswirkungen nicht nur zu einer Sperrzeit, sondern auch zu versicherungs- und beitragsrechtlichen Folgeproblemen führen kann, wie bspw. eingeschränktem Versicherungsschutz nebst Leistungsverlust in der gesetzlichen Krankenversicherung (Stichworte: Nachgehender Leistungsanspruch, freiwillige Versicherung, Krankengeld).

Schnittstellen bestehen allerdings nicht nur zwischen dem Arbeitsrecht und dem Recht der Arbeitsförderung (SGB III), sondern im Verhältnis zu nahezu allen Zweigen der Sozialversicherung und dem Sozialrecht allgemein. Diesen Schnittstellen wird in der Praxis häufig nicht die gebotene Aufmerksamkeit geschenkt, was in der anwaltlichen Mandatsbetreuung u. U. zu optimierungswürdigen (nicht zwingend optimierungsbedürftigen) Vergleichen führt und zur Nichtnutzung sinnvoller Gestaltungsmöglichkeiten, in der Behördenpraxis im schlimmsten Falle zu Informations-, Beratungs- und Aufklärungslücken.

Auch die Betrachtung prozessualer Unterschiede zwischen Arbeits- und Sozialrecht lohnt sich stets. Ausgehend von der Annahme, dass das Prozessrecht dem materiellen Recht folgt und ihm zu seiner Durchsetzung verhilft, lässt sich bereits hieran erkennen, dass beide Rechtsgebiete auf prozessualer Ebene weit weniger gemein haben, als man auf den ersten Blick annehmen könnte. Auf sozial(versicherungs-)rechtlicher Ebene zeigt sich einmal mehr das drastische Ungleichgewicht zwischen Versichertem/Leistungsempfänger und Behörde, wenngleich auch im Arbeitsrecht durch den Begriff der abhängigen Beschäftigung ein Über-/Unterordnungsverhältnis besteht. Die Ausprägung dieses „Machtgefälles" ist jedoch in beiden Rechtsgebieten unterschiedlich stark, was auf prozessualer Ebene dazu führt, dass im Sozialrecht, soweit es ein Über-/Unterordnungsverhältnis betrifft, zahlreiche Zugangserleichterungen zum Recht bestehen, die es zu kennen, zu berücksichtigen und zu nutzen gilt, deren Begrenztheit sich jedoch stets vor Augen geführt werden sollte.

Diesen Unterschieden und Gemeinsamkeiten widmet sich das vorliegende Praxishandbuch, das genau als solches zu verstehen ist und aus Anlass meiner Leidenschaft für beide Rechtsgebiete und meiner Vergangenheit als Rechtsanwältin im Arbeitsrecht entstanden ist. Der Fokus liegt daher weniger auf Vollständigkeit, als auf Relevanz und dem Bedürfnis, Stolpersteine aufzuzeigen, Handlungsmöglichkeiten und -empfehlungen an die Hand zu geben. In der Hoffnung, genau das mit diesem Buch zu erreichen.

Julia Pfeffer

Richterin am Sozialgericht

Gießen, im August 2024

Inhaltsverzeichnis

A. Das Recht der Arbeitsförderung (SGB III) aus arbeitsrechtlicher Sicht

I. Grundsätze und versicherter Personenkreis

Das Dritte Buch Sozialgesetzbuch (SGB III) trägt den wohlklingenden, optimistischen Titel „Arbeitsförderung". Bereits hieran zeigt sich, dass das SGB III aus viel mehr besteht als lediglich der wohl bekanntesten Leistung, dem Arbeitslosengeld. Die Arbeitsförderung soll nach § 1 Abs. 1 S. 1 SGB III dem Entstehen von Arbeitslosigkeit entgegenwirken, die Dauer der Arbeitslosigkeit verkürzen und den Ausgleich von Angebot und Nachfrage auf dem Ausbildungs- und Arbeitsmarkt unterstützen. Sie soll nach § 1 Abs. 1 S. 2 SGB III weiter dazu beitragen, dass ein hoher Beschäftigungsstand erreicht und die Beschäftigungsstruktur ständig verbessert wird. Hierbei richten sich die Leistungen und Instrumente der Agentur für Arbeit, mit denen diese Ziele erreicht werden sollen, sowohl an Arbeitnehmerinnen und Arbeitnehmer, als auch an Arbeitgeber.

Damit die Gewährung von Leistungen überhaupt in Betracht kommt, muss zunächst ein **Versicherungspflichtverhältnis** im Sinne des SGB III vorliegen oder – z.B. relevant bei Leistungen an Arbeitgeber – ein solches begründet werden. In einem Versicherungspflichtverhältnis stehen nach § 24 Abs. 1 SGB III Personen, die als Beschäftigte oder aus sonstigen Gründen versicherungspflichtig sind. Der Begriff der Beschäftigung wiederum ist, wegen der Relevanz für alle Sozialversicherungszweige, im SGB IV, genauer in § 7 Abs. 1 S. 1 SGB IV, legal definiert. Hiernach ist „Beschäftigung die nicht selbstständige Arbeit, insbesondere in einem Arbeitsverhältnis". Die Begriffe **Arbeitsverhältnis** und **Beschäftigungsverhältnis** sind demzufolge nicht deckungsgleich. Hat beispielsweise eine Beschäftigung nur faktisch ein Ende gefunden, obwohl das Arbeitsverhältnis (sozusagen als „leere Hülle") fortbesteht, wird die Unterscheidung zwischen Arbeits- und Beschäftigungsverhältnis deutlich. Da im SGB III nur die versicherungspflichtige Beschäftigung leistungsrechtlich von Bedeutung ist, nicht aber der bloße Bestand eines Arbeitsverhältnisses, ist das Verständnis dieser Unterscheidung wichtig.

Der Beschäftigungsbegriff selbst teilt sich noch einmal auf in das sogenannte **„leistungsrechtliche" Beschäftigungsverhältnis** und das **„beitragsrechtliche" (auch: „versicherungsrechtliche") Beschäftigungsverhältnis.** Leistungsrechtlich findet das Beschäftigungsverhältnis beispielsweise bei unwiderruflicher Freistellung unter Fortzahlung der Vergütung, versicherungsrechtlich demgegenüber regelmäßig erst mit Beendigung des Arbeitsverhältnisses, wenn der Vergütungsanspruch entfällt, sein Ende.

Anhaltspunkte für eine Beschäftigung sind eine **Tätigkeit nach Weisungen** und eine **Eingliederung in die Arbeitsorganisation** des Weisungsgebers. Liegt keine Versicherungspflicht vor, kann unter den Voraussetzungen des § 28a SGB III ein **Versicherungspflichtverhältnis auf Antrag** begründet werden, das ist insbesondere für Personen relevant, die eine selbstständige Tätigkeit mit einem Umfang von mindestens 15 Stunden wöchentlich aufnehmen und ausüben.

Beispiel (auf Antrag versicherte Selbstständige):

Sind Selbstständige auf Antrag in der Arbeitslosenversicherung versichert, besteht später im Leistungsfall der Arbeitslosigkeit häufig **Streit über die Höhe des zu bewilligenden Arbeitslosengeldes**. Da Selbstständige kein „Arbeitsentgelt" erzielen, berechnet sich das Arbeitslosengeld auch nicht an ihrem Einkommen. Der Bemessung ist vielmehr ein fiktives Arbeitsentgelt zugrunde zu legen.

Für die Festsetzung des fiktiven Arbeitsentgelts ist die oder der Arbeitslose der **Qualifikationsgruppe** zuzuordnen, die der beruflichen Qualifikation entspricht, die für die Beschäftigung erforderlich ist, auf die die Agentur für Arbeit die Vermittlungsbemühungen für die Arbeitslose oder den Arbeitslosen in erster Linie zu erstrecken hat, § 152 Abs. 2 S. 1 SGB III. Hierbei kommt es grundsätzlich auf eine rein formale Betrachtungsweise an, also auf den tatsächlich jeweils erworbenen (höchsten) Bildungsabschlusses. Dies kann im Einzelfall dazu führen, dass beispielsweise bei Geschäftsführertätigkeit mit hohem Einkommen eine unbefriedigende, da im Ergebnis niedrige Qualifikationsgruppe der Bemessung des Arbeitslosengeldes zugrunde gelegt wird.

Wie auch in anderen Zweigen der Sozialversicherung sind z.B. Beamte, Richter, Berufssoldaten und Geistliche nach § 27 Abs. 1 SGB III **versicherungsfrei**, ebenso Personen, die geringfügig im Sinne des § 8 SGB IV beschäftigt werden. Hieran zeigt sich wieder einmal, dass die Frage der Versicherungspflicht für die einzelnen Zweige der Sozialversicherung stets getrennt zu betrachten ist. In der Rentenversicherung sind (entgelt-)geringfügig Beschäftigte nämlich grundsätzlich versicherungspflichtig, wobei die Möglichkeit besteht, sich von der Versicherungspflicht befreien zu lassen, vgl. § 6 Abs. 1b SGB VI. Es ist daher stets zu vermeiden, ohne nähere Prüfung von der Versicherungspflicht in einem Zweig der Sozialversicherung automatisch auf die Versicherungspflicht in einem anderen Zweig zu schließen.

Beispiel: Werkstudentenprivileg

Häufiger Streitpunkt sozialgerichtlicher Verfahren ist die Versicherungspflicht bzw. Versicherungsfreiheit von Studenten. In der Arbeitslosenversicherung sind Personen, die während der Dauer ihres Studiums als ordentliche Studierende einer Hochschule oder einer der fachlichen Ausbildung dienenden Schule eine Beschäftigung ausüben, versicherungsfrei, § 27 Abs. 4 S. 1 Nr. 2 SGB III. Trotz Versicherungsfreiheit werden in der Praxis gelegentlich dennoch Beiträge zur Arbeitsförderung erbracht mit der Folge, dass grundsätzlich versicherungsfreie Studenten sich einen Anspruch auf Arbeitslosengeld erhoffen. Hierbei ist jedoch zu berücksichtigen, dass die **tatsächliche Beitragserbringung** für sich genommen nichts über den tatsächlichen Versicherungsstatus des Studenten aussagt. Es kommt für die Frage des Versicherungsschutzes grundsätzlich nicht darauf an, ob Beiträge tatsächlich erbracht worden sind, sondern allein darauf, ob Versicherungspflicht vorgelegen hat oder nicht (einzige Ausnahme: Rentenversicherung).

Voraussetzung für die Versicherungsfreiheit von Werkstudenten, also Studenten, die zur Finanzierung ihres Lebensunterhalts neben ihrem Studium mehr als geringfügig arbeiten, ist immer, dass das **Studium die Hauptsache und die Beschäftigung Nebensache** bleibt (BSG, Urteil vom 10.12.1998 – B 12 KR 22/7 90 R). Wird die Beschäftigung während der Vorlesungszeit ausgeübt, so ist darauf abzustellen, ob die Erwerbstätigkeit durchschnittlich 20 Wochenstunden überschreitet, was dann grundsätzlich zur Versicherungspflicht als Arbeitnehmer führt, es sei denn, dass die Gesamtdauer der Erwerbstätigkeit unter dem notwendigen Zeitaufwand für ein ordnungsgemäßes Studium liegt und die Zeiten der Erwerbstätigkeit dem Studienplan angepasst sind (BSG, Urteil vom 22.02.1980 – 12 RK 34/79). Nach dem Bayrischen LSG ist (allein) die vertragliche Vereinbarung maßgebend (Urteil vom 15.02.2017 – L 10 AL 285/15).

Wurden Beiträge zur Arbeitsförderung erbracht, obwohl Versicherungsfreiheit vorlag, kann der Betroffene die Beiträge von der Einzugsstelle (Krankenkasse) erstattet verlangen.

Träger der Arbeitsförderung ist die Bundesagentur für Arbeit, sie ist nach § 368 Abs. 1 S. 1 SGB III der für die Durchführung der Aufgaben nach dem SGB III zuständige Verwaltungsträger. Ihr nachgeordert sind aktuell 10 Regionaldirektionen auf der mittleren Verwaltungsebene und schließlich die Agenturen für Arbeit auf der örtlichen Verwaltungsebene, § 267 Abs. 2 S. 1 SGB III.

II. Leistungen der aktiven Arbeitsförderung

Wie alle anderen Sozialversicherungszweige auch beinhaltet das SGB III Regelungen und Instrumente, um bereits den Eintritt des Versicherungsfalles zu verhindern oder aber jedenfalls die Dauer des Versicherungsfalles abzukürzen und – hier spezifisch – die Attraktivität sozialversicherungspflichtiger Beschäftigung zu erhöhen. Im Dritten Kapitel des SGB III (§§ 29–135 SGB III) sind zu diesem Zwecke zahlreiche Leistungen der aktiven Arbeitsförderung normiert, wobei die meisten dieser Leistungen als **Ermessensleistungen** ausgestaltet sind. Der Anspruch richtet sich in diesen Fällen nicht auf die Leistung selbst, sondern auf ermessensfehlerfreie Entscheidung, § 39 Abs. 1 S. 2 SGB I. Dabei hat die Agentur für Arbeit die zur Erreichung der Eingliederung am besten geeignete Leistung unter dem Grundsatz der Sparsamkeit und Wirtschaftlichkeit auszuwählen, § 7 SGB III.

Keine Ermessensleistungen sind die in § 3 Abs. 3 Nr. 1–9 SGB III genannten Leistungen, hierunter insbesondere der **Aktivierungs- und Vermittlungsgutschein** nach § 45 Abs. 7 SGB III, die **Berufsausbildungsbeihilfe** während der ersten Berufsausbildung oder einer berufsvorbereitenden Bildungsmaßnahme, **Weiterbildungskosten** zum nachträglichen Erwerb eines Berufsabschlusses, des Hauptschulabschlusses oder eines gleichwertigen Schulabschlusses sowie das **Arbeitslosengeld bei beruflicher Weiterbildung**.

Zu beachten ist, dass, außer in den Fällen des Ausbildungsgeldes, ein **Antrag** auf Leistungen der aktiven Arbeitsförderung zu stellen ist, **bevor** das leistungsbegründende Ereignis eingetreten ist, also beispielsweise die Maßnahme/das Beschäftigungsverhältnis oder Ähnliches begonnen wird, § 324 Abs. 1 S. 1, Abs. 2 S. 1 SGB III. Weitere Voraussetzungen ergeben sich jeweils aus den einzelnen Normen selbst.

1. Beratung und Vermittlung

Nach § 29 Abs. 1 SGB III hat die Agentur für Arbeit jungen Menschen und Erwachsenen, die am Arbeitsleben teilnehmen oder teilnehmen wollen, Berufsberatung (§§ 30, 31 SGB III), einschließlich einer Weiterbildungsberatung, und Arbeitgebern Arbeitsmarktberatung, einschließlich einer Qualifizierungsberatung (§ 34 SGB III), anzubieten, die sich nach § 29 Abs. 2 S. 1 SGB III am individuellen Bedarf ausrichten muss. Auch zur Festigung des Ausbildungs- oder Arbeitsverhältnisses hat die Agentur für Arbeit nach Beginn einer Berufsausbildung oder nach der Aufnahme einer Arbeit Beratung anzubieten.

Die Form der Beratung steht im Ermessen der Behörde und kann sowohl schriftlich als auch mündlich erfolgen; sie ist grundsätzlich **schlicht hoheitliches Handeln** (Realakt) und stellt damit keinen Verwaltungsakt dar. Die Ablehnung einer Auskunft oder einer Beratung erfüllt hingegen die Voraussetzungen für das Vorliegen eines Verwaltungsaktes[1], sodass auch Widerspruch und Klage (Anfechtungs- und Leistungsklage) hiergegen statthaft sind.

Eine fehlerhafte Beratung ist grundsätzlich im Rahmen der Amtshaftung nach § 839 BGB i. V. m. Art. 34 GG zu verfolgen mit der Folge bzw. Konsequenz, dass nicht die Sozialgerichte, sondern die Landgerichte ausschließlich zuständig sind.

Beispiel (Amtshaftung):

Einen solchen Amtshaftungsanspruch hat das Landgericht Köln einem Kläger zuerkannt, der von der Agentur für Arbeit nicht rechtzeitig darauf hingewiesen worden ist, dass ein Anspruch auf Zahlung von Arbeitslosengeld I nur dann über den gewährten Zeitraum hinaus verlängert wird, wenn er noch im Bezugszeitraum eine Qualifizierungsmaßnahme beginnt (LG Köln, Urteil vom 25.04.2023 – 5 O 324/22). Im zugrunde liegenden Fall stand dem Kläger noch ein Anspruch auf Arbeitslosengeld bis Ende Mai zu, der Kläger beabsichtigte die Aufnahme einer Weiterbildungsmaßnahme ab Juni. Seine Frage, ob er für diese Weiterbildungsmaßnahme noch Arbeitslosengeld erhalten könne, beantwortete der Sachbearbeiter erkennbar falsch mit „Ja". Auch das **Merkblatt**, das dem Kläger ausgehändigt worden sei, verdeutliche dem Kläger die aufgezeichnete Thematik nicht hinreichend und mache deshalb eine Aufklärung des Klägers nicht entbehrlich. Denn im Merkblatt heiße es lediglich abstrakt, dass für die Zeit einer geförderten Weiterbildung Arbeitslosengeld gezahlt werde, „solange die Anspruchsvoraussetzungen für Arbeitslosengeld vorliegen". Die aufgezeigte Problematik der Verlängerung des Arbeitslosengeld-Bezuges bei rechtzeitigem Beginn einer Weiterbildungsmaßnahme werde dadurch nicht erläutert.

Der **Schaden** des Klägers bestehe in Höhe der entgangenen Leistungen, welche dieser bis zum Ende der Qualifizierungsmaßnahme erhalten hätte und in Höhe der außergerichtlichen Rechtsanwaltskosten.

Unter Umständen kommt bei fehlerhaft erbrachter Berufsberatung auch ein **sozialrechtlicher Herstellungsanspruch** in Betracht. Dieser durch die Rechtsprechung entwickelte Anspruch soll der Schließung von Gesetzeslücken dienen. Er fordert, um Anwendung zu finden, im Wesentlichen das Vorliegen dreier Tatbestandsvoraussetzungen: 1. eine **Pflichtverletzung**, die dem zuständigen Sozialleistungsträger zuzurechnen ist, 2. einen dem Betroffenen entstandenen **sozialrechtlichen Nachteil oder Schaden** und 3. die **Ursächlichkeit**

1 *Luthe* in: Schlegel/Voelzke, jurisPK-SGB X, 3. Aufl. Stand 15.11.2023, § 31 Rn. 41 m.w.N.

zwischen der Pflichtverletzung und dem Nachteil bzw. Schaden[2]. Liegen die genannten Voraussetzungen vor, ist der Berechtigte so zu stellen, wie er stünde, wenn der Leistungsträger die ihm obliegende Pflicht rechtmäßig erfüllt hätte. Beruht beispielsweise der für ein Leistungsbegehren verspätete Antrag des Leistungsberechtigten auf einer fehlerhaften Auskunft des Sozialleistungsträgers, so kann im Wege des Herstellungsanspruchs die rechtzeitige Antragstellung fingiert werden[3]. Die Fiktion, dass eine Handlung als vorgenommen gilt, greift jedoch nicht in Fällen **außerhalb des Sozialrechtsverhältnisses liegender Tatbestände**, die nach materiellem Recht für das Entstehen des Sozialrechtsanspruchs erforderlich sind, weil der Anspruch sonst den Leistungsträger zu einer Gesetz und Recht widersprechenden Handlung verpflichten würde, was unzulässig wäre (Bsp. Arbeitslosmeldung)[4].

Ein Herstellungsanspruch kommt auch dann nicht in Betracht, wenn die Folgen der Verletzung einer Beratungspflicht bereits im Gesetz geregelt sind oder auf andere Weise Berücksichtigung gefunden haben, z. B. durch **Fiktionen, Härtefallklauseln oder Wiedereinsetzungsvorschriften**[5]. Bei Fristversäumnissen ist daher bspw. zuerst zu prüfen, ob nicht ein **Antrag auf Wiedereinsetzung**, § 27 Abs. 5 SGB X, zulässig ist. Wird allein Schadensersatz begehrt, ist der Bürger darüber hinaus auf den **Amtshaftungsanspruch** aus § 839 BGB, Art. 34 GG zu verweisen[6].

2. Maßnahmen zur Aktivierung und beruflichen Eingliederung

Maßnahmen zur Aktivierung und beruflichen Eingliederung (§§ 45 ff. SGB III) sollen die Eingliederungsaussichten von Menschen, die arbeitslos oder von Arbeitslosigkeit bedroht sind oder die eine Ausbildungsstelle suchen, verbessern. Sie können eingesetzt werden, um Personen an den Ausbildungs- und Arbeitsmarkt oder an eine selbstständige Tätigkeit heranzuführen, Vermittlungshemmnisse festzustellen, zu verringern oder zu beseitigen, in eine sozialversicherungspflichtige Beschäftigung zu vermitteln oder die Beschäftigungsaufnahme zu stabilisieren. Dabei übernimmt die Agentur für Arbeit nicht nur die Kosten der Maßnahme (z. B. **Lehrgangskosten**) und etwaige Kosten zur Ermöglichung der Teilnahme an der Maßnahme (z. B. **Fahrtkosten** oder Kosten für notwendige **Kinderbetreuung**), sondern gewährt auch Arbeitslosengeld weiter, sofern ein solcher Anspruch besteht.

2 Vgl. BSG, Urteil vom 03.04.2014 – B 5 R 5/13 R
3 BSG, Urteil vom 17.06.2021 – B 3 P 5/19 R
4 St. Rspr. BSG, stv. Urteil vom 21.03.1990 - 7 RAr 36/88
5 BSG, Beschluss vom 25.02.2020 – B 13 R 284/18 B
6 BSG, Urteil vom 27.01.2000 – B 12 KR 10/99 R

Die Agentur für Arbeit kann der oder dem Berechtigten mittels **Aktivierungs- und Vermittlungsgutschein (AVGS)** das Vorliegen der Voraussetzungen der Förderung bescheinigen und Maßnahmeziele und -inhalte festlegen. Dieser Aktivierungs- und Vermittlungsgutschein ist, wie im Übrigen auch der Bildungsgutschein nach § 81 Abs. 4 SGB III, ein **Verwaltungsakt**, mit dem die Agentur für Arbeit die Voraussetzungen für eine Förderung verbindlich anerkennt und das ihr zustehende Ermessen bereits ausübt. In der Regel wird der Gutschein befristet (z. B. im Hinblick auf einen auslaufenden Anspruch auf Arbeitslosengeld), während seiner Gültigkeit können die förderberechtigten Personen frei unter den zugelassenen Trägern wählen. Durchgeführt werden können Maßnahmen zur Aktivierung und beruflichen Eingliederung sowohl von staatlichen als auch von privaten Bildungsträgern und auch von Arbeitgebern, die vorab die Eignung eines Arbeitslosen für eine bestimmte Tätigkeit feststellen wollen, bevor sie diesen einstellen. Ein **Arbeitsverhältnis entsteht durch eine solche betriebliche Maßnahme nicht**.

3. Maßnahmen der beruflichen Weiterbildung

Nicht umfasst im Rahmen der Maßnahmen zur Aktivierung und beruflichen Eingliederung sind **Maßnahmen der beruflichen Weiterbildung**, für sie gelten die §§ 81 ff. SGB III.

Nach § 81 Abs. 1 S. 1 SGB III können Arbeitnehmerinnen und Arbeitnehmer bei beruflicher Weiterbildung durch **Übernahme der Weiterbildungskosten** gefördert werden, wenn die Weiterbildung notwendig ist, um sie bei Arbeitslosigkeit beruflich einzugliedern oder eine ihnen drohende Arbeitslosigkeit abzuwenden. Die Agentur für Arbeit hat sie vor Beginn der Teilnahme zu beraten und zu prüfen, ob der Träger der Maßnahme für die Förderung zugelassen ist. Nach § 82 Abs. 1 S. 1 SGB III kann eine Förderung unter den dort genannten Voraussetzungen **auch im Rahmen eines bestehenden Arbeitsverhältnisses** erfolgen. In jedem Falle handelt es sich bei der Bewilligung von Maßnahmen der beruflichen Weiterbildung um Ermessensleistungen.

Das Vorliegen der Voraussetzungen für eine Förderung bescheinigen die Agenturen für Arbeit der Arbeitnehmerin oder dem Arbeitnehmer in Form eines **Bildungsgutscheines**, § 81 Abs. 4 SGB III. Er dient, wie der Aktivierungs- und Vermittlungsgutschein, der Vorlage beim Maßnahmenträger. Im Gegensatz zu letzterem wird der Bildungsgutschein allerdings für eine maximale Gültigkeitsdauer von 3 Monaten ausgegeben. Der Rechtsnatur nach ist der Bildungsgutschein ein Verwaltungsakt[7]. Die Agentur für Arbeit übernimmt als Weiterbildungskosten die durch die Weiterbildung unmittelbar entstehenden Lehrgangskosten (§ 84 SGB III) und Kosten für die Eignungsfeststellung, Fahrtkosten (§ 85 SGB III), Kosten für auswärtige Unterbringung und Verpflegung (§ 86 SGB III) sowie Kosten für die Betreuung von Kindern in Höhe einer Pauschale (§ 87 SGB III).

Häufiger Streitpunkt vor den Sozialgerichten ist im Rahmen der nach § 81 SGB III geförderten Weiterbildungen die Frage nach dem Bestehen eines Anspruchs auf eine **Weiterbildungsprämie**. Vor dem 01.07.2023 befand sich eine Regelung über die Gewährung von Prämien in § 131a Abs. 3 Nr. 1 SGB III (i. d. F. vom 20.05.2020). Dieser lautete dahin gehend, dass Arbeitnehmerinnen und Arbeitnehmer, die an einer nach § 81 SGB III geförderten beruflichen Weiterbildung teilnehmen, die zu einem Abschluss in einem Ausbildungsberuf führt, für den nach bundes- oder landesrechtlichen Vorschriften eine Ausbildungsdauer von mindestens 2 Jahren festgelegt ist, nach Bestehen einer in diesen Vorschriften geregelten Zwischenprüfung eine Prämie von 1000 € und nach Bestehen der Abschlussprüfung eine Prämie von 1500 € erhalten, wenn die Maßnahme vor Ablauf des 31.12.2023 beginnt. Häufiges Konfliktpotenzial in diesem Zusammenhang war der Umgang mit **gestreckten Abschlussprüfungen**, deren erster Teil keine Zwischenprüfung im Sinne der Norm darstellte.

Das BSG urteilte in einer Entscheidung aus 2021[8], dass bei Absolvierung des ersten Teils einer gestreckten Abschlussprüfung kein Anspruch auf eine Weiterbildungsprämie für das erfolgreiche Ablegen einer „Zwischenprüfung" bestehe, wenn die **Weiterbildungsmaßnahme ein Jahr oder weniger gedauert** habe und zwischen dem ersten und zweiten Teil der gestreckten Abschlussprüfung lediglich wenige Monate gelegen hätten. Grundsätzlich bejahte das BSG jedoch die Möglichkeit eines Anspruchs auf eine „Zwischenprüfungsprämie" unter Anwendung von § 131a Abs. 3 Nr. 1 SGB III analog bei gestreckten Abschlussprüfungen. Es sei Intention des Gesetzgebers gewesen, bei der Teilnahme an mehrjährigen, berufsabschlussbezogenen Weiterbildungen **Lernbereitschaft und Durchhaltevermögen** durch die Gewährung von 2 Weiterbildungsprämien zu stärken[9]. Mit Blick auf die genannte Entscheidung kam es regelmäßig zu Streit im Hinblick auf die Tatsache, dass das BSG das Kriterium des zeitlichen Abstandes zwischen dem ersten und zweiten Teil der gestreckten Abschlussprüfung aufgegriffen hatte. In der Folge war streitig, ob diesem zeitlichen Abstand ein eigener

7 BSG, Urteil vom 14.12.2023 – B 11 AL 2/23 R
8 BSG, Urteil vom 03.11.2021 – B 11 Al 2/21 R
9 BSG, Urteil vom 25.05.2022 – B 11 AL 29/21 R

Ausschlussgrund zu entnehmen ist oder nicht. In einer Entscheidung aus 2022[10] stellte das BSG klar, dass dem **Zeitabstand** zwischen **den Teilen der gestreckten Abschlussprüfung** bei zweijähriger Weiterbildung **keine eigenständige Bedeutung** zukomme.

Zum 01.07.2023 ist § 87a SGB III in Kraft getreten. Dieser bestimmt nun, dass Arbeitnehmerinnen und Arbeitnehmer, nehmen sie an einer nach § 81 SGB III geförderten beruflichen Weiterbildung teil, die zu einem Abschluss in einem Ausbildungsberuf führt, für die nach bundes- oder landesrechtlichen Vorschriften einer Ausbildungsdauer von mindestens 2 Jahren festgelegt ist, nach Bestehen einer in den genannten Vorschriften geregelten Zwischenprüfung oder des ersten Teils einer gestreckten Abschlussprüfung eine Prämie von 1.000,00 € und nach Bestehen einer in den genannten Vorschriften geregelten Abschlussprüfung eine Prämie von 1.500,00 € erhalten. Seither ist die **Möglichkeit des Erhalts zweier Weiterbildungsprämien bei gestreckter Abschlussprüfung i.d.R. unstreitig**. Streitigkeiten können noch dann bestehen, wenn die Weiterbildungsdauer unter 2 Jahren liegt. Für Weiterbildungen mit einer Mindestdauer von 2 Jahren hat das BSG bereits zu § 131a Abs. 3 Nr. 1 SGB III ausgeführt, dass eine Weiterbildungsprämie für das Bestehen des ersten Teils einer gestreckten Abschlussprüfung zu erbringen ist, für berufliche Weiterbildung von unter einem Jahr hat es dagegen die Anwendbarkeit verneint[11]. Wie das BSG Fälle beurteilt, in denen die Maßnahmedauer zwischen einem Jahr und unter zwei Jahren beträgt, ist bisher offengelassen worden. Eine Mindestdauer der beruflichen Weiterbildung hat der Gesetzgeber auch nicht in § 87a Abs. 1 Nr. 1 SGB III geregelt. Da nach der Gesetzesbegründung jedoch mit der Gewährung der 1.000 €-Prämie die Setzung eines finanziellen Anreizes zur Aufnahme entsprechender Weiterbildungsmaßnahmen steht und die Prämienregelung einen stärkeren Beitrag zur Fachkräftesicherung leisten soll[12], spricht Vieles dafür, der Dauer der Maßnahme keine ausschlaggebende Relevanz beizumessen.

Förderung der beruflichen Weiterbildung bei bestehendem Arbeitsverhältnis

Die betriebliche Weiterbildung liegt grundsätzlich im Verantwortungsbereich der Arbeitgeber. Nach § 82 Abs. 1 S. 1 SGB III können allerdings auch Arbeitnehmerinnen und Arbeitnehmer abweichend von § 81 SGB III bei beruflicher Weiterbildung im Rahmen eines bestehenden Arbeitsverhältnisses durch volle oder teilweise Übernahme der Weiterbildungskosten unter den Voraussetzungen des § 82 Abs. 1 S. 1 Nr. 1–5 SGB III gefördert werden. Damit verfolgt der Gesetzgeber

10 BSG, Urteil vom 25.05.2022 – B 11 AL 29/21 R
11 BSG, Urteil vom 03.11.2021 – B 11 AL 2/21 R
12 BT-Drs. 20/3873, S. 101

unter anderem das Ziel, dem Fachkräftemangel in Engpassberufen entgegenzuwirken und Arbeitnehmern eine Anpassung und Fortentwicklung ihrer beruflichen Kompetenzen zu ermöglichen, wenn sie berufliche Tätigkeiten ausüben, die durch Technologien ersetzt werden können oder die in sonstiger Weise vom Strukturwandel betroffen sind (vgl. § 82 Abs. 1 S. 2 und 3 SGB III).

Ein **Anspruch auf eine Weiterbildungsprämie besteht im Rahmen einer nach § 82 SGB III geförderten Weiterbildungen** allerdings im Gegensatz zur Weiterbildung nach § 81 SGB III **nicht** (BSG, Urteil vom 14.12.2023 – B 11 AL 2/23 R). Begründet wird dies unter anderem damit, dass die Regelungen zur Weiterbildungsprämie eindeutig eine nach § 81 SGB III geförderten Maßnahme voraussetzen.

4. Eingliederungszuschuss

Eine weitere Leistung der aktiven Arbeitsförderung ist der **Eingliederungszuschuss**, der in § 88 SGB III legal definiert ist. Hiernach können **Arbeitgeber** zur Eingliederung von Arbeitnehmerinnen und Arbeitnehmern, deren Vermittlung wegen in ihrer Person liegender Gründe erschwert ist, einen Zuschuss zum Arbeitsentgelt zum Ausgleich einer **Minderleistung** erhalten (Eingliederungszuschuss). Höhe und Dauer der Förderung richten sich nach dem Umfang der Einschränkung der Arbeitsleistung des Arbeitnehmers und nach den Anforderungen des jeweiligen Arbeitsplatzes. Der Eingliederungszuschuss kann bis zu 50 % des zu berücksichtigenden Arbeitsentgelts und die Förderdauer bis zu 12 Monate betragen; bei Arbeitnehmern, die das 55. Lebensjahr vollendet haben, sogar bis zu 36 Monate, wenn die Förderung bis zum 31.12.2028 begonnen hat, § 89 SGB III. Für Menschen mit Behinderungen und schwerbehinderten Menschen reicht der Eingliederungszuschuss bis zur Höhe von 70 % des Arbeitsentgelts und die Förderdauer umfasst bis zu 24 Monate, § 90 Abs. 1 SGB III.

Zur Beantwortung der Frage, ob ein **Vermittlungserschwernis** vorliegt, ist zu prüfen, ob der Arbeitssuchende mit seinen Kenntnissen und Fähigkeiten im Vergleich zu anderen Bewerbern, mit denen er auf dem Arbeitsmarkt konkurriert, in seiner Wettbewerbsfähigkeit beeinträchtigt ist[13]. Dies können z. B. die Dauer der Arbeitslosigkeit/en, Lücken in der Erwerbsbiografie, gesundheitliche Gründe oder ein fehlender Berufsabschluss sein. Auch die **Minderleistung** selbst ist Tatbestandsvoraussetzung und liegt vor, wenn ein Arbeitnehmer zu Beginn der Beschäftigung wegen in seiner Person liegender Gründe in seiner Leistungsfähigkeit den Anforderungen des Arbeitsplatzes (noch) nicht entspricht. Das ist dann der Fall, wenn der Arbeitgeber

13 BSG, Urteil vom 17.02.1981 – 7 RAr 11/80

in Anbetracht der Arbeitsleistung eine **noch nicht angemessene, objektiv überhöhte Vergütung** zahlen müsste[14].

Liegen alle Tatbestandsvoraussetzungen vor, besteht ein Anspruch auf ermessensfehlerfreie Entscheidung, § 39 Abs. 1 S. 2 SGB I, kein Anspruch jedoch auf die Leistung (außer im seltenen Fall der „Ermessensreduzierung auf null"). In die Ermessensausübung mit einzubeziehen sind der Zweck, der mit dem Eingliederungszuschuss verfolgt wird sowie die Prinzipien der Arbeitsförderung nach § 1 ff. SGB III, insbesondere – wie bei allen Ermessensleistungen der aktiven Arbeitsförderung – der Grundsatz der Wirtschaftlichkeit und Sparsamkeit nach § 7 SGB III.

Zu beachten ist in jedem Falle, dass der Antrag auf Eingliederungszuschuss vor Aufnahme der Beschäftigung gestellt sein muss, nicht also, wie im Falle des Arbeitslosengeldes, auch nachträglich beantragt werden kann, vgl. § 324Abs. 1 S. 1 SGB III. Weiter ist zu bedenken, dass im Klageverfahren Gerichtskostenfreiheit herrscht, da der Arbeitgeber in Streitigkeiten über Eingliederungszuschüsse Leistungsempfänger im Sinne von § 183 SGG ist[15]. Die Vergütung der anwaltlichen Tätigkeit erfolgt daher nicht nach Streitwert, sondern nach (Betrags-)Rahmengebühren.

Eingliederungszuschüsse sind vom Arbeitgeber **teilweise zurückzuzahlen**, wenn das Beschäftigungsverhältnis während des Förderungszeitraums oder einer Nachbeschäftigungszeit beendet wird, § 221 Abs. 2 S. 1 SGB III. Eine Verpflichtung zur Rückzahlung besteht jedoch nicht unter den Voraussetzungen des § 221 Abs. 2 S. 2 Nr. 1–5 SGB III, also unter anderem dann nicht, wenn der Arbeitgeber berechtigt war, das Arbeitsverhältnis aus Gründen, die in der Person oder dem Verhalten des Arbeitnehmers liegen, zu kündigen. Für die **Kündigung** sind **arbeitsrechtliche Maßstäbe ausschlaggebend,** sodass beispielsweise im Falle der ordentlichen, verhaltensbedingten Kündigung eine vorherige Abmahnung erforderlich ist[16].

5. Gründungszuschuss

Arbeitnehmerinnen und Arbeitnehmer, die durch Aufnahme einer selbstständigen, hauptberuflichen Tätigkeit die Arbeitslosigkeit beenden, können zur Sicherung des Lebensunterhalts und zur sozialen Sicherung in der Zeit nach der Existenzgründung einen Gründungszuschuss erhalten, § 93 Abs. 1 SGB III. Können bedeutet zunächst, dass die Leistung im Ermessen der Agentur für Arbeit steht. Auch bei Vorliegen aller Vorausset-

14 BSG, Urteil vom 28.03.1990 – 9b/11 RAr 67/88
15 BSG, Beschluss vom 22 9. 2004 – B 11 AL 33/03 R
16 LSG Sachsen-Anhalt, Urteil vom 09.03.2017 – L 4 AS 221/15

zungen für die Gewährung eines Gründungszuschusses besteht auf die Leistung demnach kein Anspruch; der einzige Anspruch, der besteht, ist der auf pflichtgemäße Ausübung des Ermessens, § 39 Abs. 1 S. 2 SGB I. Die **Höhe der Förderung** entspricht zunächst für die **Dauer** von 6 Monaten der Höhe des Arbeitslosengeldes, zuzüglich monatlich 300,00 €. Hieran anschließend kann für die 2. Phase der Gründung ein erneuter Antrag gestellt werden, wobei der Gründungszuschuss dann bei positiver Bescheidung für weitere 9 Monate in Höhe von monatlich 300,00 € geleistet wird.

Voraussetzung für die erstmalige Bewilligung eines Gründungszuschusses ist, dass die Arbeitnehmerin oder der Arbeitnehmer bis zur Aufnahme der selbstständigen Tätigkeit noch mindestens **150 Tage Anspruch auf Arbeitslosengeld** hat, die Tragfähigkeit der Existenzgründung nachgewiesen ist und der Gründer Kenntnisse und Fähigkeiten zur Ausübung der Selbstständigkeit darlegt, vgl. § 93 Abs. 2 S. 1 SGB III. Zum Nachweis der Tragfähigkeit ist eine Stellungnahme einer fachkundigen Stelle, z. B. eine solche der Handelskammer oder eines Kreditinstitutes (vgl. § 93 Abs. 2 S. 2 SGB III) vorzulegen. Der Nachweis von Kenntnissen und Fähigkeiten zur Ausübung der Selbstständigkeit kann wiederum bspw. mittels Auflistung des beruflichen Werdegangs und der Einreichung von Qualifikationsnachweisen erfolgen[17].

Im Hinblick auf das Erfordernis des Vorhandenseins von 150 Tagen mit Anspruch auf Arbeitslosengeld noch bei Aufnahme der selbstständigen Tätigkeit ist der **Zeitpunkt der tatsächlichen Aufnahme** häufig streitig. Reine **Vorbereitungshandlungen** (z. B. Renovierung eines Ladenlokals) sind noch keine Aufnahme im vorgenannten Sinn. Nach der Rechtsprechung des BSG ist eine selbstständige Tätigkeit aufgenommen, wenn erstmals eine unmittelbar auf berufsmäßigen Erwerb gerichtete und der Gewinnerzielung dienende Handlung mit Außenwirkung vorgenommen wurde[18]. Wird der erste Gegenstand verkauft oder die erste Dienstleistung erbracht, wenn noch 150 Tage Restanspruch bestehen, ist die Lage eindeutig. Aber auch Vorbereitungshandlungen, die planvoll und mit Außenwirkung im Geschäftsverkehr ergriffen werden, können ausreichend sein[19]. Wird beispielsweise ein mündlicher Vorvertrag über eine spätere Auftragserteilung geschlossen, kann schon damit die selbsttätige Tätigkeit aufgenommen sein[20]. Der selbstständigen Tätigkeit muss im maßgeblichen Zeitpunkt darüber hinaus mit mindestens 15 Wochenstunden nachgegangen werden. Weiter zu berücksichtigen ist, dass

17 BT-Drs. 16/1696, 31
18 BSG, Urteil vom 01.06.2006 – 7a AL 34/05R
19 BSG, Urteil vom 05.05.2010 – B 11 AR 28/09 R
20 LSG Baden-Württemberg, Urteil vom 24.02.2015 – L 13 AL 2675/12

die Gewährung eines Gründungszuschusses voraussetzt, dass **mindestens an einem Tag ein Anspruch auf Arbeitslosengeld bestand**, insbesondere Verfügbarkeit gegeben war[21]. Ansonsten wird durch die Aufnahme der selbstständigen Tätigkeit die Arbeitslosigkeit nicht im Sinne des § 93 Abs. 1 SGB III beendet.

Zeitpunkt der Aufnahme der selbstständigen Tätigkeit

Von der Frage des Bestehens eines Restanspruchs auf Arbeitslosengeld i.H.v. 150 Tagen bei Aufnahme der selbstständigen Tätigkeit ist die Fallkonstellation zu unterscheiden, dass es an einem Anspruch des Antragstellers auf Arbeitslosengeld überhaupt mangelt. Dies kann beispielsweise dann der Fall sein, wenn der Antragsteller unmittelbar nach dem Ende eines abhängigen Beschäftigungsverhältnisses die selbstständige Tätigkeit aufgenommen hat, der Antragsteller demnach nicht jedenfalls einen Tag arbeitslos war. Nach Auffassung des LSG Hamburg (Urteil vom 22 11. 2023 – R 2 AR 21/22) ist der Antragsteller dabei an einen von ihm selbst angegebenen Starttermin gebunden.

Bei der Entscheidung über die **Weitergewährung des Gründungszuschusses** nach § 94 Abs. 2 SGB III (2. Phase) ist zu prüfen, ob die Grundvoraussetzungen für die Gewährung eines Gründungszuschusses weiterhin gegeben sind. Die Entscheidung über die Bewilligung in der 1. Phase entfaltet für die Agentur für Arbeit keine Bindungswirkung[22]. Der Gesetzgeber geht dabei davon aus, dass am Ende der 1. Phase der Förderung die Gründer in der Lage sind, ihren weiteren Lebensunterhalt selbst durch Entnahmen aus ihrem Unternehmen zu sichern. Ziele der zweiten Förderphase des Gründungszuschusses sind die **Stärkung der Nachhaltigkeit der Gründung** und die **soziale Absicherung des Gründers**[23]. Sowohl in Hinblick auf die 1. als auch im Hinblick auf die 2. Phase des Gründungszuschusses steht der Agentur für Arbeit Ermessen zu.

Bei der Ausübung ihres Ermessens hat die Agentur für Arbeit § 39 SGB I zu beachten, also ihr Ermessen entsprechend dem Zweck der Ermächtigung auszuüben und die gesetzlichen Grenzen des Ermessens einzuhalten. Die Bundesagentur für Arbeit hat in diesem Zusammenhang eine **Durchführungsanweisung („Fachliche Weisung")** erlassen, wonach eine Förderung nur dann erfolgen soll, wenn sie zur Sicherung des Lebensunterhalts und zur sozialen Sicherung in der Zeit nach Existenzgründung

21 *Kuhnke* in: Schlegel/Voelzke, jurisPK-SGB III, 3. Aufl. Stand: 26.01.2023, § 93 Rn. 41
22 Bayerisches LSG, Urteil vom 05.12.2022 – R 9 AR 136/21
23 *Kuhnke* in: Schlegel/Voelzke, jurisPK-SGB III, 3. Aufl. Stand: 26.01.2023, § 93 Rn. 24 mit Verweis auf LSG Nordrhein-Westfalen, Urteil vom 17.10.2013 – L 9 AL 150/12

erforderlich ist[24]. Zum Erlass solcher **ermessenslenkenden (internen) Richtlinien** ist die Bundesagentur zwar befugt, dennoch muss sie die besonderen Umstände des Einzelfalles stets prüfen und in die Entscheidung mit einbeziehen[25]. In jüngster Vergangenheit wurde als weiteres ermessenslenkendes Argument gegen einen Gründungszuschuss häufig der **Vorrang der Vermittlung** in sozialversicherungspflichtige Beschäftigung nach § 4 Abs. 1 SGB III angeführt. Mit dem Bürgergeld-Gesetz vom 16.12.2022[26] wurde dieser Vermittlungsvorrang in Hinblick auf den Gründungszuschuss durch Einführung von § 4 Abs. 2 S. 3 SGB III abgeschafft, sodass er bei Entscheidungen ab dem 01.01.2023 keine Anwendung mehr finden kann. Wurde die Aufnahme einer selbstständigen Tätigkeit als Ziel in die Eingliederungsvereinbarung mit aufgenommen, wirkt sich dies ermessenslenkend zugunsten des Antragstellers aus.

III. Teilhabe von Menschen mit Behinderungen am Arbeitsleben

Im Sozialrecht gibt es mehrere Formen der Rehabilitation, denen gemein ist, dass sie die Wiedereingliederung einer kranken, behinderten, oder von Behinderung bedrohten Person in das berufliche und gesellschaftliche Leben zum Ziel haben (vgl. § 1 SGB IX). So gibt es z.B. die medizinische Rehabilitation, die soziale Rehabilitation (im Wesentlichen Unfallversicherung) und die berufliche Rehabilitation. Für die berufliche Rehabilitation in Form der Leistungen zur Teilhabe am Arbeitsleben können ganz unterschiedliche Rehabilitationsträger zuständig sein, z.B. die Bundesagentur für Arbeit (§ 6 Abs. 1 Nr. 2 SGB IX), die Träger der gesetzlichen Rentenversicherung (§ 6 Abs. 1 Nr. 4 SGB IX), die Träger der Eingliederungshilfe (§ 6 Abs. 1 Nr. 7 SGB IX) und noch weitere in § 6 SGB IX genannte Träger. Wegen der Vielzahl an Rehabilitationsträgern ist die **Zuständigkeitsbestimmung** häufig schwierig. Im Wesentlichen kommt es bei der Frage nach dem zuständigen Träger auf den **Grund und das Ziel der Rehabilitation** an. Hat eine erforderliche Rehabilitation ihren Grund beispielsweise in einem Leistungsfall der gesetzlichen Unfallversicherung (Arbeitsunfall oder Berufskrankheit), so ist auch diese für die Rehabilitation zuständig. Die gesetzliche Rentenversicherung demgegenüber ist beispielsweise dann zuständig, wenn kein Leistungsfall der Unfallversicherung vorliegt, aber die versiche-

24 Fachliche Weisungen zum Gründungszuschuss §§ 93, 94 SGB III, gültig ab 13.09.2023, https://www.arbeitsagentur.de/datei/dok_ba024940.pdf, abgerufen am 26.07.2024
25 BSG, Urteil vom 11.11.1993 – 7 RAr 52/93
26 BGBl. I 2022, 2328

rungsrechtlichen Voraussetzungen des SGB VI erfüllt sind, beispielsweise eine Wartezeit von 15 Jahren, § 11 Abs. 1 Nr. 1 SGB VI.

Beispiel: Abgrenzung zuständiger Träger:
Werden Leistungen der Rehabilitation und Teilhabe behinderter Menschen begehrt, ist die Abgrenzung zwischen medizinischer, beruflicher und sozialer Rehabilitation zunächst anhand des jeweiligen **Leistungskatalogs** vorzunehmen. Jedenfalls insoweit, als dieser sich überschneidet und daher keine Differenzierung zulässt, kommt es vorrangig auf den **Schwerpunkt des verfolgten Leistungszwecks** an (vgl. BSG, Urteil vom 29.09.2009 – B 8 SO 19/08 R).

An der Schnittstelle zum Arbeitsrecht sind insbesondere die **Leistungen zur Teilhabe am Arbeitsleben** (auch „LTA" genannt) relevant. Nach § 22 Abs. 2 S. 1 SGB III dürfen allgemeine und besondere Leistungen zur Teilhabe am Arbeitsleben nur erbracht werden, sofern nicht ein anderer Rehabilitationsträger im Sinne des SGB IX zuständig ist. Ausnahmen von diesem Grundsatz gelten wegen der Rückausnahme des § 22 Abs. 2 S. 2 SGB III für Leistungen nach den §§ 44 und 45 SGB III sowie für den Eingliederungszuschuss für besonders betroffene schwerbehinderte Menschen und Zuschüsse zur Ausbildungsvergütung für schwerbehinderte Menschen. In diesen Fällen ist grundsätzlich die Bundesagentur für Arbeit zuständig.

Ein etwaiger **Zuständigkeitskonflikt** soll keinesfalls auf dem Rücken des Leistungsberechtigten ausgetragen werden, hierfür sorgt § 14 SGB IX. Dabei ist im Bereich des SGB III ausnahmsweise danach zu unterscheiden, ob die Bundesagentur für Arbeit erstangegangener Träger ist oder der Antrag zunächst bei einem anderen Rehabilitationsträger gestellt worden ist.

Werden Leistungen zur Teilhabe am Arbeitsleben bei einem anderen Träger als der Bundesagentur für Arbeit beantragt, stellt der Rehabilitationsträger nach § 14 Abs. 1 S. 1 SGB IX innerhalb von 2 Wochen nach Eingang des Antrages bei ihm fest, ob er nach dem für ihn geltenden Leistungssätzen für die Leistung zuständig ist. Stellt er bei der Prüfung fest, dass er für die Leistung insgesamt nicht zuständig ist, leitet er den Antrag gemäß § 14 Abs. 1 S. 2 SGB IX unverzüglich dem nach seiner Auffassung zuständigen Rehabilitationsträger zu und unterrichtet hierüber den Antragsteller. **Erfolgt** innerhalb der Frist **keine Weiterleitung, bleibt der angegangene Träger zuständig.** Er entscheidet dann über den **Antrag nach allen in Betracht kommenden rehabilitationsrechtlichen Leistungsgesetzen**, nicht nur nach dem für ihn geltenden Sozialgesetzbuch, § 14 Abs. 2 S. 1 SGB IX.

Werden Leistungen zur Teilhabe am Arbeitsleben von Beginn an bei der Bundesagentur für Arbeit beantragt, werden Feststellungen nach § 22

Abs. 2 SGB III nicht getroffen, was bedeutet, dass die Bundesagentur für Arbeit u.a. nicht zu prüfen hat, ob sie gegenüber dem Träger der Rentenversicherung nachrangig zuständig ist, weil ggf. ohne die beantragte Teilhabeleistungen Rente wegen verminderter Erwerbsfähigkeit zu leisten wäre[27]. Hier besteht eine Ausnahme von der Möglichkeit, Anträge binnen 2 Wochen weiterzuleiten.

Steht die Zuständigkeit fest, kommt regelmäßig ein großes Potpourri an Leistungen in Betracht. Nach § 112 Abs. 1 SGB III können für Menschen mit Behinderungen von der Bundesagentur für Arbeit Leistungen zur Förderung der Teilhabe am Arbeitsleben erbracht werden, um ihre Erwerbsfähigkeit zu erhalten, zu verbessern, herzustellen oder wiederherzustellen und ihre Teilhabe am Arbeitsleben zu sichern, soweit Art oder Schwere der Behinderung dies erfordern. Die Leistungen der beruflichen Rehabilitation umfassen z.B. Hilfsmittel, Assistenzen am Arbeitsplatz oder eine Kraftfahrzeughilfe. Bei der Auswahl der Leistungen sind Eignung, Neigung, bisherige Tätigkeit sowie Lage und Entwicklung des Arbeitsmarktes nach § 112 Abs. 2 S. 1 SGB III angemessen zu berücksichtigen. Gleichzeitig ist jedoch auch hier wie bei allen Ermessensleistungen der Grundsatz der Wirtschaftlichkeit und Sparsamkeit (hier: § 7 SGB III) zu berücksichtigen.

Unterschieden wird grundsätzlich zwischen allgemeinen Leistungen und besonderen Leistungen zur Teilhabe am Arbeitsleben.

Die **allgemeinen Leistungen** umfassen nach § 115 SGB III Leistungen zur Aktivierung und beruflichen Eingliederung, zur Förderung der Berufsvorbereitung und Berufsausbildung einschließlich der Berufsausbildungsbeihilfe und des Berufsorientierungspraktikums, zur Förderung der beruflichen Weiterbildung mit Ausnahme der Leistungen nach den §§ 82 und 82a SGB III und Leistungen zur Förderung der Aufnahme einer selbstständigen Tätigkeit. Die **besonderen Leistungen** umfassen nach § 118 SGB III das Übergangsgeld, das Ausbildungsgeld, wenn ein Übergangsgeld nicht gezahlt werden kann und die Übernahme der Teilnahmekosten für eine Maßnahme. Die besonderen Leistungen zur Teilhabe am Arbeitsleben werden nach § 113 Abs. 2 SGB III nur erbracht, soweit nicht bereits durch die allgemeinen Leistungen eine Teilhabe am Arbeitsleben erreicht werden kann.

27 *Schubert/Schaumberg* in: Schlegel/Voelzke, jurisPK-SGB III, 3. Aufl. Stand: 15.01.2023, § 112 Rn. 21

Beispiel zum Verhältnis allgemeiner und besonderer Leistungen:

In Betracht kommt insbesondere die Bewilligung von besonderen Leistungen infolge der Bewilligung einer allgemeinen Leistung.

Hat die Bundesagentur für Arbeit die Kosten einer Weiterbildungsmaßnahme (z. B. Fachanwaltslehrgang Arbeitsrecht) als allgemeine Leistung zur Eingliederung von Menschen mit Behinderung übernommen, hat sie dem Betroffenen auch als weitere Leistung die Übernahme der Kosten für ein Hilfsmittel zu bewilligen, wenn dieses Hilfsmittel für eine erfolgreiche Teilnahme an der Weiterbildungsmaßnahme erforderlich ist – hier die Übernahme der Kosten eines Teleprompters für einen stark sehbehinderten Menschen (LSG Berlin-Brandenburg, Beschluss vom 23.11.2017 – L 18 AL 178/17 B ER).

IV. Arbeitslosengeld

1. Anspruchsvoraussetzungen des Arbeitslosengeldes bei Arbeitslosigkeit

a) Arbeitslosigkeit

Nach § 137 Abs. 1 Nr. 1–3 SGB III hat Anspruch auf Arbeitslosengeld bei Arbeitslosigkeit, wer arbeitslos ist, sich bei der Agentur für Arbeit arbeitslos gemeldet und die Anwartschaftszeit erfüllt hat. Was zunächst simpel klingt, bietet in der Praxis häufig bereits Anlass für Streitigkeiten. Während § 137 Abs. 1 SGB III zunächst lediglich die materiell-rechtlichen Voraussetzungen für die Begründung des **Stammrechts** auf Arbeitslosengeld bei Arbeitslosigkeit benennt, werden die einzelnen Voraussetzungen in eigenen, nachfolgenden Paragrafen genauer definiert und konkretisiert. Für die Arbeitslosigkeit bestimmt § 138 Abs. 1 SGB III zunächst, dass arbeitslos ist, wer Arbeitnehmerin oder Arbeitnehmer ist und 1. nicht in einem Beschäftigungsverhältnis steht (Beschäftigungslosigkeit), 2. sich bemüht, die eigene Beschäftigungslosigkeit zu beenden (Eigenbemühungen), und 3. den Vermittlungsbemühungen der Agentur für Arbeit zur Verfügung steht (Verfügbarkeit).

Beschäftigungsverhältnisse, selbstständige Tätigkeiten oder Tätigkeiten als mithelfender Familienangehöriger mit einem Umfang von (insgesamt) weniger als 15 Stunden wöchentlich schließen dabei **Beschäftigungslosigkeit** nicht aus; gelegentliche Abweichungen von geringer Dauer bleiben unberücksichtigt, § 138 Abs. 3 S. 1 SGB III. Allerdings führt die Ausübung einer solchen Tätigkeit in der Regel dazu, dass während der Dauer des Bezugs von Arbeitslosengeld das hieraus erzielte **Nebeneinkommen** bis auf einen Freibetrag i. H. v. 165 €/Kalendermonat angerechnet wird,

§ 155 Abs. 1 S. 1 SGB III. Dies gilt nur dann und insoweit nicht, als die oder der Arbeitslose in den letzten 18 Monaten vor der Entstehung des Anspruchs neben einem Versicherungspflichtverhältnis eine solche Erwerbstätigkeit mindestens 12 Monate lang ausgeübt hat, dann bleibt das Einkommen bis zu dem Betrag, der in den letzten 12 Monaten durchschnittlich erzielt worden ist, anrechnungsfrei, § 155 Abs. 2 SGB III.

Für die Frage, ob Beschäftigungslosigkeit vorliegt, ist zunächst, wie bei allen Regelungsgegenständen im SGB III, die Beschäftigungslosigkeit voraussetzen, danach zu fragen, welche Art von Beschäftigungsverhältnis von der Norm vorausgesetzt wird. Der **Begriff der Beschäftigung ist** nach ständiger Rechtsprechung des BSG **kontextabhängig und funktionsdifferent auszulegen**, womit gemeint ist, dass die Frage nach dem Vorliegen einer Beschäftigung je nach Sinnzusammenhang, in den die einzelne Norm gestellt ist, und im Hinblick auf den jeweiligen Normzweck betrachtet werden muss[28]. Unterschieden wird dabei zwischen dem **versicherungs**- oder auch **beitragsrechtlichen** und dem **leistungsrechtlichen Beschäftigungsverhältnis**.

Im Rahmen des § 138 Abs. 1 Nr. 1 SGB III ist der leistungsrechtliche Begriff des Beschäftigungsverhältnisses maßgeblich[29]. Trotz rechtlichen Fortbestands des Arbeitsverhältnisses kann leistungsrechtliche Beschäftigungslosigkeit im Sinne der Norm vorliegen, wenn die Arbeitsleistung tatsächlich nicht mehr erbracht wird. Dabei ist danach zu fragen, ob noch eine Verfügungsbefugnis des Arbeitgebers über die Arbeitskraft des Arbeitnehmers besteht. Gehen beide Seiten, Arbeitgeber und Arbeitnehmer, nicht vom Fortbestehen von Verfügungsbefugnis aus (z. B. unwiderrufliche Freistellung), liegt leistungsrechtlich unproblematisch Beschäftigungslosigkeit vor. Gibt der Arbeitgeber, beispielsweise durch Kündigung, zu verstehen, dass er seine Verfügungsbefugnis nicht mehr ausüben will, besteht unabhängig von der Rechtmäßigkeit dieser Maßnahme ebenfalls leistungsrechtliche Beschäftigungslosigkeit (faktische Beschäftigungslosigkeit). Ob leistungsrechtlich Beschäftigungslosigkeit gegeben ist, hängt demnach davon ab, ob die das Beschäftigungsverhältnis prägende **persönliche Abhängigkeit** des Beschäftigten, die sich in der faktischen Verfügungsgewalt (Direktionsrecht) des Arbeitgebers und der Dienstbereitschaft des Arbeitnehmers ausdrückt, entfallen ist. Dies ist nach den tatsächlichen Verhältnissen im Einzelfall aufgrund einer Gesamtwürdigung der Umstände zu beurteilen[30].

28 BSG, Urteil vom 03.11.2021 – B 11 AL 8/20 R; BSG, Urteil vom 12.09.2019 – B 11 AL 20/18 R; BSG, Urteil vom 30.08.2018 – B 11 AL 15/17 R

29 LSG Niedersachsen Bremen, Urteil vom 25.01.2021 – L 11 AL 15/19

30 BSG, Urteil vom 15.02.2023 – B 11 AL 40/21 R

Der **versicherungsrechtliche Begriff** der Beschäftigungslosigkeit ist demgegenüber beispielsweise maßgeblich im Rahmen der Beurteilung von Dauer und Höhe des Arbeitslosengeldes. Wird während einer unwiderruflichen Freistellung beispielsweise weiterhin Arbeitsentgelt gezahlt, liegt keine versicherungsrechtliche Beschäftigungslosigkeit vor mit der Folge, dass auch diese Zeiten für Dauer und Höhe des Arbeitslosengeldanspruches maßgeblich sind. Anders wäre dies dann zu beurteilen, wenn die unwiderrufliche Freistellung unentgeltlich erfolgt.

Beispiel: Aufnahme eines Probearbeitsverhältnisses

Vorsicht ist geboten bei Eingehung eines Probearbeitsverhältnisses. Auch die Aufnahme eines solchen beendet regelmäßig die Beschäftigungslosigkeit mit der Folge, dass die Arbeitslosmeldung erlischt.

Leistungsrechtlich steht eine Person, die eine Probearbeit aufnimmt, nämlich regelmäßig in einem Beschäftigungsverhältnis, jedenfalls, wenn der vormals Arbeitslose während des **Probearbeitsverhältnisses mindestens 15 Stunden pro Woche beschäftigt wird bzw. werden soll** und er sich dem **Direktionsrecht** des Arbeitgebers unterwirft (LSG Niedersachsen-Bremen, Urteil vom 25.01.2021 – L 11 AR 15/19). Ob es sich um ein bezahltes oder unbezahltes Probearbeitsverhältnis handelt, ist wegen der Maßgeblichkeit des leistungsrechtlichen Beschäftigungsverhältnisses unerheblich, da dieses keine Entgeltlichkeit voraussetzt (BSG, Urteil vom 09.02.2006 – B 7a AL 58/05 R).

Wird die Aufnahme eines Probeverhältnisses während des Bezugs von Arbeitslosengeld trotz Verpflichtung zur Mitteilung aller Tatsachen, die für die Leistung erheblich sind (§ 60 Abs. 1 S. 1 Nr. 2 SGB I), nicht angezeigt, liegt regelmäßig grobe Fahrlässigkeit vor. Folge hiervon ist, dass die Bewilligung nach § 48 Abs. 1 S. 2 Nr. 2 SGB X i. V. m. § 330 Abs. 3 SGB III ab Änderung der Verhältnisse aufzuheben ist. Auch die von der Agentur für Arbeit erbrachten Beiträge zur Kranken- und Pflegeversicherung sind dann nach § 335 Abs. 1 und 5 SGB III zu erstatten.

Beschäftigungslosigkeit allein reicht für die Annahme von Arbeitslosigkeit nicht aus. § 138 Abs. 1 SGB III lässt sich entnehmen, dass Arbeitslosengeld keine Versicherungsleistung ist, die allein deshalb gezahlt wird, weil ein Beschäftigungsverhältnis sein Ende gefunden hat. Vielmehr ist durch die Normierung der Merkmale „**Eigenbemühungen**“ und „**Verfügbarkeit**“ erkennbar, dass es auch wesentlich auf die Bemühungen und auf die Bereitschaft des oder der Arbeitslosen ankommt, seine/ihre Beschäftigungslosigkeit zu beenden. Gerade in diesem Bereich kommt es dabei häufig zu divergierenden Ansichten zwischen dem/der Arbeitslosen einerseits und der Agentur für Arbeit andererseits. Das BSG spricht im Hinblick auf das Erfordernis von Eigenbemühungen von einer „zur Anspruchsvoraussetzung gewordenen versicherungsrechtlichen Obliegenheit“[31], die im Ergebnis bei Nichtbeachtung wie auch bei anderen Fällen versicherungswidrigen Verhaltens zu einer Sperrzeit führt[32]. Das Gesetz spricht davon, dass die oder der Arbeitslose im Rahmen der Eigenbemühungen alle Möglichkeiten zur beruflichen Eingliederung zu nutzen hat, § 138 Abs. 4 S. 1 SGB III, wozu insbesondere die Wahrnehmung der Verpflichtungen aus der Eingliederungsvereinbarung, die Mitwirkung bei der Vermittlung durch Dritte und die Inanspruchnahme der Selbstinformationseinrichtungen der Agentur für Arbeit gehört, § 138 Abs. 4 S. 2 Nr. 1–3 SGB III.

Eigenbemühungen sind nur insoweit erforderlich, als sie sich auf Beschäftigungen erstrecken, die im Sinne des § 140 SGB III zumutbar sind. Nach § 140 SGB III sind einer arbeitslosen Person alle ihrer Arbeitsfähigkeit entsprechenden Beschäftigungen zumutbar, soweit allgemeine oder personenbezogene Gründe der Zumutbarkeit einer Beschäftigung nicht entgegenstehen (§ 140 Abs. 1 SGB III). Was solche Gründe sein können, wird in den nachfolgenden Absätzen der Norm geregelt. Aus **allgemeinen Gründen** ist eine Beschäftigung einer arbeitslosen Person insbesondere nicht zumutbar, wenn die Beschäftigung gegen gesetzliche, tarifliche oder in Betriebsvereinbarungen festgelegte Bestimmungen über Arbeitsbedingungen oder gegen Bestimmungen des Arbeitsschutzes verstößt, § 140 Abs. 2 SGB III, wobei unter den Begriff der „Arbeitsbedingungen“ auch Bestimmungen über das Arbeitsentgelt fallen[33].

Eine **personenbezogene Unzumutbarkeit** liegt nach § 140 Abs. 3 S. 1 SGB III insbesondere vor, wenn das aus der Beschäftigung erzielbare Arbeitsentgelt erheblich niedriger ist als das der Bemessung des Arbeitslosengeldes zugrunde liegende Arbeitsentgelt, wobei erst mit zunehmender Dauer der Arbeitslosigkeit ein geringeres Arbeitsentgelt zumutbar ist (vgl. § 140 Abs. 3 S. 1, 2 SGB III). Hierbei ergeben sich aus § 140 Abs. 3 S. 2 SGB III im Prinzip drei abgestufte Phasen: In den ersten 3 Monaten ist eine Minderung um mehr als 20 % und in den folgenden 3 Monaten um mehr als 30 % des zuletzt erzielten Entgelts nach unten hin unzumutbar. Ab dem 7. Monat der Arbeitslosigkeit ist eine Beschäftigung nur dann unzumutbar, wenn das hieraus erzielte Arbeitsentgelt die Höhe des Arbeitslosengeldes unterschreitet.

Regelbeispiele, wann eine Beschäftigung wegen der damit verbundenen **Fahrtzeiten** unzumutbar ist, finden sich in § 140 Abs. 4 SGB III. Ist die tägliche Pendelzeit zwischen Wohnung und Arbeitsstätte im Vergleich zur

31 BSG, Urteil vom 11.05.2000 – B 7 AL 54/99 R; BSG, Urteil vom 20.10.2005 – B 7a AL 18/05 R; BSG, Urteil vom 31.01.2006 – B 11a AL 13/05 R

32 BT-Drs. 15/1515, S. 83

33 *Lauer* in: Heinz/Schmidt-De Caluwe/Scholz, Sozialgesetzbuch III – Arbeitsförderung 7. Auflage 2021, § 140 Rn. 32 ff.

Arbeitszeit unverhältnismäßig lang (bei einer Arbeitszeit von mehr als 6 Stunden eine Pendelzeit von mehr als zweieinhalb Stunden, bei einer Arbeitszeit von 6 Stunden und weniger eine Pendelzeit von mehr als 2 Stunden, § 140 Abs. 4 S. 2 SGB III), liegt eine Unzumutbarkeit vor. Abzustellen ist allerdings nicht automatisch auf die Zeiten bei Nutzung öffentlicher Verkehrsmittel, sondern auf die **tatsächlichen Verhältnisse**. Verfügen Arbeitslose über ein eigenes Kfz und nutzen sie dieses auch, sind die tatsächlichen Wegezeiten bei Fahrten mit diesem zugrunde zu legen. Ist demgegenüber die Nutzung öffentlicher Verkehrsmittel in der Region wegen schlechter Verkehrsanbindung unüblich, kommt es auf den Willen zur Nutzung nicht an[34].

Während die Frage nach ausreichenden Eigenbemühungen in der Regel im Rahmen der Rechtmäßigkeitsprüfung einer Sperrzeit zum Tragen kommt, spielt die **Verfügbarkeit** des oder der Arbeitslosen bei der Frage nach dem Bestehen eines Anspruchs auf Arbeitslosengeld oder dessen Aufhebung eine Rolle. Den Vermittlungsbemühungen der Agentur für Arbeit steht zur Verfügung, wer eine versicherungspflichtige, mindestens 15 Stunden wöchentlich umfassende zumutbare Beschäftigung unter den üblichen Bedingungen des für sie oder ihn in Betracht kommenden Arbeitsmarktes ausüben kann und darf sowie Vorschlägen der Agentur für Arbeit zur beruflichen Eingliederung zeit- und ortsnah Folge leisten kann (**objektive Verfügbarkeit**), § 138 Abs. 5 Nr. 1–2 SGB III. Diese Kriterien der objektiven Verfügbarkeit sind unabhängig vom Willen des Arbeitslosen zu beurteilen. Neben objektiver Verfügbarkeit ist erforderlich, dass der oder die Arbeitslose bereit ist, jede Beschäftigung im Sinne der Nr. 1 anzunehmen und auszuüben sowie bereit ist, an Maßnahmen zur beruflichen Eingliederung in das Erwerbsleben teilzunehmen (**subjektive Verfügbarkeit**), § 138 Abs. 5 Nr. 3–4 SGB III. Hierbei kommt es im Gegensatz zur objektiven Verfügbarkeit auf den konkreten Willen des Arbeitslosen an.

Ist der Arbeitslose beispielsweise – gleich aus welchem Grund – zeitlich in einem Umfang gebunden, dass er keine versicherungspflichtige, mindestens 15 Stunden wöchentlich umfassende Beschäftigung ausüben kann, ist er **objektiv** nicht verfügbar. Das „Ausübenkönnen" setzt weiter voraus, dass der Arbeitslose psychisch wie physisch in der Lage ist, eine Beschäftigung unter den üblichen Bedingungen des in Betracht kommenden Arbeitsmarktes auszuüben. Regelmäßig problematisch ist in diesem Zusammenhang die Vorlage von **Arbeitsunfähigkeitsbescheinigungen**. Dabei ist zu beachten, dass Arbeitsunfähigkeitsbescheinigungen, die im Zeitpunkt des Be-

34 *Lauer* in: Heinz/Schmidt-De Caluwe/Scholz, Sozialgesetzbuch III – Arbeitsförderung, 7. Auflage 2021, § 140 Rn. 38

stehens eines Arbeitsverhältnisses ausgestellt werden, an die beruflichen Anforderungen genau dieses Arbeitsplatzes anknüpfen. Nach Beendigung der Beschäftigung ändert sich dieser Maßstab jedoch dahin gehend, dass nicht mehr auf die konkreten Verhältnisse am früheren Arbeitsplatz abgestellt wird, sondern abstrakt auf die Art der zuletzt ausgeübten Beschäftigung[35]. Auch eine arbeitsunfähige Person kann sich daher der Arbeitsvermittlung grundsätzlich für leidensgerechte Tätigkeiten auf dem allgemeinen Arbeitsmarkt zur Verfügung stellen[36].

Tritt die Arbeitsunfähigkeit während des Bezugs von Arbeitslosengeld infolge Krankheit unverschuldet ein, besteht ohnehin für die Dauer von 6 Wochen ein Anspruch auf **Leistungsfortzahlung bei Arbeitsunfähigkeit** nach § 146 SGB III. Problematisch sind daher diejenigen Fälle, in denen Arbeitsunfähigkeit über 6 Wochen hinaus besteht oder in denen die Arbeitsunfähigkeit bereits vor dem Bezug von Arbeitslosengeld eingetreten ist und weiter fortbesteht. Liegt die Vermutung einer gesundheitsbedingten Minderung der Erwerbsfähigkeit der (ggf. auch nur rein faktisch) arbeitslosen Person vor, wobei es nicht auf das Fortbestehen eines Arbeitsverhältnisses ankommt, hat die Agentur für Arbeit in eigener Verantwortung eine **Prognose** aufzustellen, in welchem Umfang und für welche Dauer die Leistungsminderung wahrscheinlich gegeben ist.

In dieser Fallkonstellation bestünde grundsätzlich die Gefahr, dass die Agentur für Arbeit das Bestehen eines Anspruchs auf Arbeitslosengeld mit der Begründung verneint, es liege keine objektive Verfügbarkeit wegen einer Leistungsminderung auf weniger als 15 Stunden wöchentlich über eine Dauer von mehr als 6 Monaten vor und gleichzeitig die Rentenversicherung zunächst die gegenteilige Auffassung vertritt, nämlich, dass eine entsprechende Leistungsminderung gerade nicht vorliegt. Selbiges Problem besteht, wenn der Träger der Rentenversicherung (noch) keine Entscheidung trifft.

Um der **Gefahr unterschiedlicher Beurteilung der Leistungsfähigkeit** durch die Agentur für Arbeit und den Träger der Rentenversicherung zulasten der versicherten Person entgegenzuwirken, fingiert § 145 Abs. 1 S. 1 SGB III (sog. „**Nahtlosigkeitsregelung**") in diesen Fällen die objektive Verfügbarkeit bis zu der Feststellung, dass verminderte Erwerbsfähigkeit im Sinne des Rechts der gesetzlichen Rentenversicherung vorliegt, § 43 Abs. 1–3 SGB VI. Bis zu dieser Feststellung hat die Agentur für Arbeit Arbeitslosengeld zu zahlen. Um eine Entscheidung über die Erwerbsminderung zu ermöglichen, hat die Agentur für Arbeit die leistungsgemin-

35 BSG, Urteil vom 07.12.2004 – B 1 KR 5/03 R

36 *Öndül* in: Schlegel/Voelzke, jurisPK-SGB III, 3. Aufl. Stand: 07.12.2023, § 138 Rn. 120

derte Person unverzüglich aufzufordern (kein Ermessen!), innerhalb eines Monats einen Antrag auf Leistungen zur medizinischen Rehabilitation oder zur Teilhabe am Arbeitsleben zu stellen, § 145 Abs. 2 S. 1 SGB III. Kommt die Person dem nicht nach, so ruht der Anspruch auf Arbeitslosengeld von dem Tag nach Unterlassen der Mitwirkung bis zu dem Tag, an dem die Mitwirkung nachgeholt wird, § 145 Abs. 2 S. 4 SGB III. So wird sichergestellt, dass das Verfahren auf Feststellung der Erwerbsfähigkeit in Gang gesetzt wird. Die Aufforderung der Agentur für Arbeit zur Reha-/Rentenantragstellung ist ein Verwaltungsakt, gegen den der Widerspruch statthaft ist, dem ohne Anordnung der sofortigen Vollziehung (§ 86a Abs. 2 Nr. 5 SGG) aufschiebende Wirkung zukommt, § 86a Abs. 1 SGG. Die Aufforderung ist jedoch auch dann rechtmäßig, wenn die Arbeitslosengeld begehrende Person bereits einen solchen Antrag gestellt hat, was darin begründet liegt, dass die Aufforderung den Zweck verfolgt, die **Dispositionsfreiheit** der antragstellenden Person dahin gehend **einzuschränken**, dass die Rücknahme eines ggf. nach § 116 Abs. 2 SGB VI als Rentenantrag geltenden Reha-Antrages nicht mehr ohne Zustimmung der Agentur für Arbeit möglich ist[37] (vgl. hierzu näher I. III., S. 148).

Zuständig für die Feststellung verminderter Erwerbsfähigkeit ist nach § 145 Abs. 1 S. 2 SGB III allein der Träger der gesetzlichen Rentenversicherung („Feststellungsmonopol"), dies gilt selbst dann, wenn eine vollständige Befreiung von der Rentenversicherung vorliegt[38].

Kommt der Träger der Rentenversicherung zu dem Ergebnis, dass die Voraussetzungen verminderter Erwerbsfähigkeit nicht gegeben sind und lehnt sie den Rentenantrag ab, bleibt die Nahtlosigkeitsregelung (dennoch) anwendbar. Nur so kann gegensätzlichen Beurteilungen beider Leistungsträger entgegengewirkt werden[39]. **Lediglich** die bejahende **Feststellung** des Vorliegens **verminderter Erwerbsfähigkeit** durch den Träger der Rentenversicherung **beendet die Vorleistungspflicht der Agentur für Arbeit** nach § 145 SGB III. Oft verkannt wird jedoch, dass der **Anspruch** auf Arbeitslosengeld nicht bereits ab dem Zeitpunkt **ruht**, ab dem ein Anspruch auf Erwerbsminderungsrente zuerkannt ist, sondern erst **vom Beginn der laufenden Zahlung der Rente an**, § 156 Abs. 1 S. 1 Nr. 3 und Abs. 2 S. 1 Nr. 2 SGB III. Für den Zeitraum zuvor besteht ein Erstattungsanspruch der Träger untereinander, § 156 Abs. 2 S. 2 SGB III i. V. m. § 145 Abs. 3 SGB III analog.

37 *Aubel* in: Schlegel/Voelzke, jurisPK-SGB III, 3. Aufl. Stand: 15.01.2023, § 145 Rn. 49

38 Hessisches LSG, Urteil vom 15.11.2019 – L 7 AL 70/18

39 BeckOGK/*Hlava*, Stand: 01.11.2023, SGB III § 145 Rn. 55; *Lauer* in: Heinz/Schmidt-De Caluwe/Scholz, Sozialgesetzbuch III – Arbeitsförderung, 7. Auflage 2021, § 145 Rn. 17, a. A.: SG Stuttgart, Urteil vom 06.05.2019 – S 21 AL 1622/18

Im Falle der Feststellung des Trägers der Rentenversicherung, dass teilweise Erwerbsminderung vorliegt, hat die Bundesagentur für Arbeit sodann in eigener Verantwortung zu prüfen, ob die arbeitslose Person mit ihrem Restleistungsvermögen noch als verfügbar anzusehen ist[40]. In diesem Falle besteht das Feststellungsmonopol des Trägers der gesetzlichen Rentenversicherung nicht (mehr).

Die Annahme des Fehlens **subjektiver Verfügbarkeit** gründet in der Praxis häufig in Äußerungen der arbeitslosen Person, welche diese im Kontakt mit der Agentur für Arbeit getätigt hat. **Subjektive Verfügbarkeit** kann beispielsweise **verneint** werden, wenn die arbeitslose Person im Beratungsgespräch angibt, zunächst einmal **kein Interesse an der Aufnahme einer Beschäftigung** zu haben oder lediglich **in einem Umfang von weniger als 15 Stunden wöchentlich**, ohne dass diesem Wunsch konkrete Hinderungsgründe, wie beispielsweise die Pflege der Eltern (dann ggf. Mangel der objektiven Verfügbarkeit) entgegenstünden. Auch das Antragsformular auf Arbeitslosengeld bietet die Möglichkeit, seine Verfügbarkeit in zeitlicher Hinsicht einzuschränken, was von Antragstellern oft in Unkenntnis vorgenommen wird. Kommt es in diesen Fällen zur Aufhebung von Arbeitslosengeld, ist anzuraten, spätestens in einem etwaigen Widerspruchschreiben unmissverständlich anzugeben, dass die Bereitschaft besteht, eine versicherungspflichtige Beschäftigung im konkret benannten Umfang (z.B. in Vollzeit) aufzunehmen; denn die Höhe des Arbeitslosengeldes berechnet sich unter anderem auch nach dem Umfang der angegebenen Verfügbarkeit im Vergleich zum vorherigen Umfang der Tätigkeit.

Neben dem Widerspruch, der die subjektive Verfügbarkeit unmissverständlich deutlich macht, kann beispielsweise auch eine telefonische Rückmeldung bei der Agentur für Arbeit, über die ein Vermerk aufgenommen wird, Anhaltspunkt für eine Abhilfe im Widerspruchsverfahren oder eine spätere vergleichsweise Regelung bzw. ein Obsiegen vor Gericht sein.

Tipp:

Wird Akteneinsicht begehrt, sollte sich dieses Begehren immer auch auf die bei der Bundesagentur für Arbeit im internen Vermittlungs-, Beratungs- und Informationssystem „**VerBIS**" befindlichen Vermerke beziehen. Hieraus ergibt sich grds. jeder (vermerkte) Kontakt mit der Agentur, gleich über welchen Kommunikationskanal er erfolgt ist und ein Überblick über alle den „Kunden" betreffenden Vermittlungs- und Beratungsbemühungen (z.B. Einladungsschreiben, Rückmeldungen von Maßnahmeträgern etc.).

40 BSG, Urteil vom 09.09.1999 – B 11 AL 13/99 R

Verfehlt wäre es bei streitiger Verfügbarkeit, zunächst einmal lediglich Widerspruch einzulegen verbunden mit der Ankündigung, diesen später zu begründen, da durch diese Handlungsweise, an der grundsätzlich nichts auszusetzen ist, in der vorliegenden Fallkonstellation wertvolle Zeit verloren gehen kann. Zu beachten ist insbesondere bei anwaltlicher Beratung weiter, dass auch die **Wirkung der Arbeitslosmeldung** nach § 141 Abs. 3 Nr. 1 SGB III **bei einer mehr als sechswöchigen Unterbrechung der Arbeitslosigkeit erlischt**. Wurde Arbeitslosengeld wegen fehlender Verfügbarkeit aufgehoben, ist daher darauf zu achten, dass nicht lediglich Widerspruch innerhalb der Monatsfrist eingelegt wird, sondern auch darauf zu achten, ob ggf. eine erneute, den Anforderungen des § 141 SGB III entsprechende Arbeitslosmeldung erforderlich ist.

b) Arbeitslosmeldung

Neben der Arbeitslosigkeit ist für einen Anspruch auf Arbeitslosengeld als zweite materiell-rechtliche Voraussetzung das Vorliegen einer Arbeitslosmeldung bei der Agentur für Arbeit, § 137 Abs. 1 Nr. 2 SGB III, erforderlich. Weil der Anspruch auf Arbeitslosengeld frühestens bei Vorliegen **aller** in § 137 Abs. 1 SGB III genannten Voraussetzungen entsteht, entsteht dieser nicht vor dem Tag der wirksamen Arbeitslosmeldung.

Nach § 141 Abs. 1 S. 1 SGB III hat die oder der Arbeitslose sich **elektronisch** im Fachportal der Bundesagentur (Achtung: Identitätsnachweis erforderlich!) **oder persönlich** bei der zuständigen Agentur für Arbeit arbeitslos zu melden. Die Arbeitslosmeldung dient zusammen mit der Regelung der frühzeitigen Arbeitssuchendmeldung, § 38 Abs. 1 S. 1 SGB III, dazu, die Arbeitslosigkeit möglichst nicht eintreten zu lassen, jedenfalls aber schnell wieder zu beenden. Die Arbeitslosmeldung ist **auch schon vor Eintritt der Arbeitslosigkeit möglich** und zwar dann, **wenn die Arbeitslosigkeit** zwar noch nicht eingetreten, der Eintritt der Arbeitslosigkeit aber **innerhalb der nächsten 3 Monate zu erwarten ist**. Um mit dem ersten Tag der Arbeitslosigkeit Arbeitslosengeld zu erhalten, ist die Arbeitslosmeldung **spätestens am ersten Tag der Arbeitslosigkeit** erforderlich. Lediglich dann, wenn die zuständige Agentur für Arbeit am ersten Tag der Beschäftigungslosigkeit nicht dienstbereit ist, wirkt eine Meldung an dem nächsten Tag, an dem die Agentur für Arbeit dienstbereit ist, auf den Tag zurück, an dem die Agentur für Arbeit nicht dienstbereit war, § 141 Abs. 2 SGB III. Nicht dienstbereit ist die Agentur für Arbeit, wenn sie wegen ihrer üblichen Öffnungs- und Arbeitszeiten geschlossen hat[41]. Eine Meldung am Dienstag genügt beispielsweise,

41 *Öndül* in: Schlegel/Voelzke, jurisPK-SGB III, 3. Aufl. Stand: 04.01.2024, § 141 Rn. 55

wenn Beschäftigungslosigkeit bereits am Montag eingetreten, die Agentur jedoch wegen eines Feiertages geschlossen gewesen ist.

Die Norm selbst sieht ausdrücklich nur eine Rückwirkung für fehlende Dienstbereitschaft am ersten Tag der Beschäftigungslosigkeit, nicht der Arbeitslosigkeit vor. Bei Arbeitsunfähigkeit am Ende des Arbeitsverhältnisses kann dies zu Problemen führen. Endet ein Arbeitsverhältnis beispielsweise am 31. Juli eines Jahres und ist der Arbeitnehmer über das Beschäftigungsende hinaus arbeitsunfähig erkrankt, beispielsweise bis zum 15. August, so endet sein Beschäftigungsverhältnis mit Ablauf des 31. Juli, Arbeitslosigkeit tritt jedoch erst am 16. August ein. Ist der 16. August ein Samstag und meldet sich der Arbeitslose am kommenden Montag bei der Agentur für Arbeit, so wäre die Norm nicht anwendbar, da Beschäftigungslosigkeit bereits am 1. August eingetreten ist. Das BSG geht in diesem Falle von einer analogen Anwendbarkeit des § 141 Abs. 2 SGB III aus und nimmt eine Rückwirkung ausnahmsweise dahin gehend an, dass die Arbeitslosmeldung auf den ersten Tag der Arbeitslosigkeit zurückwirkt[42]. Auf sonstige, in den Verantwortungsbereich der Agenturen fallende Umstände, die für eine verspätete Arbeitslosmeldung ursächlich geworden sind, kann die Vorschrift jedoch nicht analog angewandt werden[43].

Dass die Arbeitslosmeldung nach § 141 SGB III im Gegensatz zur Arbeitssuchendmeldung nach § 38 SGB III **persönlich** bei der zuständigen Agentur für Arbeit **oder** aber **elektronisch unter Wahrung der Voraussetzungen des § 36a Abs. 2a Nr. 1a SGB I entsprechenden Form** zu erfolgen hat, bereitet in der Praxis häufig Schwierigkeiten. Denn diese elektronische Form ist, wie der Verweis zeigt, nicht bereits dann gewahrt, wenn der oder die Arbeitslose einen Antrag über das Fachportal gestellt oder eine E-Mail versandt hat. Für die Antragstellung ist im Gegensatz zur Arbeitslosmeldung nämlich nicht die vorgenannte elektronische Form vorgesehen, welche fordert, dass die Erklärung der Arbeitslosmeldung in einem elektronischen Formular i. V. m. einer **sicheren elektronischen Identifizierung** erfolgt. Diese Identifizierung kann vorgenommen werden mittels der **eID-Funktion** des Personalausweises oder der für Staatsangehörige eines Mitgliedstaats der Europäischen Union oder eines Vertragsstaats des Abkommens über den Europäischen Wirtschaftsraum ausstellbaren eID-Karte nach § 12 eID-Karte-Gesetz oder für Personen, die nicht unter den persönlichen Anwendungsbereich des eID-Karte-Gesetzes fallen, mithilfe der Identitätsfunktion eines **elektronischen Aufenthaltstitels** gemäß § 78 Abs. 5 AufenthG.

42 BSG, Urteil vom 15.02.2023 – B 11 AL 40/21 R
43 *Öndül* in: Schlegel/Voelzke, jurisPK-SGB III, 3. Aufl. Stand: 04.01.2024, § 141 Rn. 56

Ist diese Form nicht gewahrt, ist die Arbeitslosmeldung nicht wirksam. Allerdings ist in der Praxis darauf zu achten, dass auch in diesen Fällen eine **wirksame Arbeitslosmeldung darin liegen kann, dass der Antrag** auf Arbeitslosengeld (frühestens 3 Monate vor Arbeitslosigkeit) **persönlich** bei der zuständigen Agentur für Arbeit **gestellt worden ist**[44]. Selbiges gilt gleichermaßen für den elektronischen Rechtsverkehr mit der Folge, dass ein Antrag auf Arbeitslosengeld, der in der Form des § 36a Abs. 2a Nr. 1 a SGB I gestellt worden ist, zugleich als elektronische Arbeitslosmeldung anzusehen ist[45]. Für die Beantragung von Arbeitslosengeld ist diese Form – im Gegensatz zur Arbeitslosmeldung – auf dem Portal der Agentur für Arbeit jedoch nicht zwingend, sodass im Einzelfall nach Akteneinsicht genau zu prüfen ist, ob eine einfache elektronische Beantragung über das Fachportal ohne oder unter Wahrung der Form des § 36a Abs. 2a Nr. 1 a SGB I erfolgt ist.

Beachte:

Keinen Hinweis auf die formwirksame und fristgerechte Arbeitslosmeldung bietet demgegenüber **das sich oben auf S. 1 des Antragsformulars befindliche Kästchen „Arbeitslosmeldung am (Datum)"** das häufig ausgefüllt ist. Dieses wird – je nach Fallkonstellation automatisch oder händisch – ausgefüllt und sagt nichts darüber aus, ob die Arbeitslosmeldung im Sinne der gesetzlichen Bestimmung tatsächlich an diesem Tag erfolgt ist und sie sagt auch nicht aus, dass ein Mitarbeiter der Agentur für Arbeit die Arbeitslosmeldung geprüft und/oder als gültig befunden hat.

Kenntnisse über den Unterschied zwischen **Arbeitssuchendmeldung** einerseits und **Arbeitslosmeldung** andererseits sind im Bewusstsein der arbeitenden Bevölkerung regelmäßig nicht im Detail vorhanden, auch wenn u.a. der Internetauftritt der Bundesagentur für Arbeit diese **rechtsbedeutsame Unterscheidung** an mehreren prägnanten Stellen deutlich macht. Es stellt sich daher in der gerichtlichen Praxis häufig die Frage, ob eine fehlende Arbeitslosmeldung nicht fingiert bzw. im Rahmen des **„sozialrechtlichen Herstellungsanspruchs"** ersetzt werden kann. Hierbei handelt es sich um ein von der Rechtsprechung begründetes Rechtsinstitut, mit dem durch pflichtwidriges Handeln einer Behörde entstandene Schäden ausgeglichen werden sollen. Über den sozialrechtlichen Herstellungsanspruch kann der Betroffene so gestellt werden, wie er stünde, hätte die Behörde sich rechtmäßig verhalten. Dem Geschädigten bleibt, wenn der Herstellungsanspruch greift, damit die Durchführung eines **Schadensersatzprozesses vor den Zivilgerichten** erspart.

44 BSG, Urteil vom 19.03.1986 – 7 RAr 48/84
45 LSG Nordrhein-Westfalen, Beschluss vom 28.09.2023 – L 9 AL 112/23 B ER

Als Pflichtverletzungen kommen im Rahmen des Herstellungsanspruchs sowohl die Verletzung von Haupt- als auch von Nebenpflichten in Betracht, darunter die Verpflichtung zur Aufklärung, § 13 SGB I, zur Beratung, § 14 SGB I, und zur Erteilung von Auskünften, § 15 SGB I. Ferner ist erforderlich, dass zwischen der Pflichtverletzung des Sozialleistungsträgers und dem Nachteil des Betroffenen ein ursächlicher Zusammenhang besteht **(Kausalität)**. Schließlich muss der durch das pflichtwidrige Verwaltungshandeln eingetretene Nachteil durch eine zulässige Amtshandlung beseitigt werden können und die Korrektur durch den Herstellungsanspruch darf dem jeweiligen Gesetzeszweck nicht widersprechen[46].

Fehlt die Arbeitslosmeldung, gleich ob die Agentur auf das Erfordernis der Arbeitslosmeldung hingewiesen hat oder nicht, so scheidet eine Korrektur über den sozialrechtlichen Herstellungsanspruch nach der Rechtsprechung des BSG allerdings aus mit der Begründung, dass es sich bei der Arbeitslosmeldung um eine Begebenheit tatsächlicher Art handelt, die nicht im Rahmen eines sozialrechtlichen Herstellungsanspruchs ersetzt werden kann[47]. Rückwirkend können keine Vermittlungsbemühungen seitens der Agentur und auch keine Verfügbarkeit des Arbeitslosen fingiert werden.

Anwendung findet der sozialrechtliche Herstellungsanspruch aber beispielsweise, wenn eine Pflicht der Agentur zur **Spontanberatung** besteht, die verletzt worden ist, wodurch erhebliche Nachteile im Leistungsbezug eingetreten sind. Steht beispielsweise ein Arbeitsloser für die Agentur erkennbar vor Vollendung einer Lebensaltersstufe, wonach sich bei einem Aufschub seines Antrages auf Arbeitslosengeld eine längere Anspruchsdauer ergibt (vgl. § 147 Abs. 2 SGB III) und unterlässt die Agentur in diesem Falle eine dahin gehende Beratung, so ist es geboten, sowohl den Antrag als auch die Arbeitslosmeldung über den sozialrechtlichen Herstellungsanspruch hinauszuschieben[48].

Ist eine Arbeitslosmeldung einmal erfolgt, bleibt sie grundsätzlich wirksam und muss nicht, bspw. wegen Zeitablaufs, erneut vorgenommen werden. Hat der Arbeitslose jedoch den Wegfall der Arbeitslosigkeit angezeigt, muss bei Wiedereintritt des Versicherungsfalls eine erneute Arbeitslosmeldung erfolgen[49].

46 StRspr, vgl. BSG, Urteil vom 16.02.2012 – B 4 AS 77/11 R und vom 30.09.2009 – B 9 VG 3/08 R
47 BSG, Urteil vom 11.03.2004 – B 13 RJ 16/03 R
48 Hessisches LSG, Urteil vom 21.09.2007 – L 7/10 AL 185/04, dort Verschiebung vom 01. auf den 09. Juli eines Jahres
49 BeckOGK/Baldschun, Stand: 01.05.2023, SGB III § 141 Rn. 50

Nichteintritt oder späterer Eintritt von Arbeitslosigkeit

Das Erfordernis einer erneuten Arbeitslosmeldung greift auch für den Fall, dass ein Arbeitnehmer sich zunächst für einen künftigen Zeitpunkt arbeitslos gemeldet hat, dann jedoch mitteilt, dass sein Arbeitsverhältnis verlängert worden ist. Durch die **Tatsachenerklärung, weiterhin in Arbeit zu sein**, erlischt die Wirkung der Arbeitslosmeldung. Es ist dann unabhängig von der Dauer des Zeitablaufs eine erneute Arbeitslosmeldung erforderlich (vgl. LSG Mecklenburg-Vorpommern, Urteil vom 17.06.2020 – R 2 AR 58/14).

Eine Arbeitslosmeldung **bleibt demgegenüber dann wirksam, wenn** entgegen den Erwartungen die **Arbeitslosigkeit zu einem späteren Zeitpunkt eintritt**, der Arbeitnehmer dies aber nicht mitteilt. Voraussetzungen für eine Fortgeltung der Arbeitslosmeldung ist dann allerdings, dass die Arbeitslosigkeit **innerhalb von 3 Monaten nach Arbeitslosmeldung** im Sinne des § 141 Abs. 1 S. 3 SGB III tatsächlich eintritt (vgl. LSG Mecklenburg-Vorpommern, a. a. O.).

Einige (weitere) Fallkonstellationen, in denen die Arbeitslosmeldung erlischt, sind in § 141 Abs. 3 SGB III benannt. So erlischt die Arbeitslosmeldung nach § 141 Abs. 3 Nr. 1 SGB III bei einer **mehr als sechswöchigen Unterbrechung** der Arbeitslosigkeit. Eine solche Unterbrechung kann nicht nur dann eintreten, wenn eine Erwerbstätigkeit aufgenommen worden ist, sondern auch, wenn der Arbeitslose keine Eigenbemühungen an den Tag legt oder nicht verfügbar ist. Wird Arbeitslosengeld wegen fehlender Verfügbarkeit aufgehoben, so bedeutet das zunächst, dass der Arbeitslose nicht arbeitslos ist. Stellte er sich innerhalb des Sechs-Wochen-Zeitraums wieder den Vermittlungsbemühungen der Agentur zur Verfügung, so ist eine erneute Arbeitslosmeldung nicht erforderlich. Sein Leistungsanspruch lebt dann automatisch wieder auf. Stellt er sich später zur Verfügung, so ist wegen des zwischenzeitlichen Erlöschens der Arbeitslosmeldung eine neue Arbeitslosmeldung erforderlich.

Die Arbeitslosmeldung erlischt nach § 141 Abs. 3 Nr. 2 SGB III weiter dann, wenn der Arbeitslose die **Aufnahme einer Erwerbstätigkeit nicht unverzüglich** (vgl. A. IV 1a), S. 29) **mitgeteilt** hat. Unverzüglich bedeutet ohne schuldhaftes Zögern (§ 121 Abs. 1 BGB), wobei eine Mitteilung, die später als 3 Tage nach Beginn der Beschäftigung erfolgt, nicht mehr unverzüglich ist[50]. Hierdurch soll verhindert werden, dass Schwarzarbeitern, die ihre Beschäftigung der Agentur verschweigen, aus der Sechs-Wochen-Frist ungerechtfertigte Vorteile erwachsen[51].

50 LSG Berlin-Brandenburg, Urteil vom 24.06.2009 – R 4 AR 180/07

51 BR-Drs. 550/96, S. 176

c) Anwartschaftszeit

Dritte und letzte materiell-rechtliche Voraussetzung für den Bezug von Arbeitslosengeld bei Arbeitslosigkeit ist die Erfüllung der Anwartschaftszeit. Das Erfordernis einer Anwartschaftszeit dient dazu, Leistungen nur demjenigen zu gewähren, der in enger Beziehung zur Arbeitslosenversicherung steht, um so eine zeitlich unbeschränkte Leistungsverpflichtung der Arbeitslosenversicherung auszuschließen[52]. **Generell hängen das „Ob“ und die Höhe des Anspruchs** auf Arbeitslosengeld stets **von einer gewissen zeitlichen Nähe zum Arbeitsmarkt ab.** Auch wenn bspw. 40 Jahre Beiträge zur Arbeitsförderung erbracht wurden, kann ein Anspruch auf Arbeitslosengeld nicht bestehen, wenn die letzten drei Jahre vor Eintritt der Arbeitslosigkeit keine Beiträge erbracht worden sind oder der Anspruch kann geringer ausfallen, als er nach dem letzten Arbeitsentgelt ausfallen würde. Letzteres kommt insbesondere in Betracht, wenn Arbeitslosengeld anhand eines fiktiven Arbeitsentgelts zu berechnen ist, bspw. dann, wenn wegen des langen Bezuges von Krankengeld, Übergangsgeld oder sonstigen Entgeltersatzleistungen keine 150 Tage mit Anspruch auf Arbeitsentgelt innerhalb eines auf zwei Jahre erweiterten Bemessungsrahmens festgestellt werden können, § 152 Abs. 1 S. 1 SGB III. Die **Anwartschaft ist** demnach grundsätzlich **verfallbar.**

Erfüllt hat der Arbeitslose die Anwartschaftszeit, wenn er innerhalb der Rahmenfrist des § 143 SGB III, also **innerhalb der letzten 30 Monate** vor der Erfüllung aller sonstigen Voraussetzungen für den Anspruch auf Arbeitslosengeld, **mindestens 12 Monate** in einem **Versicherungspflichtverhältnis** gestanden hat, § 142 Abs. 1 S. 1 SGB III. Lediglich nach § 142 Abs. 2 SGB III verkürzt sich die Anwartschaftszeit für einen begrenzten Kreis von Arbeitnehmern von 12 auf 6 Monate (überwiegend auf nicht mehr als 14 Wochen im Voraus befristete, ein gewisses Entgelt nicht übersteigende Beschäftigungsverhältnisse anwendbar).

Rückgerechnet vom Tag vor der Erfüllung aller sonstigen Voraussetzungen für den Anspruch auf Arbeitslosengeld (regelmäßig erster Tag des Anspruchs) müssen im Hauptanwendungsfall des § 142 Abs. 1 SGB III also innerhalb eines Zeitraumes von 30 Monaten mindestens 12 Monate versicherte Zeiten vorliegen, wobei hiermit **360 Tage**, also weniger als ein ganzes Jahr, gemeint sind[53].

Ob ein Versicherungspflichtverhältnis vorliegt, richtet sich nach den §§ 24 ff. SGB III. Zu nennen sind hier insbesondere versicherungspflichtig

52 *Öndül* in: Schlegel/Voelzke, jurisPK-SGB III, 3. Aufl. Stand: 17.01.2024, § 142 Rn. 22
53 BSG, Urteil vom 17.05.2001 – B 7 AL 42/00 R

Beschäftigte, Bezieher von Krankengeld und Personen in der Zeit, in der sie Kinder erziehen, die das dritte Lebensjahr noch nicht vollendet haben. In den letzten beiden Fallkonstellationen ist zudem ein „**unmittelbar**" zuvor bestehendes Versicherungspflichtverhältnis Voraussetzung.

Beispiel: Kindererziehungszeiten

Nach § 26 Abs. 2a S. 1 Nr. 1 SGB III sind versicherungspflichtig auch Personen in der Zeit, in der sie ein Kind, das das 3. Lebensjahr noch nicht vollendet hat, erziehen, wenn sie unmittelbar vor der Kindererziehung versicherungspflichtig waren oder Anspruch auf eine laufende Entgelt-Ersatzleistung nach dem SGB III hatten und die an dieser Stelle zu vernachlässigende Voraussetzung des § 26 Abs. 2a S. 1 Nr. 2 SGB III vorliegen.

Unproblematisch sind in diesem Zusammenhang sich überschneidende Dreijahreszeiträume (z. B. Geburt des ersten Kindes und Elternzeit 2021, Geburt des 2. Kindes und Elternzeit 2023 etc.).

In der Praxis zeigt sich allerdings häufig eine anderweitige **Diskrepanz zwischen Elternzeitrecht und Arbeitsförderungsrecht**. Nach § 15 Abs. 2 S. 2 Bundeselterngeld- und Elternzeitgesetz (BEEG) kann nämlich ein Anteil von bis zu 24 Monaten an der Elternzeit zwischen dem 3. Geburtstag und dem vollendeten 8. Lebensjahr des Kindes in Anspruch genommen werden. Elternzeitrecht und Arbeitsförderungsrecht sind demnach nicht aufeinander abgestimmt. Nach einer Entscheidung des Sächsischen Landessozialgerichts (Urteil vom 15.01.2015 – L 3 AL 30/13) liegt hierin keine planwidrige Gesetzeslücke. Der Gesetzgeber habe mehrere Gesetzesänderungen beschlossen und dabei sehenden Auges keine Anpassung vorgenommen. Anlass für eine erweiternde Auslegung bestehe auch nicht, weil es keine Anhaltspunkte dafür gebe, dass der Gesetzgeber über die bereits bestehenden Regelungen weitere Nachteile im Arbeitslosenversicherungsschutz habe ausgleichen wollen. Es sei auch zu berücksichtigen, dass § 15 BEEG eine arbeitsrechtliche Regelung, gerichtet auf Freistellung von der Arbeit, sei, § 26 Abs. 2a SGB III bezweckte demgegenüber die Vermeidung von Nachteilen im sozialrechtlichen Versicherungsschutz, womit **unterschiedliche Regelungsgegenstände** vorlägen.

Ein versicherungspflichtiges Beschäftigungsverhältnis liegt auch dann vor, wenn der Arbeitnehmer **unwiderruflich unter Fortzahlung des Arbeitsentgelts freigestellt** ist[54], sie liegt beispielsweise aber nicht vor bei **lediglich geringfügigen Beschäftigungsverhältnissen**. Unerheblich für den Leistungsanspruch ist, wie im Übrigen auch im Bereich von Kranken-, Pflege- und Unfallversicherung, ob für den Arbeitnehmer tatsächlich Beiträge zur Arbeitsförderung abgeführt worden sind. Während die fehlerhafte Abführung

54 BSG, Urteil vom 30.08.2018 – B 11 AL 15/17 R

von Beiträgen nicht zum Vorliegen eines Versicherungspflichtverhältnisses führt, schadet die unterlassene Abführung trotz Vorliegens eines Versicherungspflichtverhältnisses dem Entstehen von Leistungsansprüchen nicht.

Neben der Frage, ob der Arbeitslose tatsächlich 360 Tage in einem Versicherungspflichtverhältnis gestanden hat, ist häufig die Lage der Anwartschaftszeit streitig, die bspw. Auswirkungen auf Höhe und Dauer des Arbeitslosengeldes haben kann. Im Rahmen der Betreuung eines arbeitsrechtlichen Mandats ist hier insbesondere auf die **Folgen arbeitsgerichtlicher Vergleiche** zu achten:

Wird bspw. nach Kündigung später in einem **arbeitsgerichtlichen Verfahren** die **Verlängerung des Arbeitsverhältnisses** vereinbart, ändert sich der Beginn der vorbenannten Rahmenfrist nicht. Auch dann, wenn dem Arbeitnehmer Arbeitslosengeld im Rahmen der Regelung über die Gleichwohlgewährung nach § 157 Abs. 3 SGB III bewilligt wird, weil die Arbeitsvertragsparteien noch über die Beendigung des Arbeitsverhältnisses streiten und der Arbeitnehmer währenddessen kein Arbeitsentgelt erhält, findet **keine Korrektur der Rahmenfrist** statt, wenn arbeitsgerichtlich ein späteres Ende des Arbeitsverhältnisses festgestellt oder sich auf ein solches geeinigt wird. Auch gleichwohl gewährtes Arbeitslosengeld wird vorbehaltlos gezahlt und bleibt auch dann rechtmäßig, wenn der oder dem Arbeitslosen nachträglich ein Anspruch auf Arbeitsentgelt zuerkannt wird[55]. Lediglich die **Minderung des Anspruchs auf Arbeitslosengeld** um die Tage des Leistungsbezugs wird, wenn es aufgrund der Gleichwohlgewährung bezogen **wird, später rückabgewickelt**, § 148 Abs. 4 SGB III.

In einem arbeitsgerichtlichen Verfahren ist bei absehbarer oder möglicher Einigung über eine Verlängerung des Arbeitsverhältnisses beispielsweise daher bereits im Gütetermin die **Beantragung von Arbeitslosengeld gedanklich abzuwägen**. Dabei sollte in die anwaltliche Betrachtung jedenfalls einfließen, ob der Mandant wegen eines bevorstehenden Geburtstages bei einer geringfügigen Verlängerung des Arbeitsverhältnisses nicht auch einen längeren Anspruch auf Arbeitslosengeld erwirbt (vgl. § 147 Abs. 2 SGB III).

Beispiel zur Auswirkung der Lage der Anwartschaftszeit:

Die seit 10 Jahren durchgängig versicherungspflichtig beschäftigte A ist 57 Jahre alt. Am 30.06.2024 vollendet sie das 58. Lebensjahr. Die fristlose Kündigung, gegen die sie sich zur Wehr setzt, beendet ihr Arbeitsverhältnis zum 30.04.2024.

55 BSG, Urteil vom 11.06.1987 – 7 RAr 40/86; BeckOGK/*Baldschun*, Stand: 01.03.2020, SGB III § 143 Rn. 15–23

Hier ist darüber nachzudenken, ob sich die A tatsächlich zum 01.05.2024 arbeitslos melden sollte mit der Folge, dass ihr **Arbeitslosengeld im Rahmen der Gleichwohlgewährung** nach § 157 Abs. 3 SGB III bewilligt wird. Ab Juli 2024 bestünde nämlich ein Anspruch auf Arbeitslosengeld mit einer Dauer von 24 Kalendermonaten, § 142 Abs. 2 SGB III, im Falle der Gleichwohlgewährung fände jedoch **später keine Verschiebung des Anspruchszeitraums** statt mit der Folge, das Arbeitslosengeld nur für eine Dauer von 18 Monaten beansprucht werden kann.

Pro und Kontra sind hier abzuwägen. Insbesondere die finanzielle Absicherung der A, die erwartete Dauer eines Kündigungsschutzverfahrens und die Aussichten der A auf dem Arbeitsmarkt können dabei entscheidungserhebliche Gesichtspunkte sein.

Weiter kann in den Fällen, in denen eine Gleichwohlgewährung keine Rolle spielt, daran gedacht werden, wie sich eine ggf. geringfügig **spätere Inanspruchnahme von Arbeitslosengeld** durch die damit verbundene **Verschiebung der Anwartschaftszeit betragsmäßig** auswirkt. War der Arbeitnehmer beispielsweise im letzten Beschäftigungsverhältnis noch nicht lange beschäftigt, d.h. unter einem Jahr und ist der Verdienst in diesem letzten Beschäftigungsverhältnis deutlich höher als im unmittelbar zuvor bestehenden, lohnt sich der Gedanke, statt einer hohen Abfindung einmal über ein **Hinausschieben des** Beendigungszeitpunktes bei fortdauernder Entgeltzahlung nachzudenken, um die Höhe des Arbeitslosengeldanspruches positiv zu beeinflussen. Gleiches gilt selbstverständlich und erst Recht in Fällen, in denen die Anwartschaftszeit erstmals – oder nach Arbeitslosengeldbezug noch nicht wieder – erfüllt worden ist.

2. Sonderformen des Arbeitslosengeldes

In den weit überwiegenden Fällen wird Arbeitslosengeld als Arbeitslosengeld bei Arbeitslosigkeit gewährt. Daneben kommen in Betracht die Gewährung von Arbeitslosengeld bei beruflicher Weiterbildung, bei Minderung der Leistungsfähigkeit und in Fällen, in denen die arbeitslose Person arbeitsunfähig ist (Leistungsfortzahlung bei Arbeitsunfähigkeit).

a) Arbeitslosengeld bei beruflicher Weiterbildung

Arbeitslosengeld bei Weiterbildung wird nach § 144 Abs. 1 SGB III gezahlt, wenn der Arbeitslose eine nach § 81 SGB III geförderte berufliche Weiterbildung aufgenommen hat. Eine entsprechende Regelung ist erforderlich, da Arbeitslose bei beruflicher Weiterbildung den Vermittlungen der Agenturen nicht zur Verfügung stehen, womit ohne die Norm ein Anspruch auf Arbeitslosengeld nicht bestünde. Um Arbeitslosengeld bei Weiterbildung zu beziehen, ist auch die sonst erforderliche Erreichbarkeit keine Anspruchsvoraussetzung[56]. § 144 SGB III dient dazu, den Lebensunterhalt während der Teilnahme an einer beruflichen Weiterbildung sicherzustellen. Arbeitslosengeld bei Weiterbildung wird daher grds. **in derselben Höhe wie** das **Arbeitslosengeld bei Arbeitslosigkeit** gezahlt, allerdings besteht die **Besonderheit**, dass sich die **Dauer des Anspruchs auf Arbeitslosengeld nur um jeweils einen Tag für jeweils 2 Tage mindert**, für die ein Anspruch auf Arbeitslosengeld bei beruflicher Weiterbildung besteht, § 148 Abs. 1 Nr. 7 SGB III. Die Minderung unterbleibt vollständig, soweit sich dadurch eine Anspruchsdauer von weniger als 3 Monaten ergibt, 147 Abs. 2 S. 3 SGB III. Arbeitslose, die eine Weiterbildung nach § 81 SGB III in Anspruch nehmen und damit aktiv versuchen, ihre Arbeitslosigkeit zu beenden, werden somit privilegiert. Konkret auf das Arbeitslosengeld bei Weiterbildung bezogene Streitigkeiten oder gar gerichtliche Auseinandersetzungen sind allerdings eher selten.

b) Arbeitslosengeld bei Minderung der Leistungsfähigkeit

Die wohl praxisrelevanteste Sonderform des Arbeitslosengeldes ist demgegenüber das **Arbeitslosengeld bei Minderung der Leistungsfähigkeit.** Nach § 145 Abs. 1 S. 1 SGB III hat auch eine Person Anspruch auf Arbeitslosengeld, die allein deshalb nicht arbeitslos ist, weil sie wegen einer mehr als sechsmonatigen Minderung ihrer Leistungsfähigkeit versicherungspflichtige, mindestens 15 Stunden wöchentlich umfassende Beschäftigungen nicht unter den Bedingungen ausüben kann, die auf dem für sie in Betracht kommenden Arbeitsmarkt ohne Berücksichtigung der Minderung der Leistungsfähigkeit üblich sind, wenn eine verminderte Erwerbsfähigkeit im Sinne der gesetzlichen Rentenversicherung nicht festgestellt worden ist (sog. „Nahtlosigkeitsregelung“).

Die **Nahtlosigkeitsregelung** des § 145 Abs. 1 Satz 1 SGB III soll verhindern, dass widersprüchliche Beurteilungen der Leistungsfähigkeit durch die Bundesagentur für Arbeit und den Rentenversicherungsträger „auf dem Rücken des Versicherten ausgetragen werden“[57]. Ohne eine entsprechende Regelung, die ähnlich bestehendes Leistungsvermögen fingiert, könnte die Situation entstehen, dass einer Person wegen einer unterschiedlichen Beurteilung ihrer Leistungsfähigkeit weder ein Anspruch auf Arbeitslosengeld, noch ein Anspruch auf Erwerbsminderungsrente zuerkannt wird, womit diese Person (sozialversicherungsrechtlich) völlig

---

56 BSG, Urteil vom 10.12.2019 – B 11 AL 4/90

57 *Aubel* in: Schlegel/Voelzke, jurisPK-SGB III, 3. Aufl. Stand: 15.01.2023, § 145 Rn. 16

schutzlos stünde. Die Norm hat insbesondere Relevanz, wenn Versicherte ihren Anspruch auf Krankengeld ausgeschöpft bzw. ausbezogen haben. Durch die **Fiktion der Verfügbarkeit** über § 145 Abs. 1 S. 1 SGB III besteht dann nämlich die Möglichkeit, im Anschluss an das Krankengeld Arbeitslosengeld zu beanspruchen, womit eine lückenlose versicherungsrechtliche Absicherung gewährleistet wird.

Ob prognostisch die gesundheitsbedingte Leistungsminderung im Sinne des § 145 Abs. 1 S. 1 SGB III vorliegt, hat die Bundesagentur für Arbeit selbst zu ermitteln und festzustellen. Es soll gerade nicht jede Leistungsminderung die **Fiktion der Arbeitsfähigkeit** erzeugen, sondern nur eine Leistungsminderung auf weniger als 15 Stunden wöchentlich über eine Dauer von mehr als 6 Monaten[58]. Abschließend festzustellen, dass oder ob eine verminderte Erwerbsfähigkeit vorliegt, muss allerdings der **Träger der gesetzlichen Rentenversicherung**, 145 Abs. 1 S. 2 SGB III SGB III – auch bei in der gesetzlichen Rentenversicherung nicht Versicherten, wie beispielsweise Mitgliedern von Versorgungswerken[59]. Zu diesem Zwecke hat die Agentur für Arbeit die leistungsgeminderte Person unverzüglich aufzufordern, innerhalb eines Monats einen Antrag auf Leistungen zur medizinischen Rehabilitation oder zur Teilhabe am Arbeitsleben zu stellen, § 145 Abs. 2 S. 1 SGB III (Grundsatz: „Reha vor Rente“). Diese **Aufforderung** steht, wie bereits aus dem Wortlaut der Norm deutlich wird, nicht im Ermessen der Agentur für Arbeit, allerdings ist sie **nur so lange zulässig wie** der Träger der Rentenversicherung das Vorliegen einer vollen oder jedenfalls teilweisen **Erwerbsminderung nicht festgestellt** hat[60].

Die Aufforderung ist ein **Verwaltungsakt** im Sinne des § 31 SGB X[61]. Dies führt, wird der Aufforderung nicht gefolgt, der Verwaltungsakt aber auch nicht angegriffen, **kraft Gesetzes zum Ruhen** des Anspruchs auf Arbeitslosengeld vom Tage nach Ablauf der Frist an bis zur Nachholung, § 145 Abs. 2 S. 3 SGB III. Weil der tatsächliche Bezug von Leistungen unter anderem den Versicherungstatbestand in der Krankenversicherung begründet, § 5 Abs. 1 Nr. 2 SGB V, ist darauf zu achten, dass nach Ablauf eines Monats, also im Anschluss an den grundsätzlich gegebenen nachgehenden Versicherungsschutz (§ 19 Abs. 2 SGB V), die Versicherung (nur) als freiwillige fortbesteht, § 188 Abs. 4 S. 1 SGB V.

58 BSG, Urteil vom 10.05.2007 – B 7a AL 30/06 R
59 Hessisches LSG, Urteil vom 15.11.2019 – L 7 AL 70/18
60 *Aubel* in: Schlegel/Voelzke, jurisPK-SGB III, 3. Aufl. Stand: 15.01.2023, § 145 Rn. 39 m.w. N
61 BSG, Urteil vom 26.06.2008 – B 13 R 141/07 R; BSG, Urteil vom 26.06.2008 - B 13 R 37/07 R

Der Anspruch auf Arbeitslosengeld ruht weiter, wenn zwar Leistungen zur medizinischen Rehabilitation oder zur Teilhabe am Arbeitsleben beantragt worden sind, die leistungsgeminderte Person aber ihren **Mitwirkungspflichten gegenüber dem Rehabilitationsträger** nicht nachkommt; **an die Entscheidung des Rehabilitationsträgers** in Form eines Versagungsbescheides **ist die Agentur dabei gebunden**, sie trifft auch hier keine eigenständige Entscheidung[62].

Wird Widerspruch gegen die Aufforderung erhoben, hat dieser regelmäßig aufschiebende Wirkung nach § 86a Abs. 1 SGG, jedenfalls dann, wenn – wie üblich – nicht die sofortige Vollziehung angeordnet worden ist. Der Anspruch auf Arbeitslosengeld ruht dann nicht. Sinnvoll wird der Widerspruch insbesondere dann sein, wenn die arbeitslose Person bereits einen **Antrag auf Rehabilitationsleistungen** gestellt hat. Zu beachten ist, dass ein solcher Antrag **nach § 116 Abs. 2 SGB VI als Rentenantrag gilt**, wenn Versicherte vermindert erwerbsfähig sind und der Erfolg von Leistungen zur medizinischen Rehabilitation nicht zu erwarten ist oder solche Leistungen nicht erfolgreich gewesen sind. **Wird ein Antrag** auf Rehabilitationsleistungen in einen Rentenantrag **umgedeutet**, kann die leistungsgeminderte Person grundsätzlich den Antrag auch noch nach Bekanntgabe der Verwaltungsentscheidung zurücknehmen, zeitlich oder inhaltlich beschränken, die Leistungsinanspruchnahme hinausschieben oder der Umdeutung des Reha-Antrages in einen Rentenantrag widersprechen[63]. **Liegt allerdings eine Aufforderung nach § 145 Abs. 2 S. 1 SGB III vor, besteht kein einseitiges Gestaltungsrecht des Versicherten mehr** mit der Folge, dass über den Anspruch auch nicht mehr ohne Weiteres disponiert werden kann. Da auch die Agentur zur Aufforderung gezwungen ist (ihr steht kein Ermessen hinsichtlich der Aufforderung zu), wird angenommen, dass der Versicherte auch keinen Anspruch gegen die Agentur auf Einräumung eines Dispositionsrechts bzw. auf Zustimmung zur Rücknahme oder inhaltlichen Veränderung des Antrages hat[64]. **Ist die Aufforderung also einmal bestandskräftig geworden** oder erweist sie sich als rechtmäßig, **liegt eine nachträgliche Veränderung** beispielsweise des Anspruchsbeginns einer Rente nicht **mehr in der Verfügungsbefugnis von Versichertem oder der Agentur für Arbeit** (anders bei Krankenkassen, denen hinsichtlich der Aufforderung zur Antragstellung Ermessen eingeräumt wird, vgl. § 51 Abs. 1 S. 1 SGB V).

62 *Aubel* in: Schlegel/Voelzke, jurisPK-SGB III, 3. Aufl. Stand: 15.01.2023, § 145 Rn. 57
63 LSG Niedersachsen-Bremen, Urteil vom 21.11.2017 – L 16 KR 261/16
64 LSG Baden-Württemberg, Urteil vom 25.01.2023 – L 3 AL 1521/22

Wird einem Arbeitslosen eine Rente wegen Erwerbsminderung oder wegen einer Maßnahme zur Rehabilitation Übergangsgeld zuerkannt, steht der Bundesagentur für Arbeit nach § 145 Abs. 3 S. 1 SGB III entsprechend § 103 SGB X ein **Erstattungsanspruch** zu. Der Anspruch des Arbeitslosen auf Rente gilt in Höhe des bewilligten Arbeitslosengeldes für den gleichen Zeitraum als erfüllt, § 107 SGB VII. Daher ist Arbeitslosengeld auch nicht gegenüber dem Versicherten aufzuheben und von diesem zu erstatten[65], es sei denn, der Träger der Rentenversicherung hat das Übergangsgeld oder die Rente mit befreiender Wirkung an den Arbeitslosen und in Kenntnis des nach § 145 SGB III gewährten Arbeitslosengeldes gezahlt, vgl. 145 Abs. 3 S. 2 SGB III. Beschränkt auf die Höhe der Rente hat der Arbeitslose dann das Arbeitslosengeld zu erstatten, nur so kann ein Doppelbezug von Rente bzw. Übergangsgeld und Arbeitslosengeld vermieden werden.

In den weit überwiegenden Fällen hat der Rentenversicherungsträger Kenntnis über die Gewährung von Arbeitslosengeld, ein positiver Bescheid der Rentenversicherung wird regelmäßig rückwirkend das Bestehen eines Anspruchs auf Rente und die Aufnahme von laufenden Rentenzahlungen für die Zukunft (oder ab dem Ende des Anspruchs auf Arbeitslosengeld, § 101 Abs. 1a S. 2 SGB VI) vorsehen. **Bis zum Beginn einer laufenden Rentenzahlung bleibt die Bewilligung des Arbeitslosengeldes rechtmäßig.** Das Arbeitslosengeld ruht im Falle der Bewilligung einer Rente wegen voller Erwerbsminderung erst vom Beginn der laufenden Rentenzahlung an, nicht bereits ab Rentenbeginn, § 156 Abs. 1 S. 1 Nr. 3, Abs. 2 S. 1 Nr. 2 SGB III. Dies wird oft verkannt. Bis zur Aufnahme der laufenden Rentenleistungen haben daher die Träger in den weit überwiegenden Fällen eine Erstattung untereinander zu regeln.

c) Leistungsfortzahlung bei Arbeitsunfähigkeit

Da Arbeitslosigkeit als Anspruchsvoraussetzung für den Bezug von Arbeitslosengeld unter anderem objektive Verfügbarkeit und das Bemühen, die Arbeitslosigkeit zu beenden, voraussetzt, würde eine Erkrankung des Arbeitslosen während des Leistungsbezuges dazu führen, dass kein Anspruch für die Zeit der Erkrankung bestünde. § 146 SGB III regelt eine zeitlich begrenzte **Fortzahlung von Arbeitslosengeld für die Dauer von max. 6 Wochen** mit der Folge, dass ein Wechsel des Sozialleistungsträgers nicht vorgenommen werden muss. Die Norm greift bei **unverschuldeter Arbeitsunfähigkeit** und bei **Arbeitsunfähigkeit aufgrund stationärer Behandlung auf Kosten der Krankenkasse**. Damit die Norm Anwendung

65 BeckOK SozR/*Müller* SGB III, Ed. 01.06.2024, § 145 Rn. 32

findet, muss die **Arbeitsunfähigkeit während des Bezugs von Arbeitslosengeld** eingetreten sein, besteht die Arbeitsunfähigkeit bereits am Ende des Arbeitsverhältnisses und darüber hinaus, so besteht grundsätzlich Anspruch auf Krankengeld, nicht auf Arbeitslosengeld.

> **Beispiel: Eintritt von Arbeitsunfähigkeit während des Bezugs von Arbeitslosengeld**
>
> Für die Anwendbarkeit des § 146 SGB III **ausreichend** ist grds., **dass ein realisierbarer Anspruch auf Arbeitslosengeld für den Tag besteht, in dessen Verlauf die Arbeitsunfähigkeit eingetreten ist**. Hat sich der Arbeitslose demnach beispielsweise am Morgen des 21. Juli arbeitslos gemeldet und erfüllt er auch alle sonstigen Voraussetzungen für das Bestehen eines Anspruchs auf Arbeitslosengeld, so ist Arbeitslosengeld nach § 146 SGB III fortzuzahlen, auch wenn die Arbeitsunfähigkeit bereits am Nachmittag des 21. Juli eintritt (BSG, Urteil vom 29.03.2001 – B 7 AL 14/00).

Zu beachten ist, dass die **6-Wochen-Frist** des § 146 SGB III (42 Kalendertage, vgl. § 339 S. 1 SGB III) kalendermäßig abläuft und sich **bei Hinzutreten einer weiteren**, die Arbeitsunfähigkeit begründenden **Krankheit** während der 6-Wochen-Frist **nicht verlängert**[66]. War die arbeitslose Person zwischenzeitlich wieder für mindestens einen Tag arbeitsfähig und verfügbar, besteht bei erneuter Arbeitsunfähigkeit wiederum ein Anspruch auf Leistungsfortzahlung für 6 Wochen[67]. Es besteht damit **keine Identität mit der Regelung des § 3 Abs. 1 S. 2 Entgeltfortzahlungsgesetz**, die danach differenziert, ob erneut Arbeitsunfähigkeit wegen derselben Erkrankung oder einer neuen Erkrankung eingetreten ist. Die Leistungsfortzahlung bei Arbeitsunfähigkeit nach § 146 SGB III kann also im Kalenderjahr mehrfach wegen derselben Krankheit entstehen – zwischenzeitlich bestehende Arbeitsfähigkeit und Verfügbarkeit vorausgesetzt.

Nach § 146 Abs. 2 S. 1 SGB III erfolgt eine Leistungsfortzahlung auch im Falle einer nach ärztlichem Zeugnis erforderlichen Beaufsichtigung, Betreuung oder Pflege eines **erkrankten Kindes** mit einer Dauer von bis zu 10 Tagen, bei alleinerziehenden Arbeitslosen mit einer Dauer von bis zu 20 Tagen für jedes Kind in jedem Kalenderjahr, wenn eine andere im Haushalt lebende Person diese Aufgabe nicht wahrnehmen kann und das Kind das 12. Lebensjahr noch nicht vollendet hat oder behindert und auf Hilfe angewiesen ist. In jedem Falle wird Arbeitslosengeld jedoch für nicht mehr als 25 Tage, für alleinerziehende Arbeitslose für nicht mehr

66 BeckOGK/*Hlava* SGB III, Stand: 01.11.2023, § 146 Rn. 45
67 BSG, Urteil vom 14.03.1985 – 7 RAr 64/84

als 50 Tage in jedem Kalenderjahr fortgezahlt. Auch hier ist **Voraussetzung, dass** die **Notwendigkeit der Versorgung des erkrankten Kindes während des Bezugs von Arbeitslosengeld eingetreten** ist.

3. Höhe des Arbeitslosengeldes

Das Arbeitslosengeld beträgt gemäß § 149 Nr. 1 SGB III für Arbeitslose mit berücksichtigungsfähigen Kindern 67 %, nach Nr. 2 der Norm für die übrigen Arbeitslosen 60 % des pauschalierten Nettoentgelts (Leistungsentgelt), das sich aus dem Bruttoentgelt ergibt, das die oder der Arbeitslose im Bemessungszeitraum erzielt hat (Bemessungsentgelt). Was aufgrund der Vielzahl an Begrifflichkeiten, die durch die nachfolgenden Regelungen noch ergänzt werden, zunächst komplex anmutet, ist im Grunde leicht zu durchdringen. Dabei ist zunächst danach zu schauen, welches Arbeitsentgelt der Berechnung des Anspruchs in zeitlicher Hinsicht zugrunde gelegt wird. Zu diesem Zweck ist zunächst der Bemessungsrahmen, dann der Bemessungszeitraum zu bestimmen.

Der **Bemessungsrahmen** ist der Zeitraum, der eine Klammer um all diejenigen Entgeltabrechnungszeiträume legt, welche anzuschauen und zu bewerten sind. Der Bemessungsrahmen umfasst **grundsätzlich ein Jahr** rückgerechnet vom letzten Tag des letzten Versicherungspflichtverhältnisses vor der Entstehung des Anspruchs, § 150 Abs. 1 S. 2 SGB III.

Beispiel:

Endet ein Arbeitsverhältnis zum 31.12.2024, entsteht der Anspruch regelmäßig am 01.01.2025. Der Bemessungsrahmen umfasst dann die Zeit vom 01.01.2024 bis 31.12.2024.

Im nächsten Schritt ist innerhalb des Bemessungsrahmens ein **Bemessungszeitraum** zu bilden. Der Bemessungszeitraum umfasst die beim Ausscheiden aus dem jeweiligen Beschäftigungsverhältnis **abgerechneten** Entgeltabrechnungszeiträume der versicherungspflichtigen Beschäftigung im Bemessungsrahmen, § 150 Abs. 1 S. 1 SGB III, die **vollständig im Bemessungsrahmen** liegen[68]. Wenn das Arbeitsentgelt im vorgenannten Fall immer am Monatsende ausgezahlt wird, ist der Bemessungszeitraum mit dem Bemessungsrahmen identisch. Wird das Arbeitsentgelt hiervon abweichend erst am 15. des Folgemonats abgerechnet und ausgezahlt, so war das Arbeitsentgelt von Dezember 2024 beim Ausscheiden aus dem Beschäftigungsverhältnis noch nicht abgerechnet und wird daher bei der Bestimmung des Bemes-

68 BSG, Urteil vom 29.01.2008 – B 7/7a AL 40/06 R

sungszeitraums nicht berücksichtigt. Das Dezembergehalt bleibt dann bei der Berechnung des Arbeitslosengeldanspruches außen vor.

Die weitere ungeschriebene Voraussetzung, dass den Bemessungszeitraum nur **Entgeltabrechnungszeiträume** bilden, **die vollständig im Bemessungsrahmen liegen**, stellt eine Verwaltungsvereinfachung dar, weil so komplizierte Umrechnungen des Entgelts auf einzelne Tage vermieden werden.

> **Beispiel:**
>
> War ein Arbeitnehmer vom 01.03.2020 bis 13.05.2024 beschäftigt und beantragt er zum 14.05.2024 Arbeitslosengeld, so umfasst der Bemessungsrahmen den Zeitraum vom 14.05.2023 bis 13.05.2024. Der Monat Mai 2023 wird jedoch nicht Teil des Bemessungszeitraums, weil er nicht vollständig im Bemessungsrahmen liegt (01.05.2023 bis 13.05.2023 liegen außerhalb). Ist das Arbeitsentgelt zum Monatsende fällig, so wird auch der Monat Mai 2024 nicht berücksichtigt, weil er im Zeitpunkt des Ausscheidens aus dem Beschäftigungsverhältnis noch nicht abgerechnet war. Außerdem liegt der Monat Mai 2024 nicht vollständig im Bemessungsrahmen. Der Bemessungszeitraum umfasst daher die Zeit vom 01.06.2023 bis 30.04.2024.

Im Rahmen der Bemessung des Arbeitslosengeldes ist stets das Bestehen eines **Beschäftigungsverhältnisses im versicherungsrechtlichen Sinne** maßgeblich. Auch abgerechnetes Arbeitsentgelt, das während einer unwiderruflichen Freistellung gezahlt wird, wird damit in die Bemessung des Arbeitslosengeldes einbezogen[69].

Der Bemessungsrahmen umfasst jedoch nicht immer ein Jahr. So wird er gemäß § 150 Abs. 3 S. 1 Nr. 1 SGB III **auf 2 Jahre erweitert**, wenn der Bemessungszeitraum weniger als 150 Tage mit Anspruch auf Arbeitsentgelt enthält.

> **Beispiel:**
>
> Hat im vorgenannten Fall (Beschäftigungsverhältnis vom 01.03.2020 bis 13.05.2024) der Arbeitnehmer vom 01.06.2023 bis 31.03.2024 Krankengeld bezogen, so liegen im Bemessungszeitraum vom 01.06.2023 bis 30.04.2024 keine 150 Tage mit Anspruch auf Arbeitsentgelt. Der **Bemessungsrahmen** wird daher um ein Jahr, d. h. auf den Zeitraum vom 14.05.2022 bis 13.05.2024 erweitert.

Im vorgenannten Beispielfall liegen im erweiterten Bemessungsrahmen 150 Tage mit Anspruch auf Arbeitsentgelt. Dies ist jedoch nicht immer der Fall. Es

---

69 *Jakob* in: Heinz/Schmidt-De Caluwe/Scholz, Sozialgesetzbuch III – Arbeitsförderung, 7. Auflage 2021, § 150 Rn. 26

gibt durchaus eine Vielzahl an Fällen, in denen auch im erweiterten Bemessungsrahmen keine 150 Tage mit Anspruch auf Arbeitsentgelt liegen. In diesem Falle ist das Arbeitslosengeld nicht mehr anhand eines konkret erzielten Arbeitsentgelts, sondern **fiktiv** zu bemessen, vgl. § 152 Abs. 1 S. 1 SGB III. Neben den Fällen, in denen aus gesundheitlichen Gründen und/oder wegen längerer Unterbrechungen im Versicherungsverlauf keine 150 Tage mit Anspruch auf Arbeitsentgelt liegen, findet eine fiktive Bemessung auch bei freiwillig in der Arbeitslosenversicherung versicherten Selbstständigen statt, da diese kein „Arbeitsentgelt" erzielt haben. Diese Berechnungsmodalität kann gerade in Fällen, in denen die selbstständige Tätigkeit finanziell erfolgreich betrieben wird, aber faktisch kein Hochschul- oder Fachhochschulabschluss vorliegt, zu aus Versichertensicht ungewünschten Ergebnissen führen. Denn fiktiv bemessen wird das Arbeitslosengeld abschließend nach einem festen Bemessungsentgelt gestaffelt nach der Qualifikation des Versicherten (**Qualifikationsgruppen**):

- **Qualifikationsgruppe 1** werden zugeordnet Versicherte, bei denen die Vermittlungsbemühungen auf Beschäftigungen zielen, die eine Hochschul- oder Fachhochschulausbildung erfordern.
- Der **Qualifikationsgruppe 2** zugerechnet werden Versicherte, deren Vermittlung sich auf Beschäftigungsverhältnisse richtet, die einen Fachschulabschluss, den Nachweis über eine abgeschlossene Qualifikation als Meister oder einen Abschluss in einer vergleichbaren Einrichtung fordern.
- Zur **Qualifikationsgruppe 3** gehören diejenigen, die eine abgeschlossene Ausbildung in einem Ausbildungsberuf aufweisen und
- zur **Qualifikationsgruppe 4** diejenigen, bei denen sich die Vermittlung auf Beschäftigungsverhältnisse fokussiert, die keine Ausbildung erfordern.

Entscheidend ist für die Zuordnung in erster Linie, ob der Arbeitslose über die für die angestrebte Beschäftigung erforderliche **berufliche Qualifikation** und den entsprechenden **Berufsabschluss** verfügt[70], nicht also, ob der Arbeitslose einer Beschäftigung nachgegangen ist, für die zwar formal ein Hochschulabschluss erforderlich ist, die Stelle faktisch jedoch ohne diesen Abschluss ausgeübt worden ist. Neben dieser grundsätzlich formalen Betrachtungsweise muss jedoch auch Berücksichtigung finden, ob eine Vermittlung entsprechend der Qualifikationsgruppe realistisch ist. Dies wurde beispielsweise für einen viele Jahre zurückliegenden Fachhochschulabschluss und einer letztmalig entsprechenden Beschäftigung vor 22 Jahren verneint[71].

70 BSG, Urteil vom 04.07.2012 – B 11 AL 21/11 R; BSG, Urteil vom 18.05.2010 – B 7 AL 49/08 R
71 LSG Berlin-Brandenburg, Urteil vom 15.03.2017 – 18 AL 169/16

Die Frage, ob von der formalen Betrachtungsweise abweichend ausnahmsweise nach langjähriger Berufsausübung und realistischen Vermittlungsmöglichkeiten in eine höherwertige Beschäftigung die Zuordnung zu einer besseren Qualifikationsgruppe erfolgen kann, hat das BSG ausdrücklich offengelassen (BSG, Urteil vom 04.07.2012 – B 11 AL 21/11 R).

Nach Zuordnung des Arbeitslosen zu einer der Qualifikationsgruppen ergibt sich die Höhe des der Bemessung zugrunde liegenden Arbeitsentgelts aus dem in § 152 Abs. 2 S. 2 SGB III genannten Faktor, der sich an der jährlich ändernden Bezugsgröße für die Sozialversicherung (§ 18 SGB IV) bemisst.

Aus dem so fiktiv oder tatsächlich ermittelten Bemessungsentgelt ist sodann nach § 153 Abs. 1 SGB III das Leistungsentgelt zu berechnen, also Sozialversicherungspauschale, Lohnsteuer und Solidaritätszuschlag abzuziehen und letztlich mit dem einschlägigen Leistungssatz nach § 149 SGB III (60 oder 67 %) zu multiplizieren.

4. Ruhen des Anspruchs bei Arbeitsentgelt und anderen Sozialleistungen

Der Anspruch auf Arbeitslosengeld ruht, kommt also trotz seiner Entstehung nicht zur Auszahlung, ohne dass damit eine Minderung der Anspruchsdauer verbunden wäre, wenn Anspruch auf Arbeitsentgelt inkl. Urlaubsabgeltung, auf eine Entlassungsentschädigung oder auf eine Sozialleistung besteht. Zweck dieser Regelung ist es, Doppelleistungen zu vermeiden. Besteht noch ein Anspruch auf Arbeitsentgelt unabhängig vom Eintritt von Beschäftigungslosigkeit (zur Unterscheidung vgl. hierzu A. I., S. 11f.), so können Sozialleistungen noch nicht beansprucht werden. Lediglich in Fällen, in denen zwar Anspruch auf Arbeitsentgelt besteht, dieses jedoch nicht gezahlt wird, besteht die Möglichkeit, Arbeitslosengeld trotz bestehenden Entgeltanspruchs zu beziehen (sog. „**Gleichwohlgewährung**", § 157 Abs. 3 SGB III).

Nicht zu verwechseln ist das Ruhen des Anspruchs bei Arbeitsentgelt, Urlaubsabgeltung, Entlassungsentschädigung oder anderen Sozialleistungen mit dem Ruhen nach § 159 SGB III (Sperrzeittatbestände). Die Zielsetzung der Sperrzeitregelung ist eine gänzlich andere und führt entgegen den vorgenannten Fällen gleichzeitig auch zur Minderung der Anspruchsdauer.

Die Regelungen der §§ 157ff. SGB III haben erhebliche **Bedeutung im Rahmen des Abschlusses arbeitsgerichtlicher Vergleiche oder außergerichtlicher Einigungen** in Zusammenhang mit der Beendigung des Arbeitsverhältnisses. Nicht zuletzt können durch Beachtung der sozialversicherungsrechtlichen

Folgen einzelner sozialrechtlicher Regelungen in arbeitsrechtlichen Beendigungssachverhalten Folgeprozesse vor dem Sozialgericht vermieden werden.

Gemäß § 157 Abs. 1 SGB III ruht der Anspruch auf Arbeitslosengeld zunächst während der Zeit, für die die oder der Arbeitslose **Arbeitsentgelt** erhält oder zu beanspruchen hat.

Auch für die Zeit des abgegoltenen **Urlaubs** ruht der Anspruch nach § 157 Abs. 2 S. 1 SGB III. Das **Ruhen beginnt dabei mit dem Ende des die Urlaubsabgeltung begründenden Arbeitsverhältnisses**, nicht also bereits mit dem Eintritt von Beschäftigungslosigkeit, wie dies im Falle der Sperrzeit bei Arbeitsaufgabe der Fall ist. Ob daher vor Beendigung des Arbeitsverhältnisses eine unwiderrufliche Freistellung erfolgt ist, ist für das Ruhen bei Urlaubsabgeltung nicht von Bedeutung. Endet das Arbeitsverhältnis zum 31.12.2024 und besteht noch Anspruch auf Urlaubsabgeltung für 10 Tage, so ruht der Anspruch auf Arbeitslosengeld bis zum 10.01.2025. Arbeitslosengeld kann daher erst ab 11.01.2025 bezogen werden. Umgehen kann man diese Folge in arbeitsgerichtlichen Vergleichen kaum, lediglich vereinbaren, dass der Urlaub z.B. noch während des Arbeitsverhältnisses genommen wird bzw. als genommen gilt, was regelmäßig allerdings das Arbeitsverhältnis verlängert, sodass Arbeitslosengeld auch hier erst später bezogen werden kann. Der Vorteil darin, Urlaub tatsächlich zu nehmen statt ihn abzugelten, besteht jedenfalls in der Tatsache, dass für diesen Zeitraum Beiträge zur Sozialversicherung erbracht werden und kann eine Rolle spielen, wenn die Anwartschaftszeit erst durch eine Verlängerung des Arbeitsverhältnisses um die Zeiten des noch zustehenden Urlaubs erreicht werden kann (Stichwort: zwölfmonatiges Versicherungspflichtverhältnis innerhalb der letzten 30 Monate, § 142 Abs. 1 S. 1 SGB III).

Beispiel:

Die Erwerbsbiografie des A ist in den letzten Jahren mehrfach unterbrochen worden. Zuletzt bezog A Leistungen nach dem SGB II. Hieran anschließend war er ab dem 01.01.2024 bei der B-GmbH beschäftigt. Zum 30.11.2024 wird A betriebsbedingt gekündigt, ihm stehen noch 20 Tage Urlaub zu. Die 20 Tage Urlaub können genutzt werden, um eine vergleichsweise Beendigung zum 31.12.2024 zu erreichen, um den Anspruch auf Arbeitslosengeld I überhaupt zu begründen. Ausreichend für die Erfüllung der Anwartschaftszeit auf Arbeitslosengeld wäre eine Verlängerung bis zum 26.12.2024 (360 Tage Versicherungspflichtverhältnis).

Zustehender Resturlaub kann vergleichsweise weiter dazu benutzt werden, die Dauer des Anspruchs auf Arbeitslosengeld zu verlängern. Hierbei ist die **Staffelung des § 147 Abs. 2 SGB III** zu berücksichtigen. Steht der Mandant/künftig Arbeitslose an der Grenze zu einem relevanten Lebensjahr und/oder an der Grenze zu einem Versicherungspflichtverhältnis der dort genannten Dauer, bietet sich statt der Urlaubsabgeltung eine Verlängerung des Arbeitsverhältnisses um die Zeiten des Urlaubs an. Die Dauer des Anspruchs auf Arbeitslosengeld beträgt nach § 147 Abs. 2 SGB II nach Versicherungspflichtverhältnissen mit einer Dauer von insgesamt mindestens

12 Monaten →	6 Monate
16 Monaten →	8 Monate
20 Monaten →	10 Monate
24 Monaten →	12 Monate
30 Monaten → und nach Vollendung des 50. Lebensjahres →	15 Monate
36 Monaten → und nach Vollendung des 55. Lebensjahres →	18 Monate
48 Monaten → und nach Vollendung des 58. Lebensjahres →	18 Monate.

Die entsprechende Dauer der Versicherungspflichtverhältnisse und das Lebensalter müssen zur Erzielung der längeren Anspruchsdauer **kumulativ** erfüllt sein.

Wird **neben einer Regelung zur Urlaubsabgeltung** in einem arbeitsgerichtlichen Vergleich **auch eine Entlassungsentschädigung** vereinbart, so ist zu beachten, dass sich an den Zeitraum des Ruhens wegen des Erhalts einer Entlassungsentschädigung das Ruhen wegen Urlaubsabgeltung anschließt. Beide Ruhenszeiträume kommen also voll zum Tragen. Anders sieht dies aus, besteht **neben der Urlaubsabgeltung** auch noch **ein Anspruch auf Arbeitsentgelt**. Wegen des identischen Normzwecks, der Berücksichtigung von Arbeitsentgelt, läuft das Ruhen wegen Arbeitsentgelt parallel zum Ruhezeitraum wegen Entlassungsentschädigung[72].

Der Anspruch auf Arbeitslosengeld ruht ausnahmsweise nicht, wenn der Arbeitslose das eigentlich zum Ruhen führende Arbeitsentgelt oder die Urlaubsabgeltung nicht erhält, § 157 Abs. 3 S. 1 SGB III. Diese, auch als „**Gleichwohlgewährung**" bekannte, Regelung kommt in der Praxis überwiegend in Fällen zum Tragen, in denen in einem Kündigungsschutzverfahren Unklarheit über die Realisierbarkeit dieser Ansprüche bestehen. Meldet sich der Arbeitnehmer während des laufenden Kündigungsschutzverfahrens bei der Agentur für Arbeit arbeitslos und erfüllt auch die sonstigen Voraussetzungen des § 137 Abs. 1 SGB III, entsteht ein rechtmäßiger Anspruch auf Arbeitslosengeld (**Stammrecht**). Zu beachten ist, dass **gleichwohlgewährtes Arbeitslosengeld auch dann rechtmäßig bleibt, wenn später** die **Beendigung**

72 *Schmitz* in: Schlegel/Voelzke, jurisPK-SGB III, 3. Aufl. Stand: 15.01.2023, § 157 Rn. 49

des Arbeitsverhältnisses mit Anspruch auf **Arbeitsentgelt zu einem späteren Termin vereinbart** wird. Es findet nachträglich keine Änderung von Ansprüchen zu Anspruchsbeginn, Bemessungsentgelt oder Rahmenfrist statt[73]. Wird vereinbart, dass ein Arbeitnehmer auch noch für den Zeitraum, in dem er gleichwohl gewährtes Arbeitslosengeld erhalten hat, beschäftigt ist, findet auch bei Nachzahlung des Arbeitsentgelts keine Korrektur, auch keine Verschiebung des Anspruchszeitraums, statt. Der Leistungsfall „Arbeitslosigkeit" wird nicht rückabgewickelt[74]. Da auch gleichwohl gewährtes Arbeitslosengeld grundsätzlich zu einer Minderung der Anspruchsdauer i. S. d. § 148 Abs. 1 Nr. 1 SGB III führt, ist im Einzelfall bei bevorstehendem Gütetermin abzuwägen, ob eine Arbeitslosmeldung mit der Beantragung von Arbeitslosengeld tatsächlich erfolgt oder ob nicht die Verlängerung des Arbeitsverhältnisses dergestalt wahrscheinlich ist, dass eine spätere Arbeitslosmeldung sinnvoll ist. **Erhält die Agentur für Arbeit** später das verauslagte **Arbeitslosengeld erstattet** (vgl. zum gesetzlichen Übergang des Anspruchs § 115 SGB X), findet zwar wie zuvor beschrieben keine Verschiebung des Anwartschaftszeitraumes o. Ä. mehr statt, allerdings ist in diesem Fall immerhin die eingetretene **Minderung** der Anspruchsdauer **rückgängig zu machen**[75].

5. Ruhen bei Sperrzeiten nach § 159 SGB III

Der Anspruch auf Arbeitslosengeld ruht, wie auch bei gleichzeitigem Anspruch auf Arbeitsentgelt oder einer anderen Sozialleistung, ebenfalls bei Eintritt einer Sperrzeit. **Sperrzeiten treten kraft Gesetzes ein**, wenn die Arbeitnehmerin oder der Arbeitnehmer sich versicherungswidrig verhalten hat, ohne dafür einen wichtigen Grund zu haben, § 159 Abs. 1 S. 1 SGB III. Die Besonderheit bei den Sperrzeittatbeständen des § 159 SGB III besteht darin, dass sich der Anspruch auf Arbeitslosengeld zusätzlich zum Ruhen mindert, also nicht nur später zur Auszahlung gelangt, sondern auch insgesamt gekürzt wird. Ausgangspunkt der Sperrzeitregelungen ist, dass es im Interesse der Versichertengemeinschaft liegt, nur (vollumfängliche) Leistungen für solche Fälle vorzusehen, in denen der Eintritt des Versicherungsfalls objektiv nicht zu vermeiden war oder die Fortsetzung des Beschäftigungsverhältnisses eine unzumutbare Belastung für den Einzelnen darstellen würde. Die Sperrzeit ist somit das Ergebnis einer Güter- und Risikoabwägung und kann im Falle ihres Eintritts auch als eine Art „Selbstbeteiligung" des Versicherten verstanden werden.

73 BSG, Urteil vom 11.12.2014 – B 11 AR 2/14 R; BSG, Urteil vom 11.06.1987 – 7 RAr 40/86
74 LSG Schleswig-Holstein, Urteil vom 11.02.2005 – L 3 AL 89/04
75 BSG, Urteil vom 29.01.2008 – B 7/7a AL 58/06 R

a) Ruhen bei Arbeitsaufgabe

Der in der Praxis wohl am häufigsten streitige Fall ist der Eintritt einer Sperrzeit bei Arbeitsaufgabe, § 159 Abs. 1 S. 2 Nr. 1 SGB III, die grds. zum maximalen Ruhenszeitraum wegen einer Sperrzeit von 12 Wochen, § 159 Abs. 3 S. 1 SGB III und zur Minderung des Anspruchs um mindestens ¼ der Anspruchsdauer führt, § 148 Abs. 1 Nr. 4 SGB III. Sie tritt ein, wenn die oder der Arbeitslose das Beschäftigungsverhältnis gelöst oder durch ein arbeitsvertragswidriges Verhalten Anlass für die Lösung des Beschäftigungsverhältnisses gegeben und dadurch vorsätzlich oder grob fahrlässig die Arbeitslosigkeit herbeigeführt hat (Sperrzeit bei Arbeitsaufgabe). Ob es sich dabei um ein Beschäftigungsverhältnis handelte, für das noch eine Probezeit vereinbart war, ist unerheblich[76]. Der erste Fall des Sperrzeittatbestandes, die Beendigung aufgrund eigener Initiative, ist sowohl erfüllt bei **Eigenkündigung**, als auch bei Abschluss eines **Aufhebungsvertrages**; in beiden Fällen hat der Arbeitnehmer aktiv an der Beendigung mitgewirkt.

In Fällen der Eigenkündigung ist bei Eintritt einer Sperrzeit zwischen den Beteiligten regelmäßig das Vorliegen eines **wichtigen Grundes** streitig. Ein wichtiger Grund wird häufig in subjektiven Vorstellungen des Kündigenden liegen, z. B. dem Wunsch nach Veränderung, einem Umzug zum Partner/zur Partnerin oder der gefühlten Überforderung im Beruf. Das Vorliegen eines wichtigen Grundes ist jedoch immer **objektiv** zu beurteilen. Es ist ausgehend davon zu ermitteln, dass vom Beschäftigten grundsätzlich erwartet werden kann, ein zumutbares Beschäftigungsverhältnis fortzusetzen, bis ein sich unmittelbar anschließendes neues Beschäftigungsverhältnis gefunden wurde. Häufige Fallkonstellationen vor den Sozialgerichten sind u. a.:

- der Umzug zum nichtehelichen Lebenspartner;
- die Eigenkündigung wegen Mobbings oder schlechten Arbeitsbedingungen;
- das Vorliegen gesundheitlicher Einschränkungen.

Der **Umzug zum ehelichen oder eingetragenen Lebenspartner** stellt grundsätzlich einen wichtigen Grund dar. Beim **nichtehelichen Lebenspartner** ist dies nicht ohne Weiteres der Fall. Einigkeit in der Rechtsprechung besteht, dass der Umzug zum Partner einer nichtehelichen Gemeinschaft (**nur**) dann als wichtiger Grund dem Eintritt einer Sperrzeit entgegenstehen kann, wenn bereits bei Lösung des Beschäftigungsverhältnisses eine **eheähnliche Gemeinschaft** (Verantwortungs- und Einstehensgemeinschaft)

76 SG Landshut, Gerichtsbescheid vom 23.11.2017 – S 7 AS 612/15

bestand[77]. Das BSG fordert in diesem Zusammenhang insbesondere, dass ein gemeinsamer Wohnsitz bereits vor Umzug begründet war[78].

Es ist demnach regelmäßig der **erstmalige Zuzug zum nichtehelichen Lebenspartner**, der zum Gegenstand gerichtlicher Auseinandersetzungen wird. Das LSG Niedersachsen-Bremen hat in einer Entscheidung vom 12.12.2017 (L 7 AL 36/16) das Vorliegen eines wichtigen Grundes bei Umzug zum Lebensgefährten auch bei der erstmaligen Begründung eines gemeinsamen Haushaltes angenommen, weil es nicht mehr zeitgemäß sei, die Anwendung der Sperrzeitvorschrift bei Arbeitsaufgabe wegen Umzugs bereits im Ansatz an einen familienrechtlichen Status anzuknüpfen. Das nachfolgende Revisionsverfahren erledigt sich nach Rücknahme[79]. Aktuell tendieren die Agenturen für Arbeit dazu, einen wichtigen Grund auch bei erstmaliger Begründung einer eheähnlichen Gemeinschaft anzuerkennen, wenn in Anlehnung an die Rechtsprechung des LSG weitere Anknüpfungspunkte vorliegen, u. a. vorgenannter Einstehns- und Verantwortungswille sowie nachgewiesene vorherige Eigenbemühungen, eine Anschlussbeschäftigung am neuen Wohnort zu finden.

Im Falle einer **Eigenkündigung aufgrund Mobbings**[80] **oder unzumutbarer Arbeitsbedingungen** ist, ebenso wie im vorgenannten Fall, die Darlegung von Eigenbemühungen und der ernsthafte Versuch zur Abhilfe erforderlich[81]. Zu beachten ist hier, dass die Gründe für die Beendigung regelmäßig in der **Sphäre** des Arbeitslosen liegen werden, sodass diesen diesbezüglich ausnahmsweise die **objektive Beweislast** trifft, vgl. § 159 Abs. 1 S. 3 SGB III.

Auch im Falle der Geltendmachung **gesundheitlicher Gründe** als Anlass für die eigeninitiative Beendigung des Beschäftigungsverhältnisses liegen diese Gründe in der Sphäre des Arbeitslosen. Bei gesundheitlichen Gründen steht dem Betroffenen ein wichtiger Grund nur dann zur Seite, wenn das körperliche oder geistige Leistungsvermögen die künftige Ausübung der bisherigen Tätigkeit dauerhaft zumindest wesentlich erschwert[82]. Zweckdienlich ist daher die Einholung einer vorherigen **ärztlichen Bescheinigung** mit dem eindeutigen **Rat zur Arbeitsaufgabe**. Liegt eine solche Bescheinigung nicht vor, so ist ggf. auf etwaige **Befundberichte** und **Krankenunterlagen** abzustellen, was voraussetzt, dass der Arbeits-

77 BSG, Urteil vom 17.10.2002 – B 7 AL 96/00 R
78 BSG, Urteil vom 17.10.2002 – B 7 AL 96/00 R
79 BSG – B 11 AL 1/18 R
80 vgl. BSG, Urteil vom 21.10.2003 – B 7 AL 92/02 R
81 BSG, Urteil vom 21.10.2003 – B 7 AL 92/02 R
82 Sächsisches LSG, Urteil vom 07.05.2009 – L 3 AL 238/06

lose sich in zeitlichem Zusammenhang in ärztlicher Behandlung befindet bzw. befunden hat.

Wird ein **Aufhebungsvertrag** geschlossen **oder eine Eigenkündigung ausgesprochen**, so tritt immer dann keine Sperrzeit ein, wenn eine nicht verhaltensbedingte, fristgemäße Kündigung durch den Arbeitgeber mit Bestimmtheit in Aussicht gestellt worden ist, das Arbeitsverhältnis zum selben Zeitpunkt endet, zu dem es bei ordentlicher Kündigung geendet hätte und eine Abfindung von bis zu 0,5 Bruttomonatsgehältern pro Beschäftigungsjahr gezahlt worden ist. Liegen alle diese Voraussetzungen vor, wird die Rechtmäßigkeit einer fiktiven Kündigung nicht geprüft. Überschreitet die Abfindung allerdings den Wert von 0,5 Bruttomonatsgehältern, so ist die fiktive Rechtmäßigkeit der drohenden Kündigung zu prüfen. Außerdem muss der Arbeitslose entweder objektive Nachteile aus einer arbeitgeberseitigen Kündigung für sein berufliches Fortkommen vermieden haben oder sonstige Gründe darlegen können, aus denen er objektive Nachteile aus einer arbeitgeberseitigen Kündigung befürchten musste (z. B. Vergünstigungen, auf die im Falle der Kündigung kein Anspruch bestanden hätte). Gerade die **Sozialauswahl** ist bei der Prüfung der fiktiven Rechtmäßigkeit der drohenden Kündigung häufig problematisch. In diesen Fällen bietet es sich an, bereits bei Abschluss eines Aufhebungsvertrages über die Möglichkeit der Einbeziehung einer Sperrzeit nebst Minderung durch eine erhöhte Abfindung oder sonstige Kompensation nachzudenken[83].

Der zweite Fall des § 159 Abs. 1 S. 3 Nr. 1 SGB III betrifft die **Kündigung aufgrund arbeitsvertragswidrigen Verhaltens**. Bei personen- oder betriebsbedingter Kündigung tritt dagegen, wenn es sich wirklich um eine solche handelt, keine Sperrzeit ein. Sie kann hingenommen werden, unabhängig davon, ob sie rechtmäßig oder rechtswidrig ist, ohne dass eine Sperrzeit eintritt[84]. Bereits in diesem Zusammenhang ist darauf hinzuweisen, dass die **Bezeichnung**, welche die Arbeitsvertragsparteien **für die Art der Beendigung** wählen, weder für die Bundesagentur für Arbeit noch für das Sozialgericht bindend ist. Ein nachfolgender arbeitsgerichtlicher „**Gefälligkeitsvergleich**" ist für den Eintritt einer Sperrzeit unerheblich, solche Vereinbarungen haben **keine Bindungswirkung** für das sozialge-

83 Einen guten Überblick über das Prüfungsschema bei Aufhebungsvertrag/Eigenkündigung bietet die Fachliche Weisung der Bundesagentur für Arbeit zu § 159 SGB III, die zum Abruf im Internet veröffentlicht wird; Nachteil sind die fehlenden Hinweise auf Rechtsprechung.

84 BSG, Urteil vom 19.07.1977 – 7 RAr 81/75

richtliche Verfahren[85]. Gleichzeitig ist das Sozialgericht z. B. aber mangels Zurechnungsnorm nicht an Entscheidungen der Strafgerichte gebunden. Die grundsätzlich fehlende Bindung kann also je nach Lage des Falls sowohl Möglichkeiten als auch Risiken bieten.

Im Rahmen der Amtsermittlung ist regelmäßig aufzuklären, ob tatsächlich ein verhaltensbedingter Grund vorgelegen hat. Grundsätzlich löst jede Kündigung wegen objektiv vertragswidrigen Verhaltens die Sperrzeit aus, auch wenn die Kündigung aus formalen Gründen (arbeitsrechtlich) unwirksam wäre, beispielsweise eine erforderliche Anhörung des Betriebsrats nach § 102 BetrVG nicht erfolgt ist, denn auch in diesem Falle hat der Arbeitnehmer durch vertragswidriges Verhalten Anlass zur Kündigung gegeben[86]. Auch das **Fehlen einer Abmahnung** steht dem Eintritt einer Sperrzeit nicht zwingend entgegen, kann allerdings die **grobe Fahrlässigkeit** entfallen lassen, sofern nicht ausnahmsweise eine verhaltensbedingte Kündigung aus wichtigem Grund möglich war[87]. Anknüpfungspunkt für Ermittlungen können sowohl etwaige Angaben im Kündigungsschreiben, Angaben des Arbeitgebers im Verwaltungsverfahren und in der Arbeitsbescheinigung, sowie die Einlassung (Anhörung) des Arbeitnehmers sein.

b) Sperrzeit bei Meldeversäumnis

Nach § 159 Abs. 1 S. 2 Nr. 8 SGB III liegt versicherungswidriges Verhalten auch vor, wenn die oder der Arbeitslose einer Aufforderung der Agentur für Arbeit, sich zu melden oder zu einem ärztlichen oder psychologischen Untersuchungstermin zu erscheinen (§ 309 SGB III), trotz Belehrung über die Rechtsfolgen nicht nachkommt oder nicht nachgekommen ist (Sperrzeit bei Meldeversäumnis).

Über die Rechtsfolgen ist ordnungsgemäß zu belehren, da die Meldeaufforderung selbst Verwaltungsakt ist; sie ist also nach § 37 SGB X dem Arbeitslosen bekannt zu geben. In der Praxis ist eben diese Bekanntgabe bzw. der Zugang der Meldeaufforderung häufig streitig, selten wird die Meldeaufforderung förmlich zugestellt, sodass regelmäßig § 37 Abs. 2 S. 1 und 2 SGB X einschlägig ist. Hiernach gilt ein schriftlicher Verwaltungsakt, der im Inland durch die Post übermittelt wird, am 3. Tag nach der Aufgabe zur Post als bekannt gegeben, ein solcher, der elektronisch übermittelt wird, am 3. Tag nach der Absendung (sog. **Zugangsfiktion**). Kann der Empfänger darlegen, dass ihm die Meldeaufforderung später als am

85 BSG, Beschluss vom 27.04.2011 – B 11 AL 11/11 B, BSG, Urteil vom 06.03.2003 – B 11 AL 69/02 R
86 BeckOGK/*Lauterbach*, SGB III, Stand 01.02.2021, § 159 Rn. 109
87 BSG, Urteil vom 06.03.2003 – B 11 AL 69/02 R

3. Tage zugegangen ist, so hat im Zweifel die Behörde Zugang und Zugangszeitpunkt nachzuweisen, § 37 Abs. 2 S. 3 SGB X. Regelmäßig wird jedoch der Zugang einer einfach übermittelten Meldeaufforderung an sich bestritten. In diesem Falle greift die Zugangsfiktion nur dann, wenn der Tag der Aufgabe zur Post in den Akten vermerkt ist[88]. Diese Vermerke finden sich häufig in **VerBIS**, dem internen Vermittlungs-, Beratungs- und Informationssystem der Bundesagentur für Arbeit. Es ist Teil der Verwaltungsakte, in die Einsicht begehrt werden kann.

Kann der Zugang nachgewiesen werden oder greift die Zugangsfiktion, so lohnt ein besonderer Blick auf die **Rechtsbehelfsbelehrung** der Meldeaufforderung. Hier hat das BSG zahlreiche Anforderungen aufgestellt, die sich in einer standardisierten, gleichsam umfangreichen Rechtsfolgenbelehrung widerspiegeln. Nach der neuesten Entscheidung des BSG hierzu ist eine Rechtsfolgenbelehrung insbesondere unwirksam, wenn sie nicht über den Beginn der drohenden Sperrzeit informiert[89]. Die Bundesagentur für Arbeit hat ihre Rechtsfolgenbelehrung zwischenzeitlich an diese Anforderungen angepasst. Weiterer Anpassungsbedarf ist jedoch nicht ausgeschlossen, insbesondere mit Blick auf den elektronischen Rechtsverkehr.

Sind **mehrere Meldeversäumnisse** eingetreten, kann neben dem Eintritt einer Sperrzeit auch die Frage der Verfügbarkeit als eine der Voraussetzungen für den Bezug von Arbeitslosengeld sein. Selbst ein dreimaliges unentschuldigtes Fernbleiben von einem Meldetermin rechtfertigt nach der Rechtsprechung des BSG jedoch nicht zwingend automatisch die Annahme, der Bezieher von Arbeitslosengeld sei nicht mehr verfügbar. Dies sei jedoch ein gewichtiges Indiz dafür, dass es an der subjektiven Verfügbarkeit des Arbeitslosen fehlt, wobei stets die gesamten Umstände des Einzelfalles zu berücksichtigen seien[90].

c) Sperrzeit bei verspäteter Arbeitssuchendmeldung

Personen, deren Ausbildungs- oder Arbeitsverhältnis endet, sind verpflichtet, sich spätestens **drei Monate vor dessen Beendigung** bei der Agentur für Arbeit unter Angabe der persönlichen Daten und des Beendigungszeitpunktes des Ausbildungs- oder Arbeitsverhältnisses **arbeitsuchend zu melden**, § 38 Abs. 1 S. 1 SGB III. Nur dann, wenn zwischen der Kenntnis des Beendigungszeitpunktes und der Beendigung weniger als 3 Monate

88 BSG, Urteil vom 03.03.2009 – B 4 AS 37/08 R; *Pattar* in: Schlegel/Voelzke, jurisPK-SGB X, 3. Aufl. Stand: 12.04.2024, § 37 Rn. 101

89 BSG, Urteil vom 29.11.2022 – B 11 AL 33/21 R

90 BSG, Urteil vom 14.05.2014 – B 11 AL 8/13 R

liegen, besteht die Pflicht zur Meldung innerhalb von **3 Tagen** nach Kenntnis des Beendigungszeitpunktes, § 38 Abs. 1 S. 2 SGB III. Die Meldung kann telefonisch, schriftlich per Fax, per E-Mail oder über das Online-Meldeportal der Beklagten erfolgen, sie muss also im Gegensatz zur Arbeitslosmeldung nach § 141 SGB III nicht zwingend persönlich vorgenommen werden.

Die Meldepflicht setzt allerdings erst ein bei **tatsächlich sicherer Kenntnis von der Beendigung**, also der Entgegennahme der Kündigungserklärung[91]. Wurde ein **befristeter Arbeitsvertrag** geschlossen, hat die Meldung spätestens 3 Monate vor Auslaufen der Befristung zu erfolgen, da Kenntnis über die Beendigung bereits bei Abschluss des Vertrages bestanden hat[92].

Erfolgt die Arbeitssuchendmeldung nicht oder verspätet, so hat auch dies den Eintritt einer Sperrzeit zufolge, § 159 Abs. 1 S. 2 Nr. 9 SGB III. Zu beachten ist jedoch auch hier das Erfordernis von **Vorsatz oder grober Fahrlässigkeit**. Gerade in Fällen erstmaliger Arbeitslosigkeit kann bei Arbeitgeberkündigung und fehlendem Hinweis auf das Erfordernis der frühzeitigen Arbeitsuchendmeldung unter Umständen nicht von einem vorwerfbaren Verhalten auszugehen sein[93]. Ob die Annahme des Entfallens von Vorsatz oder grober Fahrlässigkeit bei erstmaliger Arbeitslosigkeit und fehlendem Hinweis heute immer noch gelten kann, ist allerdings fraglich. In diesem Zusammenhang wird häufig argumentiert, dass in Anbetracht der langen Geltungsdauer der Norm das Erfordernis der frühzeitigen Arbeitssuchendmeldung allgemein bekannt sein müsse.

d) Sperrzeit in anderen Fällen

§ 159 Abs. 1 S. 2 SGB III enthält daneben noch weitere Fälle, in denen versicherungswidriges Verhalten angenommen wird. Diese lassen sich zusammenfassend als „Sperrzeiten bei Verstößen gegen Mitwirkungsobliegenheiten im laufenden Arbeitslosengeldbezug“ zusammenfassen. So gibt es eine Sperrzeit bei Arbeitsablehnung, bei unzureichenden Eigenbemühungen, bei Ablehnung einer solchen Maßnahme, eines Integrationskurses oder einer berufsbezogenen Deutschsprachförderung und bei Abbruch einer beruflichen Eingliederungsmaßnahme, eines Integrationskurses oder einer berufsbezogenen Deutschsprachförderung. Ob dem Arbeitslosen hier ein wichtiger Grund für das versicherungswidrige Verhalten zur Seite stand, ist eine Frage des Einzelfalls. Gibt ein Arbeitsloser beispielsweise im Rahmen eines Telefonats zur Vereinbarung eines Vorstellungs-

91 *Harks* in: Schlegel/Voelzke, jurisPK-SGB III, 3. Aufl. Stand: 24.04.2024, § 38 Rn. 40
92 BSG, Urteil vom 18.08.2005 – B 7a/7 AL 80/04 R
93 in diese Richtung: BSG, Urteil vom 17.10.2007 – B 11a/7a AL 72/06 R

gespräches an, sich in 3 bis 4 Monaten ohnehin selbstständig machen zu wollen, ohne, dass er schon konkrete Umsetzungsschritte hin zu Selbstständigkeit unternommen hätte, liegt hierin regelmäßig ein versicherungswidriges Verhalten ohne wichtigen Grund[94]. Für die Verweigerung der Teilnahme an einem Bewerbungstraining liegt beispielsweise auch dann kein wichtiger Grund vor, wenn der Arbeitslose sich in der Vergangenheit in einer Vielzahl von Fällen erfolgreich mit selbst verfassten Bewerbungsschreiben beworben und auch schon seit längerem in einem Beschäftigungsverhältnis gestanden hat. Allein die Tatsache, dass ein Arbeitsloser früher möglicherweise problemlos auf dem Arbeitsmarkt erfolgreich war, sagt nichts über die konkreten Fähigkeiten aus, in künftigen Bewerbungsverfahren zu bestehen; vor allem dann nicht, wenn bereits seit fast 5 Monaten Arbeitslosigkeit besteht[95].

Allen Sperrzeiten gemein ist, dass auch sie **eine zutreffende und vollständige Rechtsfolgenbelehrung voraussetzen** sowie, dass die **Maßnahme im Einzelfall zumutbar** ist, was der Fall ist, wenn die Maßnahme nach Inhalt und konkreter Ausgestaltung objektiv die Möglichkeit der Eingliederung auf dem Arbeitsmarkt für den betroffenen Arbeitslosen verbessert. Das ist beispielsweise dann nicht der Fall, wenn mehr als die Hälfte des Unterrichtsinhaltes einer Maßnahme den Arbeitslosen krass unterfordert[96]. Auch die Wiederholung einer identischen Maßnahme kann zum Ausschluss der Zumutbarkeit führen. Zu beachten ist jedoch auch, dass bei zunehmender Länge der Arbeitslosigkeit und je nachdem, wie lange die Maßnahme bereits zurückliegt, an die Zumutbarkeit geringere Anforderungen zu stellen sein werden.

6. Minderung als Sperrzeitfolge

In welchem Umfang eine Sperrzeit den Anspruch auf Arbeitslosengeld mindert, ist in § 148 SGB III geregelt. Da es keine Sperrzeiten von unter einer Woche Dauer gibt und die Minderung in der Regel mit der Dauer der Sperrzeit korreliert, mindert sich der Anspruch um mindestens eine Woche, maximal jedoch um ¼ der Anspruchsdauer (bei einer Sperrzeit von 12 Wochen wegen Arbeitsaufgabe). Aber auch das Abschmelzen des Arbeitslosengeldanspruches selbst bezeichnet man als Minderung, § 148 Abs. 1 Nr. 1 SGB III. Nur in den Fällen, in denen Arbeitslosengeld im Rahmen der sogenannten „Gleichwohlgewährung" nach § 157 Abs. 3 oder 4 SGB III

94 SG Gießen, Urteil vom 12.07.2021 – S 14 AL 81/21
95 LSG Hamburg, Urteil vom 15.12.2021 – R 2 AL 20/21
96 Hessisches LSG, Urteil vom 23.04.2003 – L 6/10 AL 1404/01

gewährt worden ist, und die Agentur für Arbeit eine vollständige Leistungserstattung (inklusive Sozialversicherungsbeiträge) erhält, findet eine **Gutschrift** mit der Folge des nachträglichen **Wegfalls der Minderung** statt, § 145 Abs. 4 SGB III.

Die Minderung um ¼ der Anspruchsdauer bei Arbeitsaufgabe ist die offenkundig einschneidendste Folge der Lösung des Beschäftigungsverhältnisses ohne wichtigen Grund. Gerade bei älteren Arbeitslosen kann dies zu einer erheblichen Verkürzung des Arbeitslosengeldanspruches führen. In diesem Zuge ist in der anwaltlichen Beratung die Kenntnis der Regelung in § 148 Abs. 2 S. 2 SGB III unabdingbar, da ihre Beachtung gerade bei lange bestehenden Beschäftigungsverhältnissen zur Vermeidung dieser Minderungsfolge beitragen kann. Hiernach **entfällt** in Fällen der Sperrzeit bei Arbeitsaufgabe eine **Minderung, wenn das Ereignis, das die Sperrzeit begründet, länger als ein Jahr zurückliegt**. Wird also beispielsweise am 15.01.2024 trotz ordentlicher Unkündbarkeit ein Aufhebungsvertrag geschlossen mit Vereinbarung einer unmittelbaren, unwiderruflichen Freistellung und Beendigung des Arbeitsverhältnisses zum 31.01.2025, tritt bei Arbeitslosmeldung zum 02.02.2025 keine Minderung mehr der Anspruchsdauer ein. Denn das Ereignis, das die Sperrzeit begründet (hier: 16.01.2024) liegt länger als ein Jahr zurück. Da auch die Sperrzeit bei Arbeitsaufgabe mit dem Tag der Beschäftigungslosigkeit im leistungsrechtlichen Sinn beginnt, ist bei unwiderruflicher Freistellung von mindestens 12 Wochen auch eine Sperrzeit ausgeschlossen. Es ist daher gerade bei älteren Arbeitnehmern, die nach Arbeitslosengeldbezug möglicherweise sogar unmittelbar in den Rentenbezug wechseln wollen, abzuwägen, ob nicht statt einer erhöhten Abfindung eine Verlängerung des Arbeitsverhältnisses mit Freistellung zu bevorzugen ist.

7. Erlöschen des Anspruchs auf Arbeitslosengeld

Sind Sperrzeiten mit einer Dauer von insgesamt mindestens 21 Wochen eingetreten, besteht die Gefahr, dass der Anspruch auf Arbeitslosengeld deshalb (vollständig) erlischt, § 161 Abs. 1 Nr. 2 SGB III. Diese Erlöschenswirkung tritt wie die Wirkung der Sperrzeit kraft Gesetzes ein. Auch hier ist allerdings Voraussetzung, dass der Arbeitslose auf die Rechtsfolge der Möglichkeit des Erlöschens hingewiesen worden ist – und zusätzlich, dass der Arbeitslose auch schriftliche Bescheide über die bereits kraft Gesetzes eintretenden Sperrzeiten erhalten hat. Die Bestandskraft dieser Bescheide ist allerdings keine Voraussetzung für den Eintritt der Schutzwirkungen[97]. Macht der Arbeitslose in einem Verfahren über das Erlö-

97 BSG, Urteil vom 20.03.1980 – 7 RAr 4/79

schen des Anspruchs geltend, dass vorherige Sperrzeitbescheide zu Unrecht ergangen sind, liegt hierin regelmäßig ein **konkludenter Überprüfungsantrag** nach § 44 SGB X[98], jedenfalls ist ein solcher Antrag möglich[99].

Das Zeitfenster, innerhalb dessen die zum Erlöschen führenden Sperrzeiten liegen können, beginnt 12 Monate vor der Entstehung des Anspruchs und reicht über den gesamten Zeitraum des Arbeitslosengeldbezuges hinaus bis hin zum Tag vor Überschreitung der 21-Wochen-Grenze, vgl. § 161 Abs. 1 Nr. 2 SGB III. Ein einmal erloschener Anspruch lebt nicht – auch nicht durch Rücknahme des Antrages – wieder auf.

8. Die fehlerhafte oder fehlende Arbeitsbescheinigung

Gerade dann, wenn der Anspruch, die Höhe oder der Umfang des Anspruchs auf Arbeitslosengeld (Stichwort Sperrzeit) streitig ist, gründet sich der Streit im Wesentlichen auf die Angaben des Arbeitgebers in der Arbeitsbescheinigung oder auf deren Nichtvorlage. Der arbeitsrechtliche Anspruch des Arbeitnehmers auf Ausstellung einer Arbeitsbescheinigung folgt dabei aus § 312 SGB III, er ist fällig unmittelbar mit Beendigung des Beschäftigungsverhältnisses, wobei an dieser Stelle wieder anzumerken sei, dass der sozialrechtliche Begriff des Beschäftigungsverhältnisses auch oder besonders Zeiten erfasst, in denen ein Arbeitsverhältnis besteht, beispielsweise bei langandauernder Arbeitsunfähigkeit nebst bereits erfolgter Aussteuerung aus dem Krankengeldbezug.

Wurde **überhaupt keine Arbeitsbescheinigung ausgestellt**, so kann der Arbeitnehmer vor dem Arbeitsgericht auf Erteilung klagen, da es sich um eine bürgerlich-rechtliche Streitigkeit nach § 2 Abs. 1 Nr. 3e ArbGG handelt[100]. Die Bundesagentur für Arbeit ist grundsätzlich befugt, den Arbeitgeber durch Verwaltungsakt zur Herausgabe der Arbeitsbescheinigung bzw. zur Auskunft (§§ 57, 60 SGB III) zu bewegen[101]. Außerdem wird die vorsätzliche oder fahrlässige Verletzung der Verpflichtung zur Erteilung einer Arbeitsbescheinigung – ebenso wie die nicht richtige Erteilung – als Ordnungswidrigkeit geahndet, § 404 Abs. 2 Nr. 19 SGB III. Dies ist jedoch regelmäßig für den betroffenen Arbeitnehmer nicht von Relevanz.

Wurde eine Arbeitsbescheinigung ausgestellt, die der betroffene Arbeitnehmer jedoch für **fehlerhaft** erachtet, ist das Vorgehen schon etwas komplizierter. Auch die vorsätzlich oder fahrlässig fehlerhafte Ausstellung

98 BSG, Urteil vom 21.03.2002 – B 7 AL 44/01 R
99 BSG, Urteil vom 31.01.2006 – B 11a AL 107 70/05 B
100 BAG, Beschluss vom 30.08.2000 – 5 AZB 12/00
101 BSG, Urteil vom 04.06.2014 – B 14 AS 38/13 R

der Arbeitsbescheinigung stellt zwar grundsätzlich eine Ordnungswidrigkeit dar, verhilft dem Arbeitnehmer allerdings nicht zur Durchsetzung. Für eine **Klage auf Berichtigung einer Arbeitsbescheinigung** ist der Rechtsweg zu den Sozialgerichten gegeben[102]. Allerdings verneint das BSG das Vorliegen eines Rechtsschutzinteresses für eine solche Klage auf Berichtigung, wenn ein Verwaltungsverfahren läuft, weil der Arbeitnehmer dann die Möglichkeit habe, seinen Rechtsanspruch auf einfachere, schnellere und schlüssigere Art durchzusetzen. Die Bundesagentur für Arbeit habe im Rahmen eines solchen Verfahrens ohnehin von Amts wegen zu ermitteln. Zweck der Arbeitsbescheinigung sei es, der Bundesagentur für Arbeit die Prüfung der Anspruchsvoraussetzungen für die Gewährung von Leistungen anhand einer Auskunft des Arbeitgebers zu ermöglichen. Die Arbeitsbescheinigung als solche sei demnach nicht Anspruchsvoraussetzung. Der Arbeitnehmer, regelmäßig dann Arbeitslose, habe im Leistungsverfahren ausreichend Gelegenheit, seine Einwendungen gegen die Richtigkeit der Arbeitsbescheinigung vorzutragen. Die Bundesagentur für Arbeit selbst sei an die Bescheinigung mangels gesetzlicher Regelung nicht gebunden. Der Arbeitgeber könne in einem Rechtsbehelfsverfahren zudem als Zeuge vernommen werden. Nach Ansicht des BSG würde die Zwischenschaltung eines Verfahrens, in dem der Arbeitgeber als Beteiligter nicht selbst Zeuge sein kann, nur zu einer Verzögerung, nicht aber zu einer Beschleunigung des Leistungsverfahrens führen.

Auch die Sozialgerichte sind an den Inhalt einer Arbeitsbescheinigung nicht gebunden. Macht der Arbeitnehmer also geltend, dass darin gemachte Angaben nicht der Wahrheit entsprechen, so wird das Gericht entsprechend zu ermitteln haben. Einen isolierten Anspruch auf Korrektur der Arbeitsbescheinigung verneinen im Übrigen auch die Arbeitsgerichte unter Hinweis auf die öffentlich-rechtliche Funktion der Arbeitsbescheinigung[103].

102 BSG, Urteil vom 12.12.1990 – 11 RAr 43/88
103 LAG Schleswig-Holstein, Beschluss vom 09.10.1986 – 3 Ta 142/86

9. Checkliste Aufhebungsvertrag kompakt

Checkliste Aufhebungsvertrag

I. Abschluss eines Aufhebungsvertrages grundsätzlich versicherungswidrig, zur Vermeidung von Sperrzeit und Minderung daher **wichtiger Grund** erforderlich, hierzu müssen erfüllt sein:

1. **Vorliegen einer mit Bestimmtheit in Aussicht gestellten Kündigung des Arbeitgebers**
   - besser: tatsächlich erfolgende Kündigung mit späterer Einigung
   - finaler Entschluss des Arbeitgebers zur Kündigung muss vorliegen und sich auch konkret auf den Zeitpunkt der tatsächlichen Beendigung erstrecken
   - auf Angaben in Arbeitsbescheinigung achten
   - Vorsicht bei Abbauprogrammen/Sozialplänen (z. B. „Freiwilligenprogrammen"), es sei denn Namensliste!

   und

2. **fiktive Kündigung wäre auf betriebliche oder personenbedingte Gründe gestützt worden**
   - Formulierungen in Aufhebungsverträgen/gerichtlichen Vergleichen binden Agentur für Arbeit und Sozialgerichte nicht
   - auf Angaben in Arbeitsbescheinigung achten

   und

3. **Aufhebungsvertrag wahrt Kündigungsfrist**
   - tarifvertragliche/gesetzliche Kündigungsfrist prüfen
   - prüfen, ob darüber hinaus verlängerte Kündigungsfrist vorteilhaft ist (Erreichen des 50., 55., 58. Lebensjahres = längere Anspruchsdauer Arbeitslosengeld; erstmaliges Erfüllen der Anwartschaft oder neue Anwartschaft, höherer Verdienst in den letzten Beschäftigungsmonaten = höheres Arbeitslosengeld

   und

4. **keine „Unkündbarkeit"** i. S. d. Ausschlusses der ordentlichen Kündigung
   - z. B. aus Tarifvertrag oder Betriebsvereinbarung
   - bei Ausschluss der ordentlichen Kündigung Frage, ob zeitlich unbegrenzt (bei Zahlung einer Abfindung dann Kündigungsfrist von 18 Monaten wahren) oder zeitlich begrenzt (ordentliche Kündigungsfrist wahren) ausgeschlossen, § 158 Abs. 1 S. 3 Nr. 1 und 2 SGB III beachten.

   und

5. **Abfindung**
   a) bis zu 0,5 Bruttomonatsgehältern/Beschäftigungsjahr
   b) Wenn nicht a), dann
      aa) Vermeidung objektiver Nachteile für berufliches Fortkommen aus einer arbeitgeberseitigen Kündigung **oder**
      bb) Vermeidung sonstiger objektiver Nachteile, insbesondere Vergünstigungen, auf die im Falle der Kündigung ein Anspruch bestanden hätte (höhere Abfindung) → unwiderrufliche Freistellung ist keine solche Vergünstigung

      In den Fällen aa) und bb): **und**

      cc) fiktive Rechtmäßigkeit der drohenden Kündigung (insbesondere **Sozialauswahl**!) → auf Arbeitsbescheinigung achten

II. **Urlaubsabgeltung?**
   – bei Zahlung an Ruhen nach § 157 Abs. 1 SGB III denken (keine Minderung der Anspruchsdauer, aber Ruhen kaum zu vermeiden), ggf. stattdessen an Verlängerung des Arbeitsverhältnisses denken

III. **Unvermeidbarkeit einer Sperrzeit?**
   1. Unwiderrufliche Freistellung von mindestens 12 Wochen vor Beendigung Arbeitsverhältnis führt dazu, dass nur Minderung, nicht aber Ruhen relevant wird
   2. Unwiderrufliche Freistellung von mehr als 1 Jahr führt dazu, dass auch Minderung nicht relevant wird, § 148 Abs. 2 S. 2 SGB III
   3. Bei Nichteinhaltung der Kündigungsfrist → Ruhen bei Entlassungsentschädigung, § 158 SGB III möglich, dann an Möglichkeit der Direktzahlung des Arbeitgebers an Rentenversicherung denken, § 187a SGB VI

V. Insolvenzgeld

Das Insolvenzgeld ist eine Leistung der Arbeitsförderung, die das Risiko in den Blick nimmt, das durch die regelmäßig bestehende Vorleistungspflicht eines Arbeitnehmers entsteht. Bereits vor tatsächlichem Eintritt eines Insolvenzereignisses befindet sich der Arbeitgeber häufig in erheblichen Zahlungsschwierigkeiten mit der Folge, dass dem Arbeitnehmer bei Eintritt der

Insolvenz hinsichtlich der bereits geleisteten Arbeit im Vormonat/in den Vormonaten der Entgeltverlust droht. Aus diesem Grund haben Arbeitnehmerinnen und Arbeitnehmer Anspruch auf Insolvenzgeld, wenn sie im Inland beschäftigt waren und bei einem Insolvenzereignis für die vorausgegangenen **3 Monate** des Arbeitsverhältnisses noch Ansprüche auf Arbeitsentgelt haben, § 165 Abs. 1 S. 1 SGB III. Haben sie **in Unkenntnis eines Insolvenzereignisses** weitergearbeitet oder die Arbeit aufgenommen, besteht der Anspruch für die dem Tag der Kenntnis vorausgegangenen 3 Monate des Arbeitsverhältnisses, § 165 Abs. 3 SGB III.

Als **Insolvenzereignis** gilt nach § 165 Abs. 1 S. 2 SGB III die **Eröffnung des Insolvenzverfahrens** über das Vermögen des Arbeitgebers, die **Abweisung des Antrags** auf Eröffnung des Insolvenzverfahrens mangels Masse oder die **vollständige Beendigung der Betriebstätigkeit** im Inland, wenn ein Antrag auf Eröffnung des Insolvenzverfahrens nicht gestellt worden ist und ein Insolvenzverfahren offensichtlich mangels Masse nicht in Betracht kommt. Nach dem Insolvenzereignis ist das Insolvenzgeld innerhalb einer Ausschlussfrist von 2 Monaten zu beantragen, § 324 Abs. 3 S. 1 SGB III. Nur wenn die Frist aus nicht selbst zu vertretenden Gründen versäumt wurde, wird Insolvenzgeld geleistet, wenn der Antrag innerhalb von 2 Monaten nach Wegfall des Hinderungsgrundes gestellt worden ist, § 324 Abs. 3 S. 2 SGB III. Wird der Antrag bereits vor dem Insolvenzereignis gestellt, ist dies unbeachtlich[104].

Die **Höhe des Insolvenzgeldes** entspricht grundsätzlich dem vorherigen Nettoarbeitsentgelt, sofern das Bruttoarbeitsentgelt nicht über die monatliche Beitragsbemessungsgrenze hinausgeht, § 167 Abs. 1 SGB III. Was allerdings zum **Arbeitsentgelt** gehört, ist gelegentlich streitig. Nach § 165 Abs. 2 S. 1 SGB III gehören zum Arbeitsentgelt alle Ansprüche auf Bezüge aus dem Arbeitsverhältnis. Ansprüche auf Arbeitsentgelt, die allerdings unter § 166 Abs. 1 SGB III fallen (insbesondere **Entlassungsentschädigung** oder **Urlaubsabgeltung**[105]), zählen nicht hinzu, ebenso solche, die dem Insolvenzgeldzeitraum zeitlich nicht zugeordnet werden können. So ist beispielsweise ein Guthaben auf einem **Arbeitszeitkonto** nicht zu berücksichtigen, wenn es außerhalb des Insolvenzgeldzeitraumes angespart wurde, berücksichtigungsfähig ist es jedoch dann, wenn es währenddessen erwirtschaftet wurde[106].

Im Hinblick auf die Schnittstelle zum Arbeitsrecht ist insbesondere in Fallkonstellationen Vorsicht geboten, in denen **arbeitsgerichtliche Ver-**

104 LSG Baden-Württemberg, Urteil vom 25.01.2023 – L 3 AL 985/22
105 BT-Drs. 13/4941, S. 188
106 BSG, Urteil vom 25.06.2002 – B 11 AL 90/01 R

gleiche zu einem Zeitpunkt geschlossen werden, zu dem der Eintritt eines Insolvenzereignisses nicht ausgeschlossen werden kann. Wird eine Abfindung mit Blick auf die Zahlungsschwierigkeiten des Arbeitgebers gestundet, also die Auszahlung für mehrere Raten nach Beendigung des Arbeitsverhältnisses vorgesehen, so sind mit Blick auf die Sicherung des Arbeitnehmers **Vorkehrungen für den Fall des Eintritts der Insolvenz** zu treffen. Denn wie bereits vorstehend beschrieben, sind Abfindungen nicht insolvenzgeldfähig. Für den Fall, dass das Insolvenzereignis nach vereinbarter Beendigung, aber vor Zahlung der letzten Rate der Abfindung oder einer bestimmten Summe eintritt, bietet sich die Aufnahme einer Regelung im Vergleich an, wonach das Arbeitsverhältnis mit Anspruch auf Vergütung ungekündigt fortbesteht für den Fall, dass die Abfindung vor Eintritt eines etwaigen Insolvenzereignisses nicht oder nicht vollständig zur Auszahlung gebracht wurde. Denn in diesem Fall besteht die Möglichkeit, jedenfalls für die drei Monate vor dem Insolvenzereignis, noch Insolvenzgeld zu beantragen[107]. Ist bei demselben Arbeitgeber allerdings **bereits vormals ein Insolvenzereignis** eingetreten, ist zu beachten, dass nach der Rechtsprechung des BSG **ein neues arbeitsförderungsrechtliches Insolvenzereignis solange nicht** eintritt, **wie** die auf einem früheren Insolvenzereignis beruhende **Zahlungsunfähigkeit** des Arbeitgebers noch **andauert**[108]. Es besteht dann nur Anspruch auf Insolvenzgeld, wenn der Arbeitgeber zwischenzeitlich Zahlungsfähigkeit wiedererlangt hatte. Dies zu beurteilen kann im Einzelfall herausfordernd sein[109].

VI. Kurzarbeitergeld

Die Relevanz der Leistung „Kurzarbeitergeld" konnte viele Jahrzehnte als untergeordnet bezeichnet werden, allenfalls das Saison-Kurzarbeitergeld nach § 101 SGB III in der Schlechtwetterzeit vom 1. Dezember bis zum 31. März spielte eine partielle, wenngleich quantitativ ebenso untergeordnete Rolle. Dies hat sich mit dem Auftreten der Covid-19-Pandemie schlagartig geändert. Der Gesetzgeber hat dabei im Rahmen seines **„Gesetzes zur befristeten krisenbedingten Verbesserung der Regelung für das Kurzarbeitergeld"** vom 13.03.2020[110] nebst darauf beruhender **Verordnungen** der Bundesregierung zahlreiche, zeitlich befristete Modifizierungen der bereits bestehenden

107 Vgl. hierzu: LSG Baden-Württemberg, Urteil vom 25.01.2023 – L 3 AL 985/22
108 BSG, Urteil vom 23.05.2017 – B 12 AL 1/15 R
109 Zum Fall der noch nicht abgeschlossenen Planüberwachung vgl. SG Gießen, Urteil vom 15.05.2023 – S 14 AL 4/23
110 BGBl. I 2020, 493

Regelungen zum Kurzarbeitergeld vorgenommen, die im Rahmen dieser Abhandlung nicht vollständig behandelt werden können. Der Fokus liegt daher auf den sich nunmehr in der Praxis zeigenden Hauptproblemfeldern.

Gemäß § 95 S. 1 Nr. 1–4 Sozialgesetzbuch Drittes Buch (SGB III) haben Arbeitnehmerinnen und Arbeitnehmer Anspruch auf Kurzarbeitergeld, wenn ein erheblicher Arbeitsausfall mit Entgeltausfall vorliegt, die betrieblichen Voraussetzungen sowie die persönlichen Voraussetzungen erfüllt sind und der Arbeitsausfall der Agentur für Arbeit angezeigt worden ist. Die Bewilligung von Kurzarbeitergeld erfolgt in einem **zweistufigen Verwaltungsverfahren**. Hierfür bedarf es zunächst der Anzeige des Arbeitsausfalles bei der Agentur für Arbeit, in deren Bezirk der Betrieb seinen Sitz hat (sog. **Anzeigeverfahren**, § 99 SGB III). Dabei prüft die örtlich zuständige Agentur für Arbeit, ob ein erheblicher Arbeitsausfall und die betrieblichen Voraussetzungen für Kurzarbeitergeld glaubhaft gemacht sind, § 99 Abs. 1 Satz 4 SGB III. Die betrieblichen Voraussetzungen sind bereits dann erfüllt, wenn in dem Betrieb mindestens eine Arbeitnehmerin oder ein Arbeitnehmer beschäftigt ist, § 97 SGB III. Ein erheblicher Arbeitsausfall setzt voraus, dass er auf wirtschaftlichen Gründen oder einem unabwendbaren Ereignis beruht, vorübergehend und nicht vermeidbar ist sowie, dass im Anspruchszeitraum mindestens ein Drittel der in dem Betrieb beschäftigten Arbeitnehmer von einem Entgeltausfall von jeweils mehr als 10 % betroffen sind, § 96 Abs. 1 S. 1 Nr. 1–4 SGB III. Für den Zeitraum der Coronapandemie gilt nach § 421c Abs. 4 S. 2 SGB III für den Zeitraum bis zum 30.06.2022 und daran anschließend durch Rechtsverordnungen verlängert bis zum 30.06.2023, dass an die Stelle von einem Drittel der im Betrieb beschäftigten Arbeitnehmer eine 10 %-Grenze tritt.

Die **Anzeige über Arbeitsausfall** nach § 99 Abs. 1 Satz 1 SGB III ist eine **öffentlich-rechtliche Willenserklärung**, die auf die Setzung einer Rechtsfolge gerichtet ist und gemäß § 130 Abs. 1 BGB mit dem Eingang bei der zuständigen Agentur für Arbeit wirksam wird. Sie soll nach ihrem Sinn und Zweck die Agentur für Arbeit in die Lage versetzen, zu prüfen, ob alle Voraussetzungen für die Leistungsgewährung verwirklicht sind. Zu beachten ist, dass Kurzarbeitergeld frühestens von dem Kalendermonat an geleistet wird, im dem die Anzeige über den Arbeitsausfall eingegangen ist, § 99 Abs. 2 S. 1 SGB III. Sind seit dem letzten Kalendermonat, für den Kurzarbeitergeld gezahlt worden ist, 3 Monate vergangen, ist zudem zwingend eine erneute Anzeige erforderlich[111].

Auf das Anzeigeverfahren folgt das **Antragsverfahren** für die konkrete Bewilligung und Zahlung von Kurzarbeitergeld.

111 LSG Thüringen, Urteil vom 30.11.2023 – L 10 AL 190/22

Auch der **Antrag auf Kurzarbeitergeld** wird als öffentlich-rechtliche Willenserklärung mit ihrem Zugang bei der zuständigen Agentur für Arbeit wirksam. Kurzarbeitergeld ist dabei für den jeweiligen Kalendermonat innerhalb einer Ausschlussfrist von 3 Kalendermonaten zu beantragen (monatsweise Betrachtung), § 325 Abs. 3 SGB III. Wurden nach Ablehnung einer Anzeige keine Leistungsanträge gestellt, kann das Rechtsschutzbedürfnis entfallen, wenn eine Antragstellung wegen der Ausschlussfrist nicht mehr möglich ist[112]. Im Zweifel ist daher auch bei Ablehnung der Anzeige ein solcher Leistungsantrag zu stellen.

In beiden Fällen, also sowohl im Hinblick auf die Anzeige als auch mit Blick auf den Antrag, stellen sich in der Praxis häufig **Zugangsfragen**. Das **Übermittlungsrisiko** und damit auch das Risiko des Verlustes auf dem Postweg trägt hier der Anzeigende[113] bzw. der Antragsteller[114]. Ein verspäteter Zugang der Anzeige kann weder über eine **Wiedereinsetzung in den vorigen Stand** geheilt werden, noch kann ein früherer Zugang der Anzeige über einen sozialrechtlichen Herstellungsanspruch fingiert werden[115]. Selbiges gilt im Hinblick auf den Antrag. Lediglich im Einzelfall kann die Berufung auf den Fristablauf durch die Agentur für Arbeit **rechtsmissbräuchlich** sein, wenn z.B. die Einhaltung der Ausschlussfrist für die Verwaltung von geringerer Bedeutung ist und ganz erhebliche, langfristig wirkende Interessen des Antragstellers auf dem Spiel stehen[116].

Auf die Anzeige über Arbeitsausfall erlässt die Agentur für Arbeit bei Glaubhaftmachung eines erheblichen Arbeitsausfalls und der betrieblichen Voraussetzungen einen sogenannten „Anerkennungsbescheid", § 99 Abs. 3 SGB III. Nach Einreichung der Anträge wird Kurzarbeitergeld sodann unter Anwendung von § 328 Abs. 1 Nr. 3 SGB III zunächst **vorläufig** bewilligt. Aufgrund der vorläufigen Entscheidung erbrachte Leistungen sind letztlich auf die zustehende Leistung anzurechnen, § 328 Abs. 3 S. 1 SGB III. Um die zustehende Leistung zu ermitteln, fordert die Beklagte im Rahmen der sogenannten „**Abschlussprüfung**" alle für die tatsächliche Berechnung erforderlichen Unterlagen an, auch die persönlichen Voraussetzungen sind erstmals nachzuweisen. Der Arbeitgeber hat der Agentur für Arbeit auf Verlangen die Voraussetzungen für die Erbringung von Kurzarbeitergeld nachzuweisen, er hat außerdem die Leistung kostenlos zu errechnen und auszuzahlen, § 320 Abs. 1 S. 1 Alt. 1 und S. 2 SGB III, er ist also bereits vor der

112 Sächsisches LSG, Beschluss vom 04.01.2024 – L 3 AL 81/22 B ER
113 LSG Baden-Württemberg, Urteil vom 10.02.2022 – L3 AL 1175/21
114 Hessisches LSG, Urteil vom 16.09.2022 – L7 AL 193/21
115 LSG Baden-Württemberg, a. a. O.; BSG, Urteil vom 18.1.2011 – B 4 AS 99/10 R
116 Hessisches LSG, Urteil vom 16.09.2022 – L7 AL 193/21

vorläufigen Bewilligung in Vorleistung getreten. Es ist auch der Arbeitgeber, der in **Prozessstandschaft** für seine Arbeitnehmer den Anspruch auf Kurzarbeitergeld geltend macht[117]. Die einzelnen Arbeitnehmer sind nicht aktivlegitimiert.

Während anfangs vereinzelt Zugangsfragen, Wiedereinsetzungsmöglichkeit und Herstellungsanspruch streitig waren, betrifft der weit überwiegende Teil der streitigen Auseinandersetzungen nun die Abschlussprüfung bzw. die damit einhergehenden **Erstattungsverlangen** der Bundesagentur für Arbeit[118]. Im Einzelnen sind sowohl die Reichweite der Verpflichtung des Arbeitgebers, Unterlagen vorzulegen, wie auch, **Korrekturanträge**, beispielsweise aufgrund fehlerhafter **Bezugsmonate**, zu stellen, streitig. Gerichtliche Entscheidungen hierzu gibt es noch sehr wenige. Auch die Frage, ob der Arbeitsausfall tatsächlich nicht vermeidbar gewesen ist, § 96 Abs. 1 S. 1 Nr. 3 SGB III, und ob er tatsächlich (noch) auf der Coronapandemie als „unabwendbarem Ereignis" beruht, § 96 Abs. 1 S. 1 Nr. 1 SGB III, wird vermehrt Gegenstand gerichtlicher Auseinandersetzungen. Der Gesetzgeber hat auf den immensen Arbeitsaufwand, dem die Agenturen für Arbeit aufgrund der Abschlussprüfungen ausgesetzt sind, reagiert und für vorläufige Bewilligungen, deren Gesamtwert im Zeitraum von März 2020 bis Juni 2022 10.00,00 € nicht übersteigt, durch § 421c S. 1 SGB III geregelt, dass von einer Abschlussprüfung abgesehen werden kann. In allen anderen Fällen und in Fällen, die zwar unter 10.000 € Gesamtleistung liegen, aber bei denen Hinweise auf einen Missbrauch von Leistungen vorliegen, besteht die Verpflichtung zur Abschlussprüfung fort.

Im Rahmen der Abschlussprüfung sind aufgrund der **vorläufigen Entscheidung erbrachte Leistungen** auf die zustehenden Leistungen **anzurechnen**, Überzahlungen zu erstatten, § 28 Abs. 3 S. 1 und 2 SGB III. Fraglich ist, ob dies auch dann gilt, wenn Mängel in der vorläufigen Bewilligung vorliegen. Die Agentur für Arbeit hat zeitweise auf die Vorläufigkeitsentscheidung lediglich im 2. Absatz „ergänzende Hinweise" im Anschluss an die Rechtsmittelbelehrung eines Bescheides hingewiesen. In formeller Hinsicht erfordert eine vorläufige Entscheidung nach § 328 Abs. 1 SGB III jedoch bereits nach den allgemeinen Vorgaben des § 33 Abs. 1 SGB X einen Verfügungssatz, der für den Empfänger ohne Zweifel die Vorläufigkeit des Bescheides deutlich macht. Inwieweit dies Auswirkungen auf die Rechtmäßigkeit der abschließenden Festsetzung hat, bleibt abzuwarten[119].

117 *Müller-Grune* in: Schlegel/Voelzke, jurisPK-SGB III, 3. Aufl. Stand: 29.06.2023, § 95 Rn. 46 f.

118 vgl. hierzu: *Pfeffer*: „Kurzarbeitergeld und Abschlussprüfung – ein Januskopf mit Folgen?", ArbRAktuell 2022, 499

119 Für deren Rechtswidrigkeit: SG Gießen, Urteil vom 15.08.2022 – S 14 AL 32/22, erledigt durch Vergleich: Hess. LSG, L 7 AL 68/22

B. Die Gesetzliche Krankenversicherung (SGB V)

I. Versicherter Personenkreis

Um Schnittstellenproblematiken zwischen gesetzlicher Krankenversicherung und Arbeitsrecht zu verstehen, ist zunächst erforderlich, sich bewusst zu machen, wer in der gesetzlichen Krankenversicherung überhaupt versicherungspflichtig ist. Den Kreis der Versicherungspflichtigen bestimmt § 5 SGB V detailliert. Hiernach sind versicherungspflichtig unter anderem Arbeiter, Angestellte und zu ihrer Berufsbildung Beschäftigte, die gegen Arbeitsentgelt beschäftigt sind, § 5 Abs. 1 Nr. 1 SGB V, und grundsätzlich auch diejenigen, die Arbeitslosengeld oder Arbeitslosengeld II beziehen, § 5 Abs. 1 Nr. 2 und 2a SGB II. Versicherungsfrei sind neben den üblichen Berufsgruppen wie Beamte, Richter und Soldaten Arbeiter und Angestellte, deren regelmäßiges Jahresarbeitsentgelt die **Jahresarbeitsentgeltgrenze** übersteigt, § 6 Abs. 1 Nr. 1 SGB V. Im Gegensatz beispielsweise zur gesetzlichen Rentenversicherung ist für die Frage der Versicherungspflicht die Höhe des Erwerbseinkommens von Bedeutung. Die Jahresarbeitsentgeltgrenze, also diejenige Grenze, ab der Versicherungsfreiheit in der Gesetzlichen Krankenversicherung besteht, beträgt im Jahr 2024 69.300,00 €.

Unter bestimmten Voraussetzungen können sich diese versicherungsfreien Personengruppen jedoch freiwillig in der gesetzlichen Krankenversicherung versichern, vgl. § 9 Abs. 1 S. 1 Nr. 1 SGB V. Von Bedeutung, insbesondere dann, wenn kein anderer Versicherungstatbestand besteht, ist zudem die **Familienversicherung** nach § 10 SGB V. Für die arbeitsrechtliche Schnittstelle ist hier von Bedeutung, dass eine Absicherung über die Familienversicherung stets dann zu prüfen ist, wenn nach Beendigung eines Beschäftigungsverhältnisses keine anderweitige Absicherung mehr gegeben ist. Bestünde nach Beendigung eines Beschäftigungsverhältnisses jedoch nicht die Möglichkeit der Familienversicherung, ist insbesondere bei beeinflussbarer Beendigung (Aufhebungsvertrag, Eigenkündigung etc.) stets auf das Fortbestehen von Versicherungsschutz zu achten oder im Falle seines Wegfalls jedenfalls entsprechend zu beraten, denn die Versicherteneigenschaft ist stets Voraussetzung für das Bestehen von Leistungsansprüchen gegenüber der gesetzlichen Krankenversicherung.

Nach § 5 Abs. 1 Nr. 2 SGB V besteht Versicherungspflicht nicht nur in der Zeit, in der Arbeitslosengeld bezogen wird, sondern auch dann, wenn

Arbeitslosengeld nur deshalb nicht bezogen wird, weil der Anspruch wegen einer **Sperrzeit** (§ 159 SGB III) oder wegen einer **Urlaubsabgeltung** (§ 157 Abs. 2 SGB III) ruht. Der Eintritt einer Sperrzeit hinderte daher das Bestehen von Leistungsansprüchen gegenüber der gesetzlichen Krankenversicherung nicht (mehr), unabhängig davon, ob Arbeitsunfähigkeit im 1., 2. oder 3. Monat einer Sperrzeit oder auch des Erhalts einer Urlaubsabgeltung eingetreten ist. Anders ist dies jedoch dann, wenn der Anspruch auf Arbeitslosengeld wegen des Erhalts einer **Entlassungsentschädigung** ruht; § 158 SGB III ist in § 5 Abs. 1 SGB V nämlich nicht aufgeführt. Ein **solches Ruhen bei Entlassungsentschädigung** tritt ein, wenn die oder der Arbeitslose eine Entlassungsentschädigung erhält oder zu beanspruchen hat, das Arbeitsverhältnis **ohne Einhaltung einer der ordentlichen Kündigungsfrist des Arbeitgebers entsprechenden Frist** beendet worden ist, § 158 Abs. 1 S. 1 SGB III, aber auch dann, wenn nur bei Zahlung einer Entlassungsentschädigung ordentlich gekündigt werden kann, § 158 Abs. 1 S. 4 SGB III.

Wurde die Kündigungsfrist nur um einen Monat nicht eingehalten, hat dies in der Regel keine Auswirkungen, es greift dann der **nachwirkende Versicherungsschutz nach § 19 Abs. 2 S. 1 SGB V.** Hiernach besteht Anspruch auf Leistungen längstens für einen Monat nach dem Ende der Mitgliedschaft, solange keine Erwerbstätigkeit ausgeübt wird. Ist die Lücke jedoch größer als ein Monat, wurde die Kündigungsfrist also **um mehr als einen Monat unterschritten**, so besteht die Versicherung nach § 188 Abs. 4 S. 1 SGB V als **freiwillige** fort mit der Folge, dass der Versicherte die Beiträge zur gesetzlichen Krankenversicherung selbst vollständig zu entrichten hat. In Beendigungsverhandlungen ist daher einmal mehr auf die Einhaltung der fiktiven ordentlichen Kündigungsfrist des Arbeitgebers zu dringen.

Weiter ist besonders auf § 158 Abs. 1 S. 4 SGB III zu achten, wonach der Anspruch auf Arbeitslosengeld ruht und zwar unter Annahme einer **fiktiven Kündigungsfrist von einem Jahr, wenn** der **Arbeitnehmer nur bei Zahlung einer Entlassungsentschädigung ordentlich gekündigt werden kann.** Dieser Ruhenstatbestand ist eine Ausnahme im System, da der Ruhenstatbestand Anwendung trotz Einhaltung der ordentlichen Kündigungsfrist des Arbeitgebers findet. Die Norm erfasst Fälle, in denen die Zahlung einer Abfindung die **einzige Möglichkeit** der ordentlichen Beendigung des Arbeitsverhältnisses ist und nur bei Zahlung einer Entlassungsentschädigung wiedereröffnet wird. Nach der Rechtsprechung des BSG ist die Norm unter anderem auf Sozialplanfälle bei Betriebsänderung anzuwenden[1]. Liegen aber bspw. gleich-

1 BSG, Urteil vom 09.02.2006 – B 7a AL 44/05 R

zeitig die Voraussetzungen einer Kündigung aus wichtigem Grund mit sozialer Auslauffrist vor, besteht eine alternative Beendigungsmöglichkeit, sodass die fiktive Kündigungsfrist von einem Jahr nicht gilt. Wegen des vorgenannten langen fiktiven Ruhenszeitraums und der Gefahr des „Abrutschens“ in die freiwillige Versicherung ist bei bestehendem Ausschluss der ordentlichen Kündigung und Wiedereröffnung bei Betriebsänderungen äußerste Vorsicht geboten. Gegebenenfalls können die sich für den betroffenen Arbeitnehmer ergebenden Mehrbelastungen durch die freiwilligen Beiträge im Rahmen der Vergleichsverhandlungen bereits vorab berücksichtigt werden.

Besteht Versicherungspflicht, ist der Weg zu Leistungen der gesetzlichen Krankenversicherung eröffnet. Von Relevanz ist im Falle von (drohender) Arbeitslosigkeit vor allem der Anspruch auf Krankengeld.

II. Krankengeld

Nach § 44 Abs. 1 SGB V haben Versicherte Anspruch auf Krankengeld, wenn die Krankheit sie arbeitsunfähig macht oder sie auf Kosten der Krankenkasse stationär in einem Krankenhaus einer Vorsorge- oder Rehabilitationseinrichtung behandelt werden. Der **Anspruch ruht** jedoch unter anderem soweit und solange Versicherte beitragspflichtiges Arbeitsentgelt oder Arbeitseinkommen erhalten (außer einmalig gezahltes Arbeitsentgelt), § 49 Abs. 1 S. 1 SGB V. Außer in den ersten 4 Wochen des Beschäftigungsverhältnisses, in denen kein Anspruch auf Entgeltfortzahlung nach dem Entgeltfortzahlungsgesetz (EntgFG) besteht (vgl. § 3 Abs. 3 EntgFG), setzt der Anspruch auf Krankengeld also erst nach Ablauf von 6 Wochen ein. Von erheblicher praktischer Bedeutung ist zudem das Verhältnis zwischen Arbeitslosen- und Krankengeld. Hierbei ist vor allem die zeitliche Komponente des Eintritts der Arbeitsunfähigkeit wichtiges Abgrenzungsmerkmal.

III. Arbeitsunfähigkeit am Ende des Beschäftigungsverhältnisses

Ob ein Anspruch auf Krankengeld oder aber ein Anspruch auf Arbeitslosengeld besteht, hängt wesentlich davon ab, ob die Arbeitsunfähigkeit noch im laufenden Beschäftigungsverhältnis oder danach eingetreten ist und davon, ob der Versicherte möglicherweise Anlass für das Ruhen des Anspruchs auf Arbeitslosengeld gegeben hat.

Wer **während des Bezugs von Arbeitslosengeld** infolge Krankheit unverschuldet **arbeitsunfähig** oder während des Bezugs von Arbeitslosengeld auf Kosten der Krankenkasse stationär behandelt **wird**, verliert nach § 146 Abs. 1 S. 1

SGB III zunächst den Anspruch auf Arbeitslosengeld für die Dauer der Arbeitsunfähigkeit oder stationären Behandlung mit einer Dauer von bis zu 6 Wochen nicht (**Leistungsfortzahlung**). § 146 Abs. 1 SGB III dient dabei im Wesentlichen schlicht der Verwaltungsvereinfachung und beugt kurzzeitigen Wechseln der Leistungsträger vor. Er findet (nur) Anwendung, wenn das Stammrecht auf Arbeitslosengeld entstanden ist, insbesondere die persönliche Arbeitslosmeldung erfolgt ist und der Arbeitslose den Vermittlungsbemühungen der Bundesagentur für Arbeit auch tatsächlich, wenn auch nur kurzzeitig, zur Verfügung gestanden hat. Steht ein Anspruch auf Arbeitslosengeld also beispielsweise ab dem 15.06.2024 zu, findet die Norm nur Anwendung, wenn die Arbeitsunfähigkeit im Verlauf des 15.06.2024 eingetreten ist. Sie findet dann keine Anwendung, wenn der Anspruch auf Arbeitslosengeld am 15.06.2024, beispielsweise wegen des Eintritts einer **Sperrzeit** nach § 159 SGB III, ruht[2]. Wer im laufenden Arbeitslosengeldbezug also z. B. eine Maßnahme nicht antritt und deswegen eine Sperrzeit erhält, kann sich nicht arbeitsunfähig melden, um dann Leistungsfortzahlung bei Arbeitsunfähigkeit nach § 146 SGB III zu erhalten. Gleichzeitig ruht auch der Anspruch auf Krankengeld nach § 49 Abs. 1 Nr. 3b SGB V – ansonsten könnte der Arbeitslose durch die Krankmeldung etwaige Sperrzeiten umgehen.

Bestand ein Anspruch auf Arbeitslosengeld für mindestens einen Tag, im Zeitpunkt als die Arbeitsunfähigkeit eingetreten ist, so findet § 146 SGB III Anwendung. Ein entscheidender **Unterschied zwischen Leistungsfortzahlung nach § 146 SGB III und Entgeltfortzahlung nach § 3 EntgFG** besteht darin, dass in den Fällen, in denen der Arbeitslose zwischenzeitlich wieder für mindestens einen Tag arbeitsfähig und verfügbar gewesen ist, bei erneuter Arbeitsunfähigkeit wiederum ein Anspruch auf Leistungsfortzahlung bis maximal zum 42. Tag der Arbeitsunfähigkeit besteht. Ob die Arbeitsunfähigkeit daher aufgrund derselben Erkrankung (Wiederholungskrankheit) eingetreten ist, ist im Rahmen des § 146 SGB III nicht von Bedeutung[3]. Im Anschluss an die Leistungsfortzahlung nach dem SGB III, die im Übrigen kalendermäßig abläuft, besteht, wenn sonst kein Ruhenstatbestand im Sinne des §§ 49 Abs. 1 SGB V vorliegt (also z. B. vorgenannt Sperrzeit), Anspruch auf Krankengeld.

Besteht **Arbeitsunfähigkeit** bereits **im Übergang zwischen Arbeitsverhältnis und Arbeitslosigkeit,** d. h. liegt Arbeitsunfähigkeit bereits während der noch laufenden Kündigungsfrist vor, so hat der Arbeitgeber zunächst bis zum Ablauf der Kündigungsfrist Entgeltfortzahlung zu leisten.

2 BSG, Urteil vom 14.03.1985 – B 7 RAr 61/84
3 BSG, Urteil vom v. 14.03.1985 – 7 RAr 64/84

Liegt Arbeitsunfähigkeit über das Ende des Arbeitsverhältnisses hinaus vor, besteht grundsätzlich Anspruch auf Krankengeld, da die Voraussetzung des § 146 SGB III mangels Eintritts der Arbeitsunfähigkeit „während des Bezugs von Arbeitslosengeld" nicht erfüllt sind. Anspruch auf Krankengeld besteht nur dann nicht, wenn der dann Arbeitslose Anlass für den Eintritt einer Sperrzeit (z. B. bei Arbeitsaufgabe) gegeben hat. In einem solchen Falle ruht der Anspruch auf Krankengeld nach § 49 Abs. 1 Nr. 1 SGB V auch dann, wenn die Arbeitsunfähigkeit bereits noch im laufenden Arbeitsverhältnis eingetreten ist. Andernfalls bestünde auch hier die Möglichkeit, durch Arbeitsunfähigkeit die Sperrzeit durch den Bezug von Krankengeld zu umgehen.

Tritt die **Arbeitsunfähigkeit am letzten Tag des Beschäftigungsverhältnisses** ein, war früher das Bestehen eines Anspruchs auf Krankengeld streitig. Denn nach § 46 S. 1 Nr. 2 SGB V in der vor dem 23.07.2015 geltenden Fassung entstand der Anspruch auf Krankengeld von dem Tag an, der auf den Tag der ärztlichen Feststellung der Arbeitsunfähigkeit folgte, also im genannten Beispiel zu einem Zeitpunkt, in dem kein Versicherungspflichtverhältnis mehr bestand. Nach einer Entscheidung des BSG vom 10.05.2012 (B 1 KR 19/11 R) soll es jedoch, um die Mitgliedschaft versicherungspflichtig Beschäftigter in der gesetzlichen Krankenversicherung zu erhalten, genügen, dass mit Ablauf des letzten Tages der Beschäftigung alle Voraussetzungen dafür erfüllt werden, dass mit dem zeitlichen Beginn des nächsten Tages ein Anspruch auf Krankengeld entsteht. Nach der Neufassung des § 46 S. 1 Nr. 2 SGB V besteht der Anspruch auf Krankengeld nun (ohnehin) von dem Tag der ärztlichen Feststellung der Arbeitsunfähigkeit an. Bei Krankmeldung am letzten Tag des Beschäftigungsverhältnisses besteht daher Anspruch auf Krankengeld auch nach Beendigung des Beschäftigungsverhältnisses.

Besteht die Erkrankung schon länger, sodass nach Entgeltfortzahlung bereits Anspruch auf Krankengeld bestand, so wird Krankengeld bei fortbestehender Arbeitsunfähigkeit für die Dauer von bis zu 78 Wochen erbracht. Hiernach wird der Versicherte „ausgesteuert", was bedeutet, dass der Anspruch auf Krankengeld endet. In diesem Falle hat sich der Versicherte auch bei fortbestehendem Arbeitsverhältnis bei der Agentur für Arbeit zu melden und Arbeitslosengeld zu beantragen. Auch wenn die Gewährung von Arbeitslosengeld grundsätzlich Verfügbarkeit voraussetzt, bestimmt § 145 Abs. 1 S. 1 SGB III, dass auch eine Person Anspruch auf Arbeitslosengeld hat, die allein deshalb nicht arbeitslos ist, weil sie wegen einer mehr als 6-monatigen Minderung ihrer Leistungsfähigkeit versicherungspflichtige, mindestens 15 Stunden wöchentlich umfassende Beschäftigungen nicht unter den Bedingungen ausüben kann, die auf dem für sie in Betracht kommenden Arbeitsmarkt ohne Berücksichtigung der Minderung der Leistungsfähigkeit üblich sind, wenn eine verminderte Erwerbsfähigkeit im Sinne der gesetzlichen Rentenversicherung nicht festgestellt worden ist. Hieran schließt sich das im Rahmen dieser sogenannten „Nahtlosigkeitsregelung" vorgesehene Verfahren der Feststellung verminderter Erwerbsfähigkeit. Diesbezüglich kann im Einzelnen auf (den Abschnitt unter A. IV. 2b), S. 44f. verwiesen werden.

Der **Anspruch auf Krankengeld mindert den Anspruch auf Arbeitslosengeld nicht**. Es kann daher finanziell günstiger sein, sich am Ende des Beschäftigungsverhältnisses bzw. darüber hinaus weiterhin arbeitsunfähig zu melden, weil der Anspruch auf Krankengeld regelmäßig höher ist als der Anspruch auf Arbeitslosengeld. In diesem Falle ist dann aber darauf zu achten, dass Arbeitslosengeld frühestens ab dem Tag der persönlichen Arbeitslosmeldung geleistet wird. Nur dann, wenn die zuständige Agentur für Arbeit am ersten Tag der Beschäftigungslosigkeit (ohne Arbeitsunfähigkeit) nicht dienstbereit ist, wirkt eine Meldung an dem nächsten Tag, an dem sie wieder dienstbereit ist, auf den Tag zurück, an dem die Agentur für Arbeit nicht dienstbereit war, § 141 Abs. 2 SGB III.

C. Die gesetzliche Rentenversicherung (SGB VI)

I. Versicherter Personenkreis

Wie auch die anderen Zweige der gesetzlichen Sozialversicherung umfasst der versicherte Personenkreis in der gesetzlichen Rentenversicherung in erster Linie Beschäftigte, § 1 SGB VI. Daneben sind jedoch in Abgrenzung zu den anderen Zweigen der Sozialversicherung auch ausgewählte selbstständig Tätige nach § 2 SGB VI versicherungspflichtig, wobei die Versicherungspflicht hier daran anknüpft, dass davon ausgegangen wird, dass sie sozial schutzbedürftig sind[1]. Besonders deutlich wird dies an der Einbeziehung sogenannter „**Soloselbstständiger**“, also selbstständig Tätiger, die regelmäßig keinen versicherungspflichtigen Arbeitnehmer beschäftigen, vgl. § 2 S. 1 Nr. 1 und Nr. 9 SGB VI – geringfügig Beschäftigte zählen grds. nicht mit, vgl. auch § 2 S. 2 Nr. 2 SGB VI. Lediglich dann, wenn mehrere geringfügig Beschäftigte zusammen die Grenze des § 8 SGB IV übersteigen, also in ihrer Gesamtheit einen versicherungspflichtigen Arbeitnehmer ersetzen, besteht Versicherungspflicht[2]. Weitere Voraussetzung der Einbeziehung nach § 2 S. 1 Nr. 9 SGB VI ist, dass der Selbstständige auf Dauer und im Wesentlichen nur für einen Auftraggeber tätig ist; bei Gesellschaftern gelten als Auftraggeber die Auftraggeber der Gesellschaft. Das Tatbestandsmerkmal der **Wesentlichkeit** ist dabei erfüllt, wenn das aus dem Auftragsverhältnis erzielte Entgelt $^5/_6$ der Gesamteinnahmen des Selbstständigen ausmacht[3]. Die Relevanz dieser versicherungspflichtigen Gruppe der „Soloselbstständigen“ steigt stetig, nicht zuletzt aufgrund der Tendenz von Unternehmen, Tätigkeiten auf Soloselbstständige „outzusourcen“.

Weiter versicherungspflichtig sind aus sozialpolitischen Gründen Schutzbedürftige, beispielsweise Kindererziehende oder Pflegepersonen nach § 3 S. 1 Nr. 1 und Nr. 1a SGB VI. In berufsständischen Versorgungseinrichtungen Beschäftigte und selbstständig Tätige können sich von der Versicherungspflicht nach § 6 SGB VI befreien lassen.

Eine weitere Besonderheit der gesetzlichen Rentenversicherung besteht darin, dass die Versicherungspflicht ungeachtet der Vermögenssituation und anderweitiger privater Absicherung besteht. Es gibt also nicht wie im Rah-

1 ErfK/Rolfs, 24. Aufl. 2024, SGB VI, § 2 Rn. 1
2 BSG, Urteil vom 23.11.2005 – B 12 RA 15/04 R
3 LSG Baden-Württemberg, Urteil vom 01.02.2011 – L 11 R 2461/10

men der Krankenversicherung eine „Jahresarbeitsentgeltgrenze", bei deren Überschreiten die Möglichkeit bestünde, sich allein privat abzusichern.

II. Leistungen der Rentenversicherung

1. Leistungen zur Teilhabe

Die Träger der Rentenversicherung erbringen unter dem Oberbegriff „Leistungen zur Teilhabe" Leistungen zur Prävention (§ 14 SGB VI), Leistungen zur medizinischen Rehabilitation (§ 15 SGB VI und §§ 42ff. SGB IX), Leistungen zur Teilhabe am Arbeitsleben (§ 16 SGB VI und §§ 49ff. SGB IX), Leistungen zur Nachsorge (§ 17 SGB VI) sowie ergänzende Leistungen (§§ 20ff. SGB VI und §§ 64ff. SGB IX), um den Auswirkungen einer Krankheit oder einer körperlichen, geistigen oder seelischen Behinderung auf die Erwerbsfähigkeit der Versicherten vorzubeugen, entgegenzuwirken oder sie zu überwinden und dadurch Beeinträchtigungen der Erwerbsfähigkeit der Versicherten oder ihr vorzeitiges Ausscheiden aus dem Erwerbsleben zu verhindern oder sie möglichst dauerhaft in das Erwerbsleben wiedereinzugliedern. Im Vordergrund steht also der **Rehabilitations- und Teilhabegedanke**; **Teilhabeleistungen haben** grundsätzlich **Vorrang vor Rentenleistungen**.

Wie bei allen anderen Leistungen der gesetzlichen Rentenversicherung auch ist Voraussetzung, dass die **persönlichen** und die **versicherungsrechtlichen Voraussetzungen** erfüllt sind, § 9 Abs. 2 SGB VI. Die Erfüllung der versicherungsrechtlichen Voraussetzungen bedeutet im Wesentlichen, dass eine gewisse Mindestversicherungszeit (= „**Wartezeit**") erfüllt sein muss. Außerdem dürfen keine Ausschlussgründe für die jeweilige Leistung zur Teilhabe bestehen, so besteht z.B. grundsätzlich ein Vorrang von Leistungen der gesetzlichen Unfallversicherung § 12 Abs. 1 Nr. 1 SGB VI.

Während der Erbringung von Leistungen zur Teilhabe durch die gesetzliche Rentenversicherung haben Versicherte Anspruch auf **Übergangsgeld**, sofern die (jeweilige) Leistung nicht dazu geeignet ist, neben einer Beschäftigung oder selbstständige Tätigkeit erbracht zu werden, § 20 Abs. 1 Nr. 1 SGB VI.

a) Medizinische Rehabilitation

Im Rahmen der **medizinischen Rehabilitation** erbringt die gesetzliche Rentenversicherung Leistungen nach den §§ 42 bis 47a SGB IX – mit Ausnahme der Früherkennung und Frühförderung für Kinder nach § 42 Abs. 2 Nr. 2 und § 46 SGB IX. Eines der bekanntesten Beispiele ist hierbei die **stufenweise Wiedereingliederung** nach § 44 SGB IX, welche die Versicherten langsam und besser befähigen soll, ihre bisherige Tätigkeit wiederaufzunehmen.

Bei der Entscheidung über die Leistungen und bei der Ausführung der Leistungen zur Teilhabe ist berechtigten Wünschen der Leistungsberechtigten zu entsprechen, sogenanntes **„Wunsch- und Wahlrecht"**, § 8 SGB IX. Gibt es also beispielsweise eine besonders geeignete Rehabilitationsklinik, ist dem Wunsch des Versicherten zu einer dortigen Behandlung zu entsprechen, sofern entsprechende Kapazitäten vorhanden sind. Auch auf die persönliche Lebenssituation, das Alter, das Geschlecht, die Familie sowie die religiösen und weltanschaulichen Bedürfnisse der Leistungsberechtigten wird Rücksicht genommen.

b) Leistungen zur Teilhabe am Arbeitsleben

Eine weitere an der Schnittstelle von Arbeits- und Sozialrecht relevante Leistungsgruppe der gesetzlichen Rentenversicherung stellen die **Leistungen zur Teilhabe am Arbeitsleben** nach § 16 SGB VI i. V. m. §§ 49 bis 54 und §§ 57, 60 SGB IX dar. Sie umfassen alle erforderlichen Leistungen, um die Erwerbsfähigkeit von Menschen mit Behinderungen oder von Behinderung bedrohter Menschen entsprechend ihrer Leistungsfähigkeit zu erhalten, zu verbessern, herzustellen oder wiederherzustellen und ihre Teilhabe am Arbeitsleben möglichst auf Dauer zu sichern, § 49 Abs. 1 SGB IX. Als versicherungsrechtliche Voraussetzung ist insbesondere eine **Wartezeit von 15 Jahren oder der Bezug einer Rente wegen verminderter Erwerbsfähigkeit** erforderlich, § 11 Abs. 1 SGB VI. Liegen die versicherungsrechtlichen Voraussetzungen nicht vor, entfällt in der Regel die Nachrangigkeit anderer Rehabilitationsträger, so kann dann beispielsweise die Bundesagentur für Arbeit zuständiger Träger sein (vgl. zum Nachrangverhältnis § 22 Abs. 2 SGB III).

Eine besonders praxisrelevante Leistung zu Teilhabe am Arbeitsleben ist die **Kraftfahrzeughilfe** nach § 49 Abs. 8 Nr. 1 SGB IX i. V. m. § 2 Abs. 1 der Kraftfahrzeughilfe-Verordnung (KfzHV), welche sowohl die Beschaffung eines Kraftfahrzeuges (bis zu 22.000,00 €, vgl. § 5 KfzHV), als auch die Anschaffung behinderungsbedingter Zusatzausstattung (Übernahme in voller Höhe) oder die Erlangung einer Fahrerlaubnis umfassen kann. Auch eine Arbeitsassistenz, die einen schwerbehinderten Menschen unterstützt, kann im Rahmen der Leistung zu Teilhabe am Arbeitsleben erbracht werden, § 49 Abs. 8 S. 1 Nr. 3 SGB IX.

Bei der Auswahl der Leistungen zur Teilhabe am Arbeitsleben sollen nach § 49 Abs. 4 S. 1 SGB IX **Eignung, Neigung, bisherige Tätigkeit sowie Lage und**

Entwicklung auf dem Arbeitsmarkt angemessen berücksichtigt werden. Bereits im Rahmen des Verwaltungsverfahrens wird daher regelmäßig eine Eignungsabklärung und/oder eine Arbeitserprobung durchgeführt werden. Bei der Frage, **ob** der Rentenversicherungsträger überhaupt Leistungen zur Teilhabe am Arbeitsleben erbringen muss, hat das BSG in gefestigter Rechtsprechung die Rehabilitationsleistungen der Rentenversicherung in die Nähe der Pflichtleistungen gerückt[4]. Bei der Frage, wie die Leistung zu erbringen ist (Auswahlermessen) hat der Rentenversicherungsträger jedoch einen uneingeschränkten Ermessensspielraum[5]. Ein Rechtsanspruch auf eine bestimmte Leistung zur Teilhabe am Arbeitsleben besteht daher nur bei einer Ermessensreduktion auf Null. Kommen andere vergleichbare Leistungen in Betracht, schließt dies eine Ermessensreduktion auf Null aus[6].

Fallbetrachtung (Kostenerstattung, Genehmigungsfiktion):

Lehnt der Träger der gesetzlichen Rentenversicherung eine Leistung zu Teilhabe am Arbeitsleben ab (z. B. berufliche Weiterbildung inklusive Fahrtkosten) und nimmt der Versicherte dennoch – eigenfinanziert – an der Weiterbildung teil, so kann der Versicherte nach Widerspruch im Klageverfahren unter konkreter Bezifferung **Kostenerstattung** verlangen. Denn nach § 18 Abs. 6 S. 1 SGB IX hat der Rehabilitationsträger, wenn er eine unaufschiebbare Leistung nicht rechtzeitig erbringen konnte oder er eine Leistung zu Unrecht abgelehnt hat und wenn dadurch Leistungsberechtigten für die selbstbeschaffte Leistung Kosten entstanden sind, diese zu erstatten, soweit die Leistung notwendig war. Wichtig ist in diesem Zusammenhang, dass Kosten nur erstattet werden können, wenn die Leistung zuvor beantragt worden ist (hierzu exemplarisch: LSG Baden-Württemberg, Beschluss vom 28.11.2023 – L 10 R 349/22).

Zu unterscheiden hiervon ist die **Genehmigungsfiktion** des § 18 Abs. 3 SGB IX. Kann über einen Antrag auf Leistungen zur Teilhabe nicht innerhalb einer Frist von 2 Monaten ab Antragseingang entschieden werden, hat der Rehabilitationsträger dies dem Leistungsberechtigten schriftlich begründet und unter Hinweis auf den Tag, bis wann über den Antrag entschieden werden wird, mitzuteilen. Kommt der Rehabilitationsträger dem nicht nach, gilt die beantragte Leistung nach § 18 Abs. 3 SGB IX als genehmigt.

Leistungen zur Teilhabe am Arbeitsleben werden im Übrigen nicht nur an Versicherte, sondern **auch an Arbeitgeber** erbracht und umfassen dann insbesondere Ausbildungszuschüsse zur betrieblichen Ausführung von Bildungsleistungen, Eingliederungszuschüsse, Zuschüsse für Arbeitshilfen im

4 *Luik* in: Schlegel/Voelzke, jurisPK-SGB IX, 4. Aufl. Stand: 01.10.2023, § 49 Rn. 117
5 Bereits BSG, Urteil vom 02.10.1984 – 5b RJ 106/83
6 LSG Baden-Württemberg, Urteil vom 17.11.2022 – L 10 R 2848/21

Betrieb und teilweise oder volle Kostenerstattung für eine befristete Probebeschäftigung (§ 50 Abs. 1 SGB IX). Der Eingliederungszuschuss beträgt höchstens 50 % des vom Arbeitgeber regelmäßig gezahlten Arbeitsentgelts – maximal ausgehend vom tariflichen Arbeitsentgelt – und wird grundsätzlich für die Dauer von einem Jahr gewährt. Er ist zurückzuzahlen, wenn das Arbeitsverhältnis, für welches der Eingliederungszuschuss gewährt wird, während des Förderungszeitraums oder nach dem Förderungszeitraum, aber innerhalb eines Zeitraums, welcher der Förderungsdauer entspricht, endet, vgl. § 50 Abs. 4 S. 6 SGB VI. Wurde ein Eingliederungszuschuss also beispielsweise für die Dauer von 6 Monaten gezahlt, kann das Arbeitsverhältnis nach Ablauf weiterer 6 Monate ohne Rückzahlungspflicht beendet werden[7].

2. Renten wegen Erwerbsminderung

An der Schnittstelle zwischen Rentenversicherung und Arbeitsrecht relevant sind weiter all jene Leistungen, die das Potenzial haben, das Arbeitsverhältnis zu beeinflussen oder gar zu beenden, klassischerweise sind dies hauptsächlich die Rentenleistungen. Das SGB VI unterscheidet zwischen 3 Rentenarten, den **Renten wegen Alters**, den **Renten wegen verminderter Erwerbsfähigkeit** und den **Renten wegen Todes**, § 23 SGB VI. Letztere bleiben bei der Schnittstellenbetrachtung außen vor.

Renten wegen verminderter Erwerbsfähigkeit sind Renten wegen teilweiser Erwerbsminderung, Rente wegen voller Erwerbsminderung und Rente für Bergleute, § 33 Abs. 3 Nr. 1–3 SGB X. Gemein ist ihnen, dass sie einen Anspruch des Versicherten bereits vor aber, auch lediglich bis zum Erreichen der maßgeblichen Altersgrenze sichern.

Rente wegen voller oder teilweiser Erwerbsminderung setzt voraus, dass vor Eintritt der Erwerbsminderung die allgemeine Wartezeit von 5 Jahren (belegt durch Beitragszeiten, § 55 SGB VI, und Ersatzzeiten, § 250 SGB VI) erfüllt worden ist.

Die **Abgrenzung** zwischen **Rente wegen voller** und **Rente wegen teilweiser Erwerbsminderung richtet** sich nach dem Umfang, in dem eine versicherte Person noch einer Arbeit nachgehen kann. Nicht erwerbsgemindert ist, wer unter den üblichen Bedingungen des allgemeinen Arbeitsmarktes mindestens 6 Stunden täglich erwerbstätig sein kann, § 43 Abs. 3 SGB VI. Teilweise erwerbsgemindert ist, wer wegen Krankheit oder Behinderung auf nicht absehbare Zeit außerstande ist, unter den üblichen Bedingungen des allgemeinen Arbeitsmarktes mindestens 6 Stunden täg-

7 *Luik* in: Schlegel/Voelzke, jurisPK-SGB IX, 4. Aufl., § 50 SGB IX (Stand: 01.10.2023) Rn. 62

lich erwerbstätig zu sein (also mindestens 3, aber keine 6 Stunden arbeiten kann). Voll erwerbsgemindert ist, wer außerstande ist, mindestens 3 Stunden täglich erwerbstätig zu sein, § 43 Abs. 2 S. 2 SGB VI.

Da die **Rente wegen teilweiser Erwerbsminderung** darauf abzielt, dass im Umfang der noch bestehenden Erwerbsfähigkeit gearbeitet wird, ist eine Regelung für den Fall erforderlich, dass es im konkreten Fall keine solche Teilzeitbeschäftigung gibt. Für die Beurteilung der Rente wegen teilweiser Erwerbsfähigkeit ist daher die konkrete Situation auf dem Arbeitsmarkt zu berücksichtigen. Besteht ein eingeschränktes Leistungsvermögen, muss ein diesem Leistungsvermögen gerecht werdender, freier und erreichbarer **Teilzeitarbeitsplatz** angeboten werden (können). Wenn dies nicht möglich ist, **gilt der Arbeitsmarkt als verschlossen** mit der Folge, dass dann auch bei nur teilweiser Erwerbsminderung Anspruch auf Rente wegen voller Erwerbsminderung besteht (sog. „**Arbeitsmarktrente**"). Streiten die Beteiligten vor dem Sozialgericht in einer solchen Fallkonstellation, so wird die Prüfung, ob der Teilzeitarbeitsmarkt konkret verschlossen ist, dergestalt umgesetzt, dass wegen der schlechten Vermittlungschancen teilweise Erwerbsgeminderter von einer Prüfung der Verhältnisse auf dem Teilzeitarbeitsmarkt abgesehen wird. Konkret bedeutet das, dass eine Rente wegen teilweiser Erwerbsminderung nur dann gewährt wird, wenn der Versicherte bei entsprechendem eingeschränkten Leistungsvermögen (mindestens 3, aber keine 6 Stunden) bereits über einen Arbeitsplatz verfügt, auf dem er tatsächlich auch eine Arbeitsleistung erbringt (lediglich noch formal bestehendes Arbeitsverhältnis wäre demnach nicht ausreichend). Hat der Versicherte hingegen **keinen Arbeitsplatz inne**, führt die Feststellung eines Leistungsvermögens im vorgenannten Sinne regelmäßig zur Bewilligung einer Rente wegen voller Erwerbsminderung[8].

Die Rente wegen Erwerbsminderung **beginnt** nach § 99 Abs. 1 SGB VI mit dem Monat nach Eintritt der Erwerbsminderung, wenn der Antrag spätestens bis zum Ablauf des 3. Monats nach Eintritt der Erwerbsminderung gestellt wird, sonst mit Beginn des Antragsmonats. Renten wegen Erwerbsminderung **sind** allerdings **zu befristen**, längstens für 3 Jahre, § 102 Abs. 2 SGB VI. Befristete Renten beginnen gemäß § 101 Abs. 1 SGB VI jedoch grundsätzlich nicht vor Beginn des 7. Monats nach dem Eintritt der Minderung der Erwerbsfähigkeit. Eine Ausnahme gilt ggf. bei befristeten Renten wegen voller Erwerbsminderung, auf die Anspruch unabhängig von der jeweiligen Arbeitsmarktlage besteht, § 101 Abs. 1a SGB VI, diese können auch bereits vorgeleistet werden.

8 Dr. Ulrich Freudenberg, „Ein richterlicher Blick auf die Arbeitsmarktrente bei verschlossenem Teilzeitarbeitsmarkt", SRa-SH 2018, 70

Wird eine Rente wegen Erwerbsminderung gewährt, steht es dem Betroffenen grundsätzlich frei, auch entgegen des festgestellten Leistungsvermögens zu arbeiten. Im Gegensatz zur Altersrente muss er sich jedoch einen etwaigen „Hinzuverdienst“ anrechnen lassen, §§ 96a, 313 SGB VI.

Hat der Versicherte ein konkretes Arbeitsverhältnis inne, stellt sich für die Arbeitsvertragsparteien häufig die Frage, ob die Bewilligung einer Rente wegen Erwerbsminderung **Auswirkungen auf das Bestehen/Nichtbestehen eines Arbeitsverhältnisses** hat. Allein die Gewährung einer Rente wegen Erwerbsminderung **auf Zeit** stellt zunächst keinen ausreichenden Grund für die Beendigung des Arbeitsverhältnisses dar[9]. Die Gewährung einer Rente wegen voller Erwerbsminderung **auf unbestimmte Zeit** stellt allerdings eine aller Voraussicht nach dauerhafte Absicherung des Beschäftigten durch die rentenrechtliche Versorgung sicher. Eine (z. B. arbeitsvertragliche) auflösende Bedingung, wonach das Arbeitsverhältnis endet, ohne dass es einer Kündigung bedarf, wenn dem Arbeitnehmer vom zuständigen Rentenversicherungsträger eine Rente wegen voller Erwerbsminderung auf unbestimmte Zeit bewilligt wird, ist daher zulässig[10].

Die im **Bescheid des Rentenversicherungsträgers** häufig **vorbehaltene Möglichkeit einer späteren „Überprüfung“** der Rentenberechtigung ändert nichts daran, dass im Zeitpunkt der Bewilligung der Rente wegen voller Erwerbsminderung auf unbestimmte Dauer eine hinreichende, voraussichtlich dauerhafte rentenrechtliche Absicherung gegeben ist. Es handelt sich bei dieser Formulierung vielmehr nur um einen Hinweis auf die gesetzliche Regelung des § 100 Abs. 3 SGB VI i.V.m § 48 SGB X. Danach ist ein Rentenbescheid als begünstigender Verwaltungsakt mit Dauerwirkung mit Wirkung für die Zukunft aufzuheben, soweit in den tatsächlichen oder rechtlichen Verhältnissen, die beim Erlass des Verwaltungsaktes vorgelegen haben, eine Änderung eingetreten ist. Hierzu muss sich der Gesundheitszustand des Arbeitnehmers so verbessern, dass er nach § 43 Abs. 2 S. 2 SGB VI unter den üblichen Bedingungen des allgemeinen Arbeitsmarkts mindestens drei Stunden täglich erwerbstätig sein kann. Da eine Rente wegen verminderter Erwerbsfähigkeit nach § 102 Abs. 2 S. 5 SGB VI nur dann unbefristet gewährt wird, wenn unwahrscheinlich ist, dass die Minderung der Erwerbsfähigkeit behoben werden kann, wird eine Aufhebung des Rentenbescheids nur ausnahmsweise in Betracht kommen.

9 BAG, Urteil vom 15.02.2017 – 7 AZR 82/15
10 BAG, Urteil vom 15.02.2017 – 7 AZR 82/15

Beachte: Rücknahme des Rentenantrages bei auflösender Bedingung:

Ein Rentenantrag kann – ist die Dispositionsbefugnis nicht beispielsweise durch die Aufforderung der Agentur für Arbeit eingeschränkt – bis zu seiner bindenden Entscheidung zurückgenommen werden. Legt ein Arbeitnehmer fristgerecht Widerspruch gegen einen Rentenbescheid ein, der ihm eine volle Erwerbsminderung auf Dauer gewährt, und nimmt er den Rentenantrag nach Ablauf der Widerspruchsfrist zurück, verhindert dies die Beendigung des Arbeitsverhältnisses aufgrund einer auflösenden Bedingung nur dann, wenn die Rücknahme oder Einschränkung des Rentenantrags noch vor der Beendigung des Arbeitsverhältnisses nach §§ 21, 15 II TzBfG erfolgt und der Arbeitnehmer den Arbeitgeber innerhalb der Klagefrist der §§ 21, 17 S. 1 TzBfG hiervon in Kenntnis setzt (BAG, Urteil vom 15.02.2017 – 7 AZR 82/15).

III. Altersrente und Kündigungsschutz, § 41 SGB VI

Mit § 41 SGB VI enthält das SGB VI eine eigentlich rein arbeitsrechtlich relevante Regelung, die den Zusammenhang zwischen Altersrente und Kündigungsschutz sowie etwaige im Rahmen dessen getroffene Vereinbarungen betrifft. Wenn § 41 S. 1 SGB VI bestimmt, dass (allein) der Anspruch des Versicherten auf eine Rente wegen Alters nicht als ein Grund anzusehen ist, der die Kündigung eines Arbeitsverhältnisses durch den Arbeitgeber nach dem Kündigungsschutzgesetz (KSchG) bedingen kann, wird deutlich, dass die Regelung eigentlich im KSchG zu verorten wäre. Inhaltlich besagt § 41 S. 1 SGB VI prägnanter formuliert, dass die reine **Möglichkeit der Inanspruchnahme einer Rente wegen Alters keinen eigenständigen Kündigungsgrund** darstellt. Einer Kündigung aus verhaltens-, personen- oder betriebsbedingten Gründen steht die Norm allerdings nicht entgegen, auch wenn die Kündigung mit dem Zeitpunkt des Erwerbs eines Anspruchs auf eine Rente wegen Alters zusammenfällt[11]. Voraussetzung für die Anwendbarkeit der Regelung ist, dass der Betroffene auch Versicherter in der gesetzlichen Rentenversicherung ist; dies erklärt auch die Stellung der Norm. Da es aber im Recht der gesetzlichen Rentenversicherung keine Jahresarbeitsentgeltgrenze gibt, so wie bei der gesetzlichen Krankenversicherung, ist der Anwendungsbereich der Norm groß.

Wird eine Kündigung darauf gestützt, dass ein Anspruch auf eine (vorgezogene) Rente wegen Alters besteht, ist die Kündigung wegen § 41 S. 1

11 *Ricken* in: Henssler/Willemsen/Kalb, Arbeitsrecht Kommentar, 11. Aufl. 2024, SGB VI, § 41 Rn. 2

SGB VI unwirksam. Zu beachten ist jedoch, dass auch hier § 4 KSchG gilt, sodass die Unwirksamkeit der Kündigung wie auch in allen anderen Fällen binnen der Drei-Wochen-Frist des § 4 KSchG geltend gemacht werden muss, da sonst die Kündigung als von Anfang an wirksam gilt, § 7 KSchG.

Nicht untersagt aufgrund von § 41 S. 1 SGB VI ist, die Möglichkeit des Bezugs einer **Regelaltersrente** im Rahmen einer **Sozialauswahl** nach § 1 Abs. 3 S. 1 KSchG zulasten des Versicherten zu berücksichtigen[12]. Ein regelaltersrentenberechtigter Arbeitnehmer ist bei einer Sozialauswahl hinsichtlich des Kriteriums „Lebensalter" (trotz § 41 S. 1 SGB VI) deutlich weniger schutzbedürftig als ein Arbeitnehmer, der noch keine Altersrente beanspruchen kann[13].

Nach § 41 S. 2 SGB VI gilt dem Arbeitnehmer gegenüber eine **Vereinbarung**, die die **Beendigung** des Arbeitsverhältnisses eines Arbeitnehmers ohne Kündigung zu einem Zeitpunkt vorsieht, zu dem der Arbeitnehmer **vor Erreichen der Regelaltersgrenze eine Rente wegen Alters (§§ 35 ff. SGB VI)** beantragen kann, als auf das Erreichen der Regelaltersgrenze abgeschlossen, es sei denn, dass die Vereinbarung innerhalb der letzten 3 Jahre vor diesem Zeitpunkt abgeschlossen oder von dem Arbeitnehmer innerhalb der letzten 3 Jahre vor diesem Zeitpunkt bestätigt worden ist. Mit dieser Regelung über die Einschränkung der Zulässigkeit von Vereinbarungen über Altersgrenzen soll dem einzelnen Arbeitnehmer die Freiheit der Entscheidung für eine Fortsetzung der Erwerbstätigkeit auch nach dem Erreichen einer Altersgrenze für den Anspruch einer anderen Rente wegen Alters als der Regelaltersrente verbleiben. Anwendung findet die Norm beispielsweise dann, wenn der Versicherte die Voraussetzungen für den Bezug einer Altersrente für langjährig Versicherte nach § 36 SGB VI oder besonders langjährige Versicherte nach § 38 SGB VI erfüllt, aber noch nicht die Regelaltersgrenze erreicht hat. Für diese Fälle fingiert § 41 S. 2 SGB VI, dass die Vereinbarung auf den Zeitpunkt des Erreichens der Regelaltersgrenze geschlossen ist. Keine Anwendung findet die Norm dahin gegen auf Vereinbarungen, welche die Beendigung des Arbeitsverhältnisses für den Zeitpunkt des Erreichens der gesetzlichen Regelaltersgrenzen vorsehen.

Zu beachten ist weiter, dass bei Vereinbarungen im Rahmen von Altersteilzeit nach dem **Altersteilzeitgesetz** (AltTZG) eine Sonderregelung Anwendung findet. Nach § 8 Abs. 3 AltTZG ist eine Vereinbarung zwischen Arbeitnehmer und Arbeitgeber über die Altersteilzeit, welche die Beendi-

12 *Freudenberg* in: Schlegel/Voelzke, jurisPK-SGB VI, 3. Aufl. Stand: 01.04.2021, § 41 Rn. 20
13 BAG, Urteil vom 27.04.2017 – 2 AZR 7 60/16

gung des Arbeitsverhältnisses ohne Kündigung zu einem Zeitpunkt vorsieht, in dem der Arbeitnehmer Anspruch auf eine Rente wegen Alters hat, zulässig.

Im Übrigen richtet sich die Zulässigkeit von Vereinbarungen über die kalendermäßige Befristung des Arbeitsverhältnisses nach dem Teilzeit- und Befristungsgesetz (TzBfG), sodass alle einzelvertraglichen Vereinbarungen beispielsweise zu ihrer Wirksamkeit der **Schriftform** bedürfen, § 14 Abs. 4 TzBfG. Das Bundesarbeitsgericht geht davon aus, dass eine einzelvertragliche Altersgrenze, welche eine Beendigung des Arbeitsverhältnisses für den Zeitpunkt des Erreichens der Regelaltersgrenze vorsieht, durch einen Sachgrund im Sinne des § 14 Abs. 1 TzBfG gerechtfertigt sein kann[14].

Im Verhältnis zu **tarifvertraglichen Regelungen**, die eine Beendigung des Arbeitsverhältnisses bei Erreichen einer Altersgrenze für den Bezug einer Rente wegen Alters vorsehen, vertritt die herrschende Meinung, dass es sich bei § 41 S. 1 SGB VI nicht um eine tarifdispositive Regelung handelt, wobei die Herleitung, welche letztlich die tarifvertragliche Regelung zu Fall bringt, umstritten ist. Während einige eine analoge Anwendung von § 41 S. 2 SGB VI befürworten[15], erachten andere tarifvertragliche Vereinbarungen, welche eine Beendigung des Arbeitsverhältnisses bei Vorliegen eines Anspruchs auf eine (vorzeitige) Altersrente vor Erreichen der Regelaltersrente vorsehen, für nichtig, § 134 BGB[16]. Tarifvertragliche Vereinbarungen, welche eine Beendigung des Arbeitsverhältnisses für den Zeitpunkt vorsehen, an dem der Arbeitnehmer durch den Bezug einer gesetzlichen Altersrente bei Erreichen der Regelaltersgrenze abgesichert ist, sind demgegenüber möglich.

Für entsprechende Regelungen in **Betriebsvereinbarungen** ist die Rechtslage durchaus umstritten. Teilweise wird bereits vertreten, dass die Betriebsparteien überhaupt nicht befugt sind, Altersgrenzen zu schaffen[17]. Das BAG hat in einer Entscheidung vom 05.03.2013 (1 AZR 417/12) die grundsätzliche Möglichkeit von Altersgrenzenregelungen in Betriebsvereinbarungen bejaht. Inhaltlich ging es in dieser Entscheidung jedoch um eine Altersgrenze, nach der das Arbeitsverhältnis mit Erreichen der Regelaltersgrenze endet. Inhaltlich beurteilt sich die Rechtmäßigkeit einer Altersgrenze im Wesentlichen jedoch nach denselben Kriterien, wie bei

14 BAG, Urteil vom 27.07.2005 – 7 AZR 443/04
15 U. a. BeckOGK/*Seiwerth*, Stand: 15.02.2024, SGB VI, § 41 Rn. 44 ff.
16 BAG, Urteil vom 20.10.1993 – 7 AZR 135/93
17 Kritisch hierzu: BeckOGK/*Seiwerth*, Stand 15.02.2024, SGB VI, § 41 Rn. 44 m.N

tarifvertraglichen Regelungen, sodass wie üblich zwischen kollektiv- und einzelvertraglichen Vereinbarungen stets ein Günstigkeitsvergleich zu ziehen ist, § 4 Abs. 3 TVG (analog). Eine individualvertragliche Regelung, welche die Beendigung des Arbeitsverhältnisses zu einem späteren Zeitpunkt vorsieht, geht demgemäß regelmäßig einer abkürzenden kollektivrechtlichen Vereinbarung vor.

Wie eingangs bereits erwähnt unterliegen einzelvertragliche Vereinbarungen über Altersgrenzen allerdings nicht der Fiktion des § 41 S. 2 SGB VI, wenn diese innerhalb der **letzten 3 Jahre vor der vereinbarten Beendigung** abgeschlossen oder aber innerhalb dieser Frist vom Arbeitnehmer bestätigt worden sind. Hierbei ist der Zeitpunkt des vereinbarten Ausscheidens maßgeblich, nicht der Zeitpunkt des Erreichens der Regelaltersgrenze. Eine bestimmte Form für die Abgabe einer entsprechenden Willenserklärung sieht das Gesetz nicht vor.

Wie für den vorgenannten Fall, dass eine Kündigung gegen § 41 S. 1 SGB VI verstößt, muss der Arbeitnehmer auch dann, wenn er der Auffassung ist, dass sein Arbeitsverhältnis wegen § 41 S. 2 SGB VI nicht vorzeitig zum Ende gekommen ist, binnen 3 Wochen nach dem vereinbarten Ende Klage beim Arbeitsgericht auf Feststellung erheben, dass das Arbeitsverhältnis nicht (vorzeitig) beendet ist, § 17 S. 1 TzBfG. Unterlässt der Arbeitnehmer eine solche Klage oder wird die Klagefrist versäumt, so gilt das Arbeitsverhältnis mit dem Erreichen der vereinbarten Altersgrenze als beendet.

Letztlich ermöglicht § 41 S. 3 SGB VI den Arbeitsvertragsparteien noch, auch durch ggf. mehrfache **Vereinbarung** während des Arbeitsverhältnisses dieses **über das Erreichen der Regelaltersgrenze fortzusetzen**. Es handelt sich hierbei dann um einen eigenständigen Befristungstatbestand. Ein einmal beendetes Arbeitsverhältnis kann jedoch nicht mehr über § 41 S. 3 SGB VI befristet verlängert werden.

IV. Rentenrechtliche Gestaltungsmöglichkeit bei Beendigungssachverhalten

Viele sozialversicherungsrechtliche Folgen bei der Gestaltung von Verträgen zur Beendigung eines Arbeitsverhältnisses sind im Wesentlichen daran geknüpft, dass eine Abfindung gezahlt wird. Ist sie zu hoch und die Rechtmäßigkeit einer fiktiven Kündigung nicht gegeben, droht eine Sperrzeit bei Arbeitsaufgabe. Wird, gleich aus welchen Gründen, die Frist zur ordentlichen Kündigung nicht eingehalten oder besteht das Problem einer

„Unkündbarkeit", droht möglicherweise sogar zusätzlich noch die Gefahr eines Ruhens des Anspruchs auf Arbeitslosengeld mit der Folge, dass die Abfindung in einem erheblichen Umfang verbraucht werden muss für Zwecke, für die sie aus Sicht des Arbeitnehmers vielleicht nicht gedacht ist (Lebenshaltung).

Es lohnt daher in jedem Falle ein Blick auf die Möglichkeit, die durch § 187a SGB VI eröffnet wird, **statt einer Abfindung** eine **direkte Zahlung an die Rentenversicherung** zu wählen. Bis zum Erreichen der Regelaltersrente können über diese Norm Rentenabschläge, die durch eine vorzeitige Inanspruchnahme von Altersrente anfallen, durch freiwillige Einzahlungen ausgeglichen werden. Für jeden Monat, den ein Versicherter vor Erreichen der Regelaltersgrenze in Rente geht (i.d.R. möglich mit Vollendung des 63. Lebensjahrs, § 36 S. 2 SGB VI), ist ein lebenslanger Rentenabschlag i.H.v. 0,3 % in Kauf zu nehmen – dem kann über § 187a SGB VI entgegengewirkt werden. Während die Abfindung irgendwann verbraucht sein wird, kann sich der Versicherte mit der Ausgleichszahlung eine lebenslange Erhöhung der geminderten Rente sichern. Die Berechtigung zur Ausgleichszahlung hängt zum einen davon ab, dass der Versicherte das 50. Lebensjahr bereits vollendet hat und erfordert weiter, dass zuvor eine Rentenauskunft nach § 109 Abs. 5 S. 4 SGB VI eingeholt worden ist. Hieraus ist dann auch die konkrete Höhe der möglichen freiwilligen Beiträge ersichtlich. Zum anderen kommt eine Zahlung nach § 187a SGB VI nur dann in Betracht, wenn auch die Wartezeit von 35 Jahren erfüllt worden ist, die Voraussetzung für eine vorzeitige Inanspruchnahme der Altersrente ist, § 36 S. 1 Nr. 2 SGB VI.

Erfolgt die **Ausgleichszahlung** direkt durch den Arbeitgeber, wird also nicht auf dem Konto des Versicherten „zwischengeparkt", ist sie in erheblichem Umfange sogar steuerfrei (vgl. § 3 Nr. 28 EStG). Auch § 158 Abs. 1 S. 6 SGB III stellt klar, dass Leistungen, die der Arbeitgeber für eine arbeitslose Person, deren Arbeitsverhältnis frühestens mit Vollendung des 50. Lebensjahres beendet wird, nach § 187a Abs. 1 SGB VI aufwendet, bei der Berechnung der zum Ruhen führenden Entlassungsentschädigung außer Betracht bleiben. Auch dann also, wenn die ordentliche Kündigungsfrist nicht eingehalten worden ist, bleiben Zahlungen nach § 187a SGB VI bei der Berechnung des Zeitraums des Ruhens des Anspruchs auf Arbeitslosengeld I unbeachtet.

Tipp (Kombination Abfindung/Ausgleichszahlung):

Kann einmal die Kündigungsfrist nicht eingehalten werden oder greift wegen Ausschlusses der ordentlichen Kündigung eine fiktive Kündigungsfrist nach § 158 Abs. 1 S. 3 SGB III, kann die Zahlung einer Abfindung clever mit einer Ausgleichszahlung durch den Arbeitgeber nach § 187a SGB VI kombiniert werden. Bei der Berechnung der möglichen Höhe des Abfindungsanteils ist dabei zu berücksichtigen, dass ein gewisser Teil der Entlassungsentschädigung schon alleine wegen Betriebszugehörigkeit und Lebensalter nicht angerechnet wird, vgl. § 158 Abs. 2 S. 3 SGB III. 25 % der Abfindung werden jedoch immer bei der Berechnung des Ruhenszeitraums berücksichtigt.

Entscheidet sich der Versicherte später, tatsächlich doch nicht vorzeitig in Rente zu gehen, werden einmal nach § 187a SGB VI gezahlte freiwillige Beiträge nicht rückabwickelt. Die Ausgleichszahlungen erhöhen jedoch ohne Weiteres die Rentenanwartschaft und wirken sich demnach positiv auf die spätere Rentenhöhe aus.

D. Die gesetzliche Unfallversicherung (SGB VII)

I. Versicherter Personenkreis

Wie auch in den anderen Zweigen der Sozialversicherung sind (kraft Gesetzes) zunächst im Wesentlichen versichert „Beschäftigte". Bei der Frage nach dem Kreis der versicherten Personen in der gesetzlichen Unfallversicherung wird regelmäßig, ohne dass dies Einfluss auf den Leistungsumfang hätte, von der sogenannten „**echten**" und der „**unechten**" Unfallversicherung gesprochen.

Die **echte Unfallversicherung** umfasst dabei alle jene unter den Schutzbereich der gesetzlichen Unfallversicherung Fallende, die aufgrund und während der Ausübung eben jenes Beschäftigungsverhältnisses versichert sind. Als **unecht Unfallversicherte** gelten Personen, die in keinem abhängigen Beschäftigungsverhältnis stehen, aber dennoch unter den Schutzbereich der gesetzlichen Unfallversicherung fallen, so z.B. nach § 2 Abs. 1 Nr. 8a) SGB VII Kinder während des Besuchs von Tageseinrichtungen oder aber Personen, die bei Unglücksfällen oder gemeiner Gefahr oder Not Hilfe leisten, § 2 Abs. 1 Nr. 13a) SGB VII. Abgrenzungsmerkmal ist u.a., dass die unechte Unfallversicherung durch Steuermittel, nicht jedoch durch Beiträge, finanziert wird. Gleichsam ist die Annahme der Schutzbedürftigkeit der unecht Unfallversicherten aus verschiedenster Motivation heraus gerechtfertigt, so z.B. aus Gründen der Aufopferung für das Gemeinwohl. Der Kreis der Unfallversicherten ist, wie sich allein aus der Aufzählung in § 2 SGB VII ergibt, demzufolge sehr weitgehend, so sind z.B. auch Personen, die auf Kosten einer Krankenkasse stationär behandelt werden, unfallversichert, vgl. § 2 Abs. 1 Nr. 15a) SGB VII.

Im Gegensatz zu allen anderen Zweigen der Sozialversicherung ist die gesetzliche Unfallversicherung **Sache des Arbeitgebers**, er hat seinen Betrieb beim zuständigen Träger der gesetzlichen Unfallversicherung zu melden und ist auch allein beitragspflichtig (Ausnahme vom sonst grds. herrschenden Paritätsprinzip), vgl. § 150 Abs. 1 S. 1 SGB III. Der Beitrag wird demgemäß auch nicht im Rahmen des Gesamtsozialversicherungsbeitrages eingezogen. Grund für diese Besonderheit im Bereich der gesetzlichen Unfallversicherung ist, dass der Unternehmer im Ergebnis in einem sehr weitreichenden Umfang von der Haftung gegenüber seinen Arbeitnehmern freigestellt wird.

Die Höhe des **Beitrags zur gesetzlichen Unfallversicherung** bemisst sich auch nicht prozentual am Arbeitsentgelt der Beschäftigten, sondern ergibt sich sowohl aus den gezahlten **Arbeitsentgelten**, als auch aus den **Gefahrklassen**, denen ein Betrieb/Unternehmen zugeordnet wird. Unternehmen mit höheren Risiken für Versicherungsfälle in der gesetzlichen Unfallversicherung zahlen daher einen höheren Beitrag. Treten Versicherungsfälle ein, realisiert sich also das Risiko, kann sich dieser Beitrag auch erhöhen.

II. Versicherungsfälle Arbeitsunfall und Berufskrankheit

Versicherungsfälle der gesetzlichen Unfallversicherung sind Arbeitsunfälle und Berufskrankheiten, § 7 SGB VII.

Arbeitsunfälle sind nach § 8 Abs. 1 S. 1 SGB VII Unfälle von Versicherten infolge einer den Versicherungsschutz nach §§ 2, 3 oder 6 SGB VII begründenden Tätigkeit (versicherte Tätigkeit), Unfälle sind nach § 8 Abs. 1 S. 2 SGB VII zeitlich begrenzte, von außen auf den Körper einwirkende Ereignisse, die zu einem Gesundheitsschaden oder zum Tod führen. Der Ausdruck „infolge" zeigt dabei, dass ein **innerer Zusammenhang** zwischen der versicherten Tätigkeit und der im konkreten Zeitpunkt ausgeübten Verrichtung bestehen muss (auch „Handlungstendenz" genannt). Die versicherte Tätigkeit muss zu einem Unfallereignis (**Unfallkausalität**) und dieses zu einem Gesundheitsschaden oder zum Tod geführt haben (**haftungsbegründende Kausalität**). Die Feststellung länger andauernder Unfallfolgen aufgrund des vorgenannten Unfallschadens (**haftungsausfüllende Kausalität**) ist keine notwendige Voraussetzung eines Arbeitsunfalls, kann aber Voraussetzung für die Leistungsgewährung (z. B. einer Verletztenrente) sein[1].

Hinsichtlich des **Beweismaßstabes** gilt, dass die Merkmale „versicherte Tätigkeit", „Verrichtung zur Zeit des Unfalls", „Unfallereignis" sowie „Gesundheitsschaden" im Wege des **Vollbeweises**, also mit an Sicherheit grenzender Wahrscheinlichkeit, für das Gericht feststehen müssen. D.h. bei vernünftiger Abwägung des Gesamtergebnisses des Verfahrens muss der volle Beweis für das Vorliegen der genannten Tatsachen als erbracht angesehen werden können[2]. Demgegenüber genügt für den Nachweis der Ursachenzusammenhänge zwischen diesen Voraussetzungen der Grad der **hinreichenden Wahrscheinlichkeit**, was bedeutet, dass mehr Gesichtspunkte für als gegen die Ursächlichkeit sprechen müssen, nicht jedoch die bloße

1 *G. Wagner* in: Schlegel/Voelzke, jurisPK-SGB VII, 3. Aufl. Stand: 22.05.2024, § 8 Rn. 25
2 Vgl. u. a. BSG, Urteil vom 30.04.1985 – 2 RU 43/84

Möglichkeit genügt[3]. Kann ein behaupteter Sachverhalt nicht nachgewiesen oder der ursächliche Zusammenhang nicht wahrscheinlich gemacht werden, so geht dies nach dem im sozialgerichtlichen Verfahren geltenden Grundsatz der objektiven Beweislast zulasten des Beteiligten, der aus diesem Sachverhalt Rechte herleitet, bei den anspruchsbegründenden Tatsachen also zulasten des jeweiligen Klägers[4].

Ein Unterfall des Arbeitsunfalls ist der **Wegeunfall**, § 8 Abs. 2 SGB VII. Versichert ist damit auch das Zurücklegen des mit der versicherten Tätigkeit zusammenhängenden unmittelbaren Weges nach und von dem Ort der Tätigkeit sowie die in § 8 Abs. 2 Nr. 2–5 SGB VII benannten Sonderkonstellationen.

Beachte:

Stürzt ein Arbeitnehmer, der sich auf dem Weg von seinem Zuhause zur Arbeit befindet, so beginnt der Versicherungsschutz nach ständiger Rechtsprechung des BSG mit dem Durchschreiten der **Außentür** des bewohnten Gebäudes (bereits BSG, Urteil vom 13.03.1956 – 2 RU 144/54; BSG, Urteil vom 31.08.2017 – B 2 U 2/16 R). An dieser Außentür-Rechtsprechung hielt der 2. Senat auch in seiner Entscheidung vom 08.12.2021 (B 2 U 4/21 R) fest. Wege innerhalb des Gebäudes sind damit grundsätzlich nicht versichert. Etwas anderes gilt laut BSG in der vorgenannten Entscheidung allerdings in **Homeoffice**-Fällen. Befänden sich Wohnung und Arbeitsstätte in demselben Gebäude, sei ein versicherter Betriebsweg hiernach ausnahmsweise auch im häuslichen Bereich denkbar, wenn er in Ausführung der versicherten Tätigkeit in einer Homeoffice-Konstellation zurückgelegt werde. Auf die objektiv zu ermittelnde Häufigkeit der Nutzung des konkreten Unfallorts zu betrieblichen Zwecken komme es insoweit nicht mehr an. Entscheidend sei die objektivierte Handlungstendenz des Versicherten, eine unternehmensdienliche Tätigkeit ausführen zu wollen (BSG; a. a. O.).

Ausgangspunkt für den Weg zur Arbeit kann aber nicht nur das Zuhause, sondern auch ein **dritter Ort** sein, wenn der Aufenthalt an diesem Ort mindestens 2 Stunden andauert[5], beispielsweise also auch die morgendliche Aufnahme des Weges zur Arbeit vom Zuhause des Lebenspartners aus. Wird der direkte Weg nach oder von dem Ort der Tätigkeit verlassen, beispielsweise, weil sich „um die Ecke" noch ein Einkaufsladen befindet, in dem noch letzte Besorgungen getätigt werden sollen, so lebt der Versiche-

3 StRspr., vgl. u. a. BSG, Urteil vom 06.05.2021 – B 2 U 15/19 R
4 StRspr., vgl. u. a. BSG, Urteil vom 20.12.2016 – B 2 U 16/15 R
5 BSG, Urteil vom 05.07.2016 – B 2 U 16/14 R

rungsschutz in dem Moment wieder auf, in dem der ursprünglich direkte Weg wieder erreicht und in Richtung des Ausgangs- oder Endortes der betrieblichen Tätigkeit fortgesetzt wird. Der Weg ab dem Abbiegen vom direkten Weg zum Einkaufsladen ist als „**Abweg**" (Zielrichtung wird aufgegeben) oder „Umweg" (Zielrichtung wird grundsätzlich beibehalten) nicht versichert, ebenso wie der Weg bis zum Wiedererreichen des unmittelbaren Weges. Voraussetzung für ein Wiederaufleben des Versicherungsschutzes ist die Einhaltung der 2-Stunden-Grenze. Wird der unmittelbare **Weg nur ganz untergeordnet verlassen,** gleichsam „im Vorbeigehen" im Bereich der Straße eine Erledigung ausgeübt (z.B. Zigarettenautomat), ist dieser kleine „**Umweg**" für den Versicherungsschutz unschädlich[6]. Auch dann, wenn ein nicht nur unerheblicher Umweg eingeschlagen wird, kann Versicherungsschutz bestehen. Dies ist der Fall, wenn der (verlängerte) eingeschlagene Weg aus Sicht des Versicherten, die sich in objektiven Tatsachen niederschlagen muss, als unmittelbarer Weg anzusehen ist, weil er insbesondere weniger zeitaufwendiger, sicherer oder kostengünstiger ist als der entfernungsmäßig kürzeste Weg[7]. Das **BSG** grenzt in seiner *neueren Rechtsprechung* hier aber immer wieder den Versicherungsschutz in Anwendung des Kriteriums der objektivierbaren **Handlungstendenz** ein. Befindet sich z.B. ein Versicherter auf dem Heimweg, stößt dabei mit dem Spiegel seines Kfz's mit einem entgegenkommenden Kfz zusammen und dreht deshalb um, damit die Regulierungsgespräche mit dem anderen Kfz-Halter geführt werden können (Pflicht aus § 142 StGB – sogenannte „Fahrerflucht"), so ist durch diese Handlungstendenz der Wegeunfallversicherungsschutz dennoch unterbrochen.[8]

Neben dem Arbeitsunfall (inklusive seines Unterfalles, dem Wegeunfall) ist das zweite versicherte Ereignis der Unfallversicherung die **Berufskrankheit**.

Nach § 9 Abs. 1 S. 1 SGB VII sind Berufskrankheiten Krankheiten, welche die Bundesregierung durch Rechtsverordnung mit Zustimmung des Bundesrates als Berufskrankheiten bezeichnet und die Versicherte **infolge** einer den Versicherungsschutz nach §§ 2, 3 oder 6 SGB VII begründenden Tätigkeit erleiden. Diese Rechtsverordnung ist die **Berufskrankheiten-Verordnung**, deren Anlage 1 sich alle anerkennungsfähigen Berufskrankheiten entnehmen lassen.

6 BSG, Urteil vom 11.09.2001 – B 2 U 34/00 R; BSG, Urteil vom 24.06.2003 – B 2 U 40/02 R
7 BSG, Urteil vom 11.09.2001 – B 2 U 34/00 R
8 BSG, Urteil vom 17. Februar 2009 – B 2 U 26/07 R

Im Gegensatz zum Arbeitsunfall setzt die Berufskrankheit nicht eine einmalige schädigende Einwirkung auf den Körper voraus, sondern eine **länger andauernde schädigende Einwirkung**. Wegen der Vielfalt konkurrierender außerberuflicher Möglichkeiten, auf welche eine bestimmte Erkrankung zurückzuführen ist, gibt es bei der Frage nach der Ursächlichkeit einer (Berufs-)Krankheit regelmäßig praktisch nicht aufklärbare Zusammenhangsfragen. Bereits aus diesem Grund werden nur bestimmte Erkrankungen als Berufskrankheiten anerkannt, nämlich solche, die in gewissen Bereichen gehäuft auftreten. Ähnlich wie im Falle des Arbeitsunfalls bedarf es wiederum der **Kausalität** der einzelnen Tatbestandsvoraussetzungen. So muss zunächst eine Kausalität zwischen der versicherten Tätigkeit und den schädigenden Einwirkungen bestehen (Einwirkungskausalität), sodann ein Ursachenzusammenhang zwischen Einwirkung und Erkrankung (haftungsbegründende Kausalität). Für die Bejahung der Kausalität genügt dabei das Vorliegen **hinreichender Wahrscheinlichkeit** nach der Theorie der wesentlichen Bedingung.

Arbeitsunfall und Berufskrankheit wirken sich nicht zwingend auf das Arbeitsverhältnis aus. Für den betroffenen Arbeitnehmer relevant sind regelmäßig aber die besonders gute, weil gewollt schnelle und weitreichende Versorgung durch die gesetzliche Unfallversicherung und die möglicherweise bestehenden weiteren Ansprüche, beispielsweise auf eine Unfallrente. Arbeitsrechtlich von Bedeutung sind bei Vorliegen eines Versicherungsfalls zweifelsfrei aber stets die im SGB VII geregelten Haftungsbeschränkungen, die sowohl zugunsten eines Arbeitnehmers, als auch des Arbeitgebers wirken können.

III. Haftungsbeschränkung im Betrieb und Regressansprüche

Frei nach dem Motto „wo gehobelt wird da fallen Späne" ist das Arbeitsverhältnis je nach Art der geschuldeten Tätigkeit besonders anfällig für Schäden, die sowohl Sachen, z.B. Betriebsmittel, als auch Personen, z.B. Arbeitskollegen, betreffen können. Da der Arbeitnehmer auf Veranlassung des Arbeitgebers und unter dessen Weisungen sowie eingegliedert in dessen Organisation eine Tätigkeit ausübt, die den wirtschaftlichen Interessen des Arbeitgebers dient, hat die **arbeitsgerichtliche Rechtsprechung** die Haftung des Arbeitnehmers für Schäden aus dem Arbeitsverhältnis nach den Grundsätzen des **innerbetrieblichen Schadensausgleichs** begrenzt. Für Schäden in Ausübung einer betrieblich veranlassten Tätigkeit haftet der Arbeitnehmer danach außer in Fällen grober Fahrlässigkeit sowie Vorsatz nicht voll. In den Fällen, in denen es sich um einen Personenschaden handelt und in Fällen, in denen Schmerzensgeldansprüche streitig sind, finden darüber hinaus jedoch Haftungsbeschränkungen Anwendung, die sich aus den §§ 104 ff. SGB VII ergeben. **Schadensersatzansprüche wegen Personenschäden** und **Ansprüche auf Schmerzensgeld** gem. §§ 249 ff. und §§ 842 ff. Bürgerliches Gesetzbuch (BGB) kann der geschädigte Arbeitnehmer nach den §§ 104 ff. SGB VII nur beanspruchen, wenn sie **vorsätzlich** oder auf einem nach § 8 Abs. 2 Nr. 1 - 4 SGB VII **versicherten Weg (Wegeunfall)** herbeigeführt wurden. Die §§ 104 ff. SGB VII schränken somit die zivilrechtliche Ersatzpflicht erheblich ein. Der Vorteil für den Geschädigten liegt hauptsächlich darin, dass ein etwaiges **Mitverschulden** meist unberücksichtigt bleibt. **Sachschäden** sind von den §§ 104 ff. SGB VII allerdings nicht erfasst, nur die Schäden an und der Verlust von Hilfsmitteln (z. B. Brillen, Prothesen) gelten nach § 8 Abs. 3 SGB VII als Gesundheitsschaden, mit der Folge, dass die Haftungsprivilegierung auch auf diese Fälle Anwendung findet.

Gründe und Zweck der Haftungsbeschränkungen nach dem SGB VII sind vielfältig, so sollen die Regelungen der **Wahrung des Betriebsfriedens** dienen, dem Geschädigten einen stets **liquiden Schuldner** an die Hand geben und den Arbeitgeber als alleinigen **Beitragsschuldner** der gesetzlichen Unfallversicherung **von der Haftung freistellen**. Welche der Haftungsbeschränkungen der §§ 104 ff. SGB VII Anwendung findet, richtet sich in erster Linie nach den haftungsprivilegierten Personen (Schädigern).

§ 104 SGB VII betrifft die Haftung der Unternehmer, also der Arbeitgeber gegenüber ihren Arbeitnehmern aber auch gegenüber ihren „Wie-Beschäftigten" und deren Angehörigen/Hinterbliebenen. **§ 105 SGB VII** beschreibt als potenziellen „Schädiger" grundsätzlich „jedermann" d. h. alle Personen, deren schädigende Handlung eine betriebliche Tätigkeit enthält, z. B. Beschäftigte, aber auch freie Mitarbeiter und Ehrenamtliche[9]. Geschädigter kann, was sich aus dem Wortlaut „Versicherte" nicht auf den ersten Blick ergibt, auch der Arbeitgeber sein[10]. **§ 106 SGB VII** erstreckt die Haftungsbeschränkung auch auf andere Gefahrengemeinschaften, die mit der betrieblichen Gefahrengemeinschaft des § 105 SGB VII vergleichbar sind, z. B. auf Lernende (z. B. Schüler) untereinander. Da die entsprechende Anwendung des § 105 SGB VII vorgesehen ist, muss hier jedoch auch eine irgendwie geartete „betriebliche Tätigkeit" den Versicherungsfall verursacht haben.

9 BeckOGK/*Ricke*, Stand: 15.08.2023, SGB VII § 105 Rn. 4 f.
10 BeckOGK/*Ricke*, Stand: 15.08.2023, SGB VII § 105 Rn. 9

Nicht zur Anwendung kommen alle Haftungsbeschränkungen bei vorsätzlicher Begehungsweise sowie bei Herbeiführung des Versicherungsfalls auf einem versicherten Weg. Bei der Frage, ob der Versicherungsfall **vorsätzlich** herbeigeführt worden ist mit der Folge, dass keine Haftungsbeschränkung greift, ist **doppelter Vorsatz** zu prüfen. Der Vorsatz des Schädigers muss sich demnach nicht nur auf die Verletzungshandlung selbst, sondern auch auf den Verletzungserfolg beziehen[11], dabei ist **bedingter Vorsatz (dolus eventualis)** ausreichend, also, dass der Schädiger die Verletzungshandlung und den Verletzungserfolg für möglich gehalten und billigend in Kauf genommen hat[12]. Bei Verstößen gegen Arbeitsschutzpflichten kann, da regelmäßig nicht die Schädigung gebilligt wird, nicht ohne Weiteres von Vorsatz ausgegangen werden[13].

Auch wenn der Versicherungsfall auf einem **versicherten Weg (Wegeunfall)** herbeigeführt worden ist, besteht kein Erfordernis einer Haftungsbeschränkung. Denn hier realisieren sich regelmäßig weniger die vom Arbeitgeber gesetzten Betriebsrisiken, als vielmehr die dem Straßenverkehr immanenten Gefahren, denen Versicherte auch ohne die versicherte Tätigkeit ausgesetzt sein können. Hiervon zu unterscheiden sind **Betriebswege**, also Wege, die in Ausübung der Tätigkeit selbst zurückgelegt werden (z. B. Fahrten eines angestellten Elektrikers oder Wege auf dem Betriebsgelände). Diese Betriebswege sind von der Haftungsbeschränkung vollumfänglich umfasst. Durch die Aufrechterhaltung unbeschränkter Haftung bei Wegeunfällen (unmittelbarer Weg vom oder zur Arbeit) soll den Geschädigten zudem der Zugriff auf günstigere zivilrechtliche Schadensersatzansprüche, insbesondere Schmerzensgeldansprüche, nicht vorenthalten werden[14].

Die Ersatzansprüche des Geschädigten gegen den Dritten, sei es der Unternehmer, ein Arbeitskollege oder eine andere durch §§ 104 ff. SGB VII privilegierte Person, gehen im Falle des Eingreifens der Haftungsprivilegierung wegen § 104 Abs. 1 S. 2 SGB VII nicht nach **§ 116 SGB X** auf den Träger der gesetzlichen Unfallversicherung über. Für **Schadensersatzansprüche**, die **infolge vorsätzlicher oder grob fahrlässiger Schädigung** gegenüber Unternehmern oder anderen Personen bestehen, ist diese Rechtsfolge jedoch **wegen des Verursachungsbeitrags nicht gerechtfertigt.** In diesen Fällen bestimmt § 110 Abs. 1 S. 1 SGB VII, dass ein **Regressanspruch** des Trägers der Unfallversicherung gegenüber dem Schädiger für die, infolge des Versicherungsfalls entstandenen, Aufwendungen, bis zur Höhe des zivilrechtlichen

11 BAG, Urteil vom 28.11.2019 – 8 AZR 35/19
12 *Hollo* in: Schlegel/Voelzke, jurisPK-SGB VII, 3. Aufl. Stand: 19.12.2023, § 104 Rn. 45
13 LAG Köln, Urteil vom 02.11.2021 – 4 Sa 279/21
14 *Hollo* in: Schlegel/Voelzke, jurisPK-SGB VII, 3. Aufl. Stand: 19.12.2023, § 104 Rn. 53

Schadensersatzanspruchs, besteht. Auch in Fällen der **Schwarzarbeit** stehen Geschädigte unter dem Schutz der gesetzlichen Unfallversicherung; denn verbotswidriges Handeln schließt nach § 7 Abs. 2 SGB VII den Versicherungsschutz nicht aus. Ob tatsächlich Beiträge erbracht worden sind, ist, wie auch in anderen Zweigen der Sozialversicherung (z. B. Krankenversicherung), unerheblich. Ein Versicherungsfall, der im Rahmen von Schwarzarbeit eintritt, führt allerdings nach § 110 Abs. 1a SGB VII dazu, dass die Unternehmer den Unfallversicherungsträgern die entstandenen Aufwendungen voll zu erstatten haben.

Ist die Anwendbarkeit der Haftungsbeschränkungen streitig, wird es sich in den weit überwiegenden Fällen um ein **arbeitsgerichtliches Verfahren** handeln. Das Arbeitsgericht ist dabei **an eine unanfechtbare Entscheidung nach dem SGB VII** oder nach dem SGG, ob ein Versicherungsfall vorliegt und in welchem Umfang Leistungen zu erbringen sind und ob der Unfallversicherungsträger zuständig ist, **gebunden**, § 108 Abs. 1 SGG. Hierdurch werden unbillige Ergebnisse vermieden, die z. B. dadurch entstehen könnten, dass der Unfallversicherungsträger einen Versicherungsfall ablehnt, das Zivilgericht/Arbeitsgericht aber eine Haftungsbeschränkung nach dem SGB VII bejaht. Bis zur Entscheidung des Sozialgerichts ist daher das **zivilgerichtliche Verfahren auszusetzen, § 108 Abs. 2 SGB VII.**

IV. Leistungen der gesetzlichen Unfallversicherung

Die Leistungen der gesetzlichen Unfallversicherung umfassen ihrer Art nach solche, die auch in anderen Zweigen der Sozialversicherung vorgesehen sind, insbesondere in der Kranken-, Pflege-, und Rentenversicherung. Darüber hinaus erbringen die Träger der Unfallversicherung aber auch Leistungen, die in anderen Sozialversicherungszweigen nicht oder nicht im entsprechenden Umfang vorgesehen sind, beispielsweise das Verletztengeld. Kennzeichnend für die gesetzliche Unfallversicherung ist dabei zum einen, dass der Unfallversicherungsträger möglichst frühzeitig mit allen geeigneten Mitteln den durch den Versicherungsunfall verursachten Gesundheitsschaden zu beseitigen und seine Folgen zu mildern hat, § 26 Abs. 2 S. 1 SGB VII, und dass Leistungen, gleich welcher sozialversicherungsrechtlichen Ursprungskategorie (Krankenversicherung, Rentenversicherung, Pflegeversicherung etc.) sie zugeordnet werden können, aufgrund des Versicherungsfalls aus einer Hand erbracht werden („**Universalauftrag**“), sodass sich keine Abgrenzungsfragen stellen. Koordinierend tätig wird hierbei der **Durchgangsarzt**, der eine entsprechende Zulassung zur berufsgenossenschaftlichen Heilbehandlung besitzt und von den Berufsgenossenschaften bestellt wird. Er ist zuständig für die Weichenstellung im Hinblick auf den eingetretenen Versicherungsfall, insbesondere für die Frage nach dem Erfordernis weiterer fachärztlicher Behandlung oder Rehabilitationserfordernisse.

In der Praxis knüpfen sich Leistungsansprüche jedoch nicht notwendigerweise unmittelbar an den Eintritt eines Versicherungsfalls. Eine **Leistungsverpflichtung** des Unfallversicherungsträgers kann auch, insbesondere im Recht der Berufskrankheiten, **erstmals längere Zeit nach einem Versicherungsfall** entstehen[15]. Das Begehren des Versicherten ist in diesen Fällen dann regelmäßig zunächst lediglich auf die Feststellung des Eintritts eines Versicherungsfalls beschränkt[16].

Die Leistungen der gesetzlichen Unfallversicherung nach Eintritt eines Versicherungsfalls gliedern sich grob in zwei Kategorien: zum einen in Leistungen, die der **Wiederherstellung der Gesundheit und Wiedereingliederung sowie der finanziellen Absicherung währenddessen** dienen, insbesondere Heilbehandlung, Leistungen zur Teilhabe am Arbeitsleben, Verletztengeld etc. und zum anderen in solche, die grob umrissen als **„Entschädigungsleistungen“** bei bleibenden Unfallfolgen bezeichnet werden können, namentlich Renten, Beihilfen und Abfindungen.

1. Heilbehandlung, Verletztengeld, Übergangsgeld

Wie auch im Recht der gesetzlichen Krankenversicherung haben Versicherte Anspruch auf Heilbehandlung. Die **Heilbehandlung** im Rahmen eines Versicherungsfalls der gesetzlichen Unfallversicherung ist dabei allerdings nicht an die Leistungsgrenze der gesetzlichen Krankenversicherung gebunden, § 34 Abs. 1 S. 1 SGB VII. Die Unfallversicherungsträger bestimmen im Einzelfall Art, Umfang und Durchführung der Heilbehandlung nach pflichtgemäßem Ermessen, sie prüfen auch, welche Leistungen geeignet und zumutbar sind, um Pflegebedürftigkeit zu vermeiden, zu überwinden zu mindern oder ihre Verschlimmerung zu verhüten, § 26 Abs. 5 SGB VII. In der Regel entscheidet der Durchgangsarzt, ob eine **allgemeine Heilbehandlung** beim Hausarzt durchgeführt wird oder wegen Art oder Schwere der Verletzung eine **besondere Heilbehandlung** erforderlich ist[17]. Das SGB VII enthält neben einer eigenen Norm für ärztliche und zahnärztliche Behandlung (§ 28 SGB VII) auch weitere eigenständige Regelungen beispielsweise für

15 *Grüner* in: Bieresborn (Hrsg.) Einführung in die medizinische Sachverständigentätigkeit vor Sozialgerichten, 1. Aufl. 2015, S. 141

16 BSG, Urteil vom 27.07.1989 – 2 RU 54/88

17 *Stähler* in: Schlegel/Voelzke, jurisPK-SGB VII, 3. Aufl. Stand: 15.04.2024, § 27 Rn. 16

Heil-, oder Hilfsmittel, vgl. §§ 28ff. SGB VII. Auch im Rahmen der Unfallversicherung werden Leistungen jedoch trotz des grundsätzlich zustehenden Ermessensspielraums nicht grenzenlos erbracht, denn auch der Unfallversicherungsträger hat die Grundsätze von Wirtschaftlichkeit und Verhältnismäßigkeit, die auch bei Ermessensentscheidungen anderer Träger greifen, zu beachten[18]. Nichtsdestotrotz erfolgt die Leistungserbringung nach dem Ziel des Gesetzgebers jedoch insgesamt schneller, zielgerichteter und umfassender.

Sind Versicherte infolge des Versicherungsfalls arbeitsunfähig oder können sie wegen einer Maßnahme der Heilbehandlung eine ganztägige Erwerbstätigkeit nicht ausüben und hatten sie unmittelbar vor Beginn derselben Anspruch auf Arbeitsentgelt oder eine andere in § 45 Abs. 1 Nr. 2 SGB VII genannte Leistung, so zahlt der Träger der Unfallversicherung dem Versicherten ein **Verletztengeld**, § 45 Abs. 1 SGB VII. Auch hier wiederum ist insbesondere das **Kausalitätserfordernis** „infolge" zu beachten, sodass es entscheidend darauf ankommt, dass die Arbeitsunfähigkeit oder das Nicht-Ausüben-Können einer ganztägigen Erwerbstätigkeit wegen Heilbehandlung Folge eines Versicherungsfalls sind. Abzustellen ist auch hier auf die **„Theorie der wesentlichen Bedingung"**, wonach als kausal nur diejenigen Ursachen angesehen werden, die wegen ihrer besonderen Beziehung zum Erfolg zu dessen Eintritt wesentlich (also nicht notwendig überwiegend oder gleichwertig) mitgewirkt haben. Bestand jedoch vor Eintritt des Versicherungsfalls kein Anspruch auf Arbeitsentgelt oder eine der in § 45 Abs. 1 Nr. 2 SGB VII genannten Leistungen, besteht auch kein Anspruch auf Verletztengeld. Dies trifft insbesondere Schüler und Studenten, kann aber auch ehrenamtlich Tätige oder nicht erwerbstätige Familienangehörige betreffen.

Die **Höhe des Verletztengeldes** folgt aus § 47 SGB VII und ist höher als das Krankengeld. Das Verletztengeld beträgt 80 % des Regelentgelts, höchstens 100 % des Nettoentgeltes. Bei freiwillig Versicherten richtet sich die Höhe des Verletztengeldes nach der Versicherungssumme, § 154 SGB VII. Hat der Versicherte vor Beginn der Arbeitsunfähigkeit oder der Heilbehandlung Arbeitslosengeld, Unterhaltsgeld oder Kurzarbeitergeld bezogen, wird Verletztengeld in Höhe des Krankengeldes gezahlt, § 47 Abs. 2 SGB VII i. V. m. § 47b SGB V. Auch die Dauer des Verletztengeldes ist wie der Anspruch auf Krankengeld grundsätzlich auf 78 Wochen begrenzt, wobei sich dieser Zeitraum im Falle der stationären Behandlung verlängern kann, weil der Anspruch dann nicht vom Tag des Beginns der Arbeitsunfähigkeit, sondern vom Ende der stationären Behandlung an berechnet wird, § 46 Abs. 3 S. 3 SGB VII.

18 *Stähler* in: Schlegel/Voelzke, jurisPK-SGB VII, 3. Aufl. Stand: 15.04.2024, § 28 Rn. 22

Werden infolge des Versicherungsfalls Leistungen zur Teilhabe am Arbeitsleben erbracht, erhalten die Versicherten währenddessen **Übergangsgeld**, § 49 SGB VII.

Hinsichtlich der **Schnittstelle zum Arbeitsrecht** ist zu beachten, dass auch beim Bezug von Verletztengeld oder Übergangsgeld in Beendigungskonstellationen ein besonderes Augenmerk auf die **Einhaltung einer Kündigungsfrist** und die Vermeidung einer Sperrzeit nach dem SGB III gelegt werden sollte. Abfindungen beispielsweise, die nach den §§ 9, 10 KSchG aus Anlass der Beendigung des Arbeitsverhältnisses gezahlt werden, bleiben zwar im Grundsatz anrechnungsfrei. Soweit sie aber verstecktes Arbeitsentgelt enthalten, das dem Zeitraum des Verletztengeldbezuges zugerechnet werden kann, wird dieses angerechnet, wenn es nach den Vorschriften des SGB III zum Ruhen des Arbeitslosengeldes geführt hätte[19], also beispielsweise dann, wenn die ordentliche Kündigungsfrist nicht eingehalten worden ist, vgl. § 158 SGB III. Eine Anrechnung findet nach § 52 Nr. 2 SGB VII auch statt, wenn ein Anspruch auf Arbeitslosengeld wegen des Eintritts einer Sperrzeit ruht. Der Zweck dieser **Anrechnungsvorschrift** ist hier derselbe wie in den Konstellationen, in denen während einer Sperrzeit Arbeitsunfähigkeit besteht. Eine Sperrzeit soll durch die Normierung der Anrechnung, nicht durch den Bezug von Leistungen der gesetzlichen Unfallversicherung, umgangen werden können[20].

2. Renten und Abfindungen

In der hier benannten zweiten Kategorie der Leistungsarten kommt insbesondere den Renten eine herausragende Bedeutung zu.

Ist die Erwerbsfähigkeit durch den Versicherungsfall **über die 26. Woche** nach dem Versicherungsfall hinaus um **wenigstens 20 vom Hundert** gemindert, zahlt der Träger der Unfallversicherung eine Rente, § 56 Abs. 1 S. 1 SGB VII. Mehrere Versicherungsfälle mit einer Minderung der Erwerbsfähigkeit (MdE) von mind. 10 % können sich allerdings auch „stützen“, mit der Folge, dass auch in diesen Fällen eine Rente gezahlt werden kann, vgl. § 56 Abs. 1 S. 2 SGB VII (sog. **„Stützrente“**). Ein großer Vorteil einer Rente nach dem SGB VII ist, dass sie dem **Prinzip der abstrakten Schadensbemessung** folgt, was bedeutet, dass es im Gegensatz beispielsweise zum zivilen Haftungsrecht nicht auf einen tatsächlichen Verdienstausfall oder Minderverdienst infolge eines Versicherungsfalles, sondern abstrakt auf die festgestellte MdE ankommt. Es wird also nicht eine tat-

19 *Westermann* in: Schlegel/Voelzke, jurisPK-SGB VII, 3. Aufl. Stand: 08.05.2024, § 52 Rn. 11
20 *Westermann* in: Schlegel/Voelzke, jurisPK-SGB VII, 3. Aufl. Stand: 08.05.2024, § 52 Rn. 27

sächliche Erwerbsminderung ausgeglichen, sondern die geminderte Erwerbsfähigkeit. Auch das Vorliegen von Bedürftigkeit ist nicht erforderlich, fehlende Bedürftigkeit also auch kein Ausschlusskriterium.

Die **Höhe der Rente**, die im allgemeinen Sprachgebrauch auch „Verletztenrente" genannt wird, richtet sich nach der Höhe der MdE und dem Jahresarbeitsverdienst (hierzu vgl. §§ 81 ff. SGB VII).

Die **Minderung der Erwerbsfähigkeit** richtet sich nach der Legaldefinition des § 56 Abs. 2 S. 1 SGB VII nach dem Umfang der sich aus der Beeinträchtigung des körperlichen und geistigen Leistungsvermögens ergebenden verminderten Arbeitsmöglichkeiten auf dem gesamten Gebiet des Erwerbslebens. Für die konkrete Bemessung ist dabei auf dem Gebiet der gesetzlichen Unfallversicherung auf die **„MdE- Erfahrungswerte"** abzustellen, welche die Anforderungen an **antizipierte Sachverständigengutachten** erfüllen[21]. Antizipierte Gutachten sind qualifizierte Erfahrungssätze, die wegen ihrer normähnlichen Wirkungen wie untergesetzliche Normen anzuwenden sind[22]. An diesen MdE- Tabellen wird jedoch immer mehr Kritik geübt, u.a. auch durch das BSG[23]. Es wird insbesondere von Gerichten aber auch von der Praxis gerügt, dass bereits die Herkunft der „Erfahrungswerte", also woher sie stammen und auf welches „Erwerbsleben" sie sich beziehen, nicht mehr nachvollzogen werden kann. Vermehrt wird daher der Ruf nach einer normativen Regelung nach dem Vorbild der Versorgungsmedizinverordnung laut, wie sie beispielsweise im Recht der Schwerbehinderung Anwendung findet. Jedenfalls führt unter anderem diese Diskussion dazu, dass die MdE- Erfahrungswerte nicht schematisch anzuwenden sind. Besonderheiten des Einzelfalls sind ohnehin zu berücksichtigen.

Die DGUV hat im Oktober 2019 ein sog. **„Konsenspapier**[24]**"** einer von ihr gebildeten MdE- Expertengruppe für die Bewertung der MdE bei Gliedmaßenverlusten vorgelegt, um insbesondere in diesem Bereich den Schwierigkeiten der bisherigen MdE- Tabellen entgegenzuwirken. Ob dieses Konsenspapier eine geeignete Grundlage für die Bewertung einer MdE darstellt und in der gerichtlichen Praxis größere Anwendung finden wird, bleibt abzuwarten[25].

21 BSG, Urteil vom 02.05.2001 – B 2 U 24/00 R

22 Zur gesetzlichen Unfallversicherung: BSG, Urteil vom 30.06.1998 – B 2 U 41/97 R

23 BSG, Urteil vom 20.12.2016 – B 2 U 11/15 R

24 Abrufbar unter: https://publikationen.dguv.de/versicherungleistungen/allgemeine-informationen/3667/konsenspapier-der-mde-expertengruppe-nach-ueberpruefung-der-mde-erfahrungswerte-bei-gliedmassenverluste

25 Vgl. zur Anwendung bspw. LSG Baden-Württemberg, Beschluss vom 10.01.2024 – L 10 U 1916/22

Neben den Renten an Versicherte nach den §§ 56ff. SGB VII werden auch **Leistungen an Hinterbliebene** erbracht, wenn der Versicherte **an den Folgen des Arbeitsunfalls oder der Berufskrankheit verstorben** ist, § 63 Abs. 1 S. 2 SGB VII. Dass der Tod durch den Arbeitsunfall verursacht worden ist, muss im Vollbeweis gesichert sein. Lediglich bei bestimmten Berufskrankheiten besteht eine Rechtsvermutung dahingehend, dass der Tod auf den Versicherungsfall zurückzuführen ist, wenn die MdE mindestens 50 vom Hundert betragen hat, § 63 Abs. 2 S. 1 SGB VII. Neben dem Sterbegeld und der Erstattung von Überführungskosten, § 64 SGB VII, sind insbesondere die Witwen- und Witwerrente (§ 65f. SGB VII) und die Waisenrente (§ 67 SGB VII) von Bedeutung.

Eine **Witwen- bzw. Witwerrente** erhält, wer im Zeitpunkt des Todes des Versicherten in rechtsgültiger Ehe gelebt hat, wobei ein gemeinsamer Haushalt nicht erforderlich ist; auch ein Getrenntleben schadet dem Anspruch nicht[26]. Zu beachten ist, dass kein Anspruch besteht, wenn die Ehe erst nach dem Versicherungsfall geschlossen worden ist und der Tod innerhalb des ersten Jahres dieser Ehe eingetreten ist, es sei denn, dass nach den besonderen Umständen des Einzelfalls die Annahme nicht gerechtfertigt ist, dass der alleinige oder überwiegende Zweck der Heirat war, einen Anspruch auf Hinterbliebenenversorgung zu begründen, § 65 Abs. 6 SGB VII. Dieser Leistungsausschluss bei „**Versorgungsehe**" beruht demnach auf einer Rechtsvermutung, für deren Widerlegung die objektive Beweislast beim Witwer bzw. der Witwe liegt[27]. Z.B. kann hiernach eine Versorgungsehe widerlegt sein, wenn ein Versicherter, der ständig auf Pflege angewiesen ist, zu einem Zeitpunkt heiratet, an dem sein Tod auf absehbare Zeit nicht zu erwarten war[28].

Im sogenannten **ersten Sterbevierteljahr** wird die Rente nach § 65 Abs. 2 i.H.v. 2/3 des Jahresarbeitsverdienstes gezahlt. Nach Ablauf dieser Zeit wird die Rente i.H.v. 40 % des Jahresarbeitsverdienstes gezahlt („**große Witwen-/Witwerrente**"), wenn die in § 65 Abs. 2 Nr. 3a bis c SGB VII genannten Voraussetzungen erfüllt werden. Diese sind die Vollendung des 47. Lebensjahrs, die Erziehung eines waisenrentenberechtigten Kindes oder das Vorliegen von Erwerbsminderung. In diesen Fällen liegt nach Einschätzung des Gesetzgebers eine Beschränkung der Erwerbsmöglichkeiten vor, die einen erhöhten Unterhaltsbedarf erfordern. Liegen die genannten Voraussetzungen nicht vor, wird nach Ablauf des Sterbeviertel-

26 *Grüner/Ziegler* in: Nomos Handkommentar SGB VII, 6. Aufl. 2024, § 65 Rn. 2
27 BSG, Urteil vom 02.02.2001 – B 2 U 379/00
28 BSG, Urteil vom 03.09.1986 – 9a RV 8/84

jahres nur eine sogenannte **„kleine Witwen-/Witwerrente“** i.H.v. 30 % des Jahresarbeitsverdienstes gezahlt. Einkommen nach Ablauf des ersten Sterbevierteljahres wird nach § 65 Abs. 3 SGB VII allerdings unter Berücksichtigung von Freibeträgen angerechnet.

Während die kleine Witwen-/Witwerrente nach § 65 Abs. 1 S. 2 SGB VII auf 24 Kalendermonate nach dem Sterbemonat begrenzt ist, besteht eine solche Beschränkung für die große Witwen-/Witwerrente nicht. Beide Renten werden jedoch nur gezahlt, solange die Berechtigten nicht **wieder geheiratet** haben, § 65 Abs. 1 S. 1 SGB VII. Im Falle der Heirat fällt die Rente jedoch nicht ersatzlos weg, sondern unter Zahlung einer **Abfindung** nach § 80 SGB VII. Wird diese zweite Ehe aufgelöst oder für nichtig erklärt, wird auf Antrag erneut die „alte“ Witwen-/bzw. Witwerrente geleistet, §§ 65 Abs. 5, 72 Abs. 2 S. 2 SGB VII.

Während der ersten 3 Jahre nach dem Versicherungsfall wird die Rente an den Versicherten nach § 62 Abs. 1 SGB VII in der Regel als **vorläufige Entschädigung** festgesetzt und spätestens mit Ablauf von 3 Jahren über die vorläufige Entschädigung als Rente auf unbestimmte Zeit geleistet, § 62 Abs. 2 S. 1 SGB VII.

Rentenbeginn und -dauer richten sich nach §§ 72 ff. SGB VII. Nach § 72 Abs. 1 Nr. 1 SGB VII werden Renten von dem Tag an gezahlt, der auf den Tag folgt, an dem der Anspruch auf Verletztengeld endet, was regelmäßig der erste Tag nach Wegfall der unfallbedingten Arbeitsunfähigkeit ist. Bestand kein Anspruch auf Verletztengeld, wird die Rente ab dem Tag geleistet, nach dem der Versicherungsfall eingetreten ist, § 72 Abs. 1 Nr. 2 SGB VII.

An die Stelle der grundsätzlich monatlichen Zahlung der Rente kann eine einmalige Auszahlung (**Abfindung**) treten. Das ist zum einen der Fall, wenn nach allgemeinen Erfahrungen unter Berücksichtigung der besonderen Verhältnisse des Einzelfalles zu erwarten ist, dass nur eine Rente in Form der vorläufigen Entschädigung zu zahlen ist, § 75 S. 1 SGB VII. Stellt sich dann später wider Erwarten heraus, dass doch über die Dauer von 3 Jahren hinaus weiterhin eine leistungsberechtigende MdE vorliegt, kann nach entsprechender Beantragung trotzdem weiterhin eine Rente beansprucht werden, vgl. § 75 S. 2 SGB VII. Auch Renten auf unbestimmte Zeit können auf Antrag grundsätzlich abgefunden werden. Renten nach einer MdE von unter 40 vom Hundert werden dabei endgültig abgefunden. Rente nach einer MdE von 40 vom Hundert oder mehr können bis zur Hälfte für einen Zeitraum von 10 Jahren abgefunden werden, §§ 79 S. 1 SGB VII. Voraussetzung ist in beiden Fällen, dass nicht zu erwarten ist, dass die MdE wesentlich sinkt.

Kinder der infolge eines Versicherungsfalls verstorbenen Versicherten, § 63 Abs. 1 S. 1 Nr. 3 und S. 2 SGB VII, erhalten eine **Waisenrente** bis zur Vollendung des 18. Lebensjahres. Unter bestimmten Voraussetzungen, z. B. während einer Schul- oder Berufsausbildung, kann die Waisenrente auch bis zur Vollendung des 27. Lebensjahres gewährt werden, vgl. § 67 SGB VII. Die Rente beträgt für Halbwaisen 20 vom Hundert und für Vollwaisen 30 vom Hundert des Jahresarbeitsverdienstes, § 68 Abs. 1 SGB VII. Zu beachten ist allerdings, z.B. bei kinderreichen Familien, dass alle Hinterbliebenenrenten zusammen 80 vom Hundert des Jahresarbeitsverdienstes nicht übersteigen dürfen, ansonsten werden sie gekürzt, § 70 SGB VII.

E. Rehabilitation und Teilhabe behinderter Menschen (SGB IX)

Das SGB IX enthält in Teil 3 (§§ 151–241 SGB IX) besondere Regelungen zur Teilhabe schwerbehinderter Menschen. Soweit diese nicht durch freie Entschließung der **Arbeitgeber** erfüllt werden, werden sie nach § 184 Abs. 1 SGB IX von den **Integrationsämtern** und der **Bundesagentur für Arbeit** in enger Zusammenarbeit durchgeführt.

Die Integrationsämter sind dabei insbesondere zuständig für den Kündigungsschutz und etwaige Ausgleichsabgaben des § 154 SGB IX (vgl. die Aufzählung in § 185 Abs. 1 S. 1 SGB IX), die Bundesagentur für Arbeit für alle Maßnahmen mit unmittelbarem Bezug zum Arbeitsverhältnis, so bspw. für die Berufsberatung, die Ausbildungs- und Arbeitsvermittlung schwerbehinderter Menschen, die Beratung der Arbeitgeber bei der Besetzung von solchen Plätzen mit schwerbehinderten Menschen, die Förderung der Teilhabe schwerbehinderter Menschen am Arbeitsleben und auch für die Feststellung der Gleichstellung mit einem schwerbehinderten Menschen (vgl. Aufzählung in § 187 Abs. 1 SGB IX). Während für Entscheidungen der Integrationsämter nach ggf. abgeschlossenem Vorverfahren der Rechtsweg zu den **Verwaltungsgerichten** gegeben ist, schließt sich in den Fällen, in denen die Bundesagentur für Arbeit zuständig ist, das Verfahren vor den **Sozialgerichten** an. Nur Letzteres ist daher im engeren Sinne für die Schnittstelle von Arbeits- und Sozialrecht relevant.

I. Behinderung und Schwerbehinderung

Die im SGB IX legal definierten Begriffe der Behinderung und der Schwerbehinderung sind für nahezu alle Zweige der Sozialversicherung von Bedeutung, da in anderen Sozialgesetzbüchern bei Fragen der Betroffenheit von behinderten Menschen auf die Begriffe und Regelungen des SGB IX verwiesen oder Bezug genommen wird. Sowohl die Regelungen des SGB IX selbst als auch selbstständige und Bezug nehmende Regelungen in anderen Sozialgesetzbüchern haben dabei häufig unmittelbare Auswirkungen auf das Arbeitsrecht. So ist das Vorliegen einer Schwerbehinderung oder Gleichstellung beispielsweise relevant für das Vorliegen besonderen Kündigungsschutzes, allerdings besteht auch die Möglichkeit der vorgezogenen Inanspruchnahme einer Rente für schwerbehinderte Menschen und auch die Möglichkeit des Erhalts von Leistungen zur Rehabilitation/Teilhabe am Arbeitsleben.

Nach § 2 Abs. 1 S. 1 SGB IX sind **Menschen mit Behinderungen** Menschen, die körperliche, seelische, geistige oder Sinnesbeeinträchtigungen haben, die sie in Wechselwirkung mit einstellungs- und umweltbedingten Barrieren an der gleichberechtigten Teilhabe an der Gesellschaft mit hoher Wahrscheinlichkeit länger als sechs Monate hindern können. Eine Beeinträchtigung nach § 2 Abs. 1 S. 1 SGB IX liegt vor, wenn der Körper- und Gesundheitszustand von dem für das Lebensalter typischen Zustand abweicht, § 2 Abs. 1 S. 2 SGB IX. Von Behinderung bedroht sind Menschen, wenn eine solche Beeinträchtigung zu erwarten ist, § 2 Abs. 1 S. 3 SGB IX. Die festgestellten Einschränkungen werden grundsätzlich in der Einheit „Grad der Behinderung" festgestellt, dessen Rahmen von 0–100 reicht und in Zehnerschritten festgestellt wird.

Zuständig für die Feststellung des Vorliegens einer Behinderung und des Grades der Behinderung sind die für die Durchführung des SGB XIV zuständigen Behörden, § 152 Abs. 1 S. 1 SGB IX, dies sind die **Versorgungsämter** und **Landesversorgungsämter** sowie die bei diesen bestehenden versorgungsärztlichen Untersuchungsstellen. Das Feststellungsverfahren beginnt nach Antragstellung, was auch regelmäßig der maßgebliche Zeitpunkt ist, ab dem das Vorliegen einer Behinderung festgestellt wird. Bei Glaubhaftmachung eines besonderen Interesses kann die Feststellung des Vorliegens einer Behinderung nach § 152 Abs. 1 S. 2 SGB IX aber auch rückwirkend erfolgen.

Nach der Rechtsprechung des BSG[1] erfolgt die **Feststellung** des Vorliegens oder Nichtvorliegens **des Grades der Behinderung** (GdB) in **3 Prüfungsschritten**:

Zur Feststellung des GdB werden hiernach in einem **ersten Schritt** die einzelnen nicht nur vorübergehenden Gesundheitsstörungen im Sinne von regelwidrigen (von der Norm abweichenden) Zuständen und die sich daraus ableitenden Teilhabebeeinträchtigungen festgestellt. Regelwidrig bedeutet unter anderem, dass die Gesundheitsstörung für das Lebensalter untypisch ist (Abgrenzung beispielsweise zu Alterskrankheiten).

In einem **zweiten Schritt** sind diese den in der Anlage zur **Versorgungsmedizin-Verordnung** (VersMedV) genannten Funktionssystemen zuzuordnen und mit einem Einzel-GdB zu bewerten. Diese Verordnung wurde vom Bundesministerium für Arbeit und Soziales erlassen, um unter anderem die Grundsätze für die medizinische Bewertung von Schädigungsfolgen und die Feststellung des Grades der Schädigungsfolgen im Sinne des da-

1 BSG, Urteil vom 30.09.2009 – B 9 SB 4/08 R

maligen Bundesversorgungsgesetzes (BVG) zu regeln. Ihre Grundsätze gelten bei der Feststellung der Schwerbehinderung entsprechend, solange das BMAS noch keine eigenständige Verordnung zur (Schwer-)Behinderung nach § 153 Abs. 2 SGB IX erlassen hat, vgl. § 241 Abs. 5 SGB IX. Die Grundsätze der VersMedV stellen nach der Rechtsprechung des BSG **antizipierte Sachverständigengutachten** dar[2], was bedeutet, dass die enthaltenen Vorgaben im Einzelfall nicht widerlegt werden können. Einzige Möglichkeit, Abweichendes zu erzielen ist, substanziiert geltend zu machen, dass die dort geregelten Grundsätze nicht (mehr) dem allgemein anerkannten Stand der medizinischen Wissenschaft entsprechen.

In einem **dritten Schritt** ist dann – in der Regel ausgehend von der Beeinträchtigung mit dem höchsten Einzel-GdB – in einer **Gesamtschau**, unter Berücksichtigung der wechselseitigen Beziehungen der einzelnen Beeinträchtigungen, der Gesamt-GdB zu bilden. Dabei können die Auswirkungen der einzelnen Beeinträchtigungen ineinander aufgehen (sich decken), sich überschneiden, sich verstärken oder beziehungslos nebeneinanderstehen. **Keinesfalls** findet eine **automatische** Addition von Einzelwerten statt.

Nach § 2 Abs. 2 SGB IX sind **Menschen schwerbehindert**, wenn bei ihnen ein GdB in Höhe von wenigstens 50 vorliegt und sie ihren Wohnsitz, ihren gewöhnlichen Aufenthalt oder ihre Beschäftigung auf einem Arbeitsplatz im Sinne des § 156 SGB IX rechtmäßig im Geltungsbereich des SGB IX haben. Maßgeblich ist hier der Gesamt-GdB. Auch wenn also beispielsweise 5 Einzel-GdB in Höhe von jeweils 20 vorliegen bedeutet das nicht notwendigerweise, dass auch eine Schwerbehinderung vorliegt. Denn 5 Einzel-GdB i.H.v. 20 begründen in der Regel lediglich einen Gesamt-GdB i.H.v. 40[3].

Wurde einmal eine Schwerbehinderung festgestellt, was selbstverständlich auch die Folge besonderen Kündigungsschutzes nach sich zieht, und **fällt die Schwerbehinderteneigenschaft später weg**, so ist zu beachten, dass nach § 199 Abs. 1 SGB IX die besonderen Regelungen für schwerbehinderte Menschen erst nach Ablauf des 3. Kalendermonats nach Eintritt der Unanfechtbarkeit der Verringerung nicht länger angewandt werden. Dies hat z.B. zur Folge, dass während eines offenen Rentenverfahrens vor dem Sozialgericht ein gleichzeitig anhängiges Verfahren über den Entzug der Schwerbehinderteneigenschaften häufig zeitverzögert betrieben wird, selbiges gilt im Ergebnis bei Widerruf oder Rücknahme einer Gleichstellung, § 199 Abs. 2 i.V.m. § 2 Abs. 3 SGB IX.

2 BSG, Urteil vom 25.10.2012 – B 9 SB 2/12 R
3 LSG Bayern, Urteil vom 02.07.2013 – L 15 SB 119/10

II. Gleichstellung

Um zu verstehen, welche Auswirkungen eine Gleichstellung im Sozial- und Arbeitsrecht haben kann, ist zunächst auf die gesetzliche Regelung der Gleichstellung zu schauen. Menschen mit Behinderungen mit einem Grad der Behinderung von weniger als 50 aber wenigstens 30 können auf Antrag (§ 151 Abs. 2 S. 1 SGB IX) einem schwerbehinderten Menschen gleichgestellt werden. Voraussetzung hierfür ist, dass sie infolge ihrer Behinderung **ohne die Gleichstellung einen geeigneten Arbeitsplatz** im Sinne des § 156 SGB IX **nicht erlangen oder nicht behalten können**, § 2 Abs. 3 SGB IX. Folgen einer solchen Gleichstellung sind die grundsätzliche Einbeziehung des behinderten Menschen in den Anwendungsbereich des Schwerbehindertenrechts. Dies bedeutet insbesondere, dass **auch gleichgestellte Behinderte besonderen Kündigungsschutz nach § 168 SGB IX genießen**. Auch für die Kündigung von gleichgestellten Behinderten bedarf es somit der vorherigen Zustimmung des Integrationsamtes.

Nicht alle Regelungen über die Schwerbehinderung sind jedoch auch auf gleichgestellte Behinderte anwendbar; so finden § 208 SGB IX (**Zusatzurlaub**) und Kapitel 13 des Dritten Teils des SGB IX (**unentgeltliche Beförderung** schwerbehinderter Menschen im öffentlichen Personenverkehr) keine Anwendung, § 151 Abs. 3 SGB IX. Für Arbeitgeber besteht der Vorteil der Beschäftigung von gleichgestellten Behinderten unter anderem darin, dass sie bei der **Pflichtbeschäftigungsquote** von schwerbehinderten Menschen nach § 154 SGB IX mitzuzählen sind.

Wie auch die Schwerbehinderung bedarf die Feststellung des Vorliegens einer Gleichstellung eines **Antrags** des behinderten Menschen. Dieser Antrag ist nicht beim Versorgungsamt, sondern bei der örtlich zuständigen Agentur für Arbeit zu stellen, erforderlichenfalls ist ein bei der falschen Stelle gestellter Antrag jedoch nach § 16 SGB I weiterzuleiten.

Tatbestandlich fordert die Gleichstellung, dass Behinderte infolge ihrer Behinderung ohne die Gleichstellung einen geeigneten **Arbeitsplatz nicht erlangen oder nicht behalten können**. Ob die Voraussetzungen der Gleichstellung mit einem schwerbehinderten Menschen gegeben sind, ist bezogen auf die konkreten Anforderungen am Arbeitsplatz und die konkreten Einschränkungen des behinderten Menschen zu prüfen[4].

Es ist grundsätzlich danach zu fragen, ob sich das Vorbringen des Antragstellers auf den „Erlangungstatbestand“ oder aber auf das „Nicht-behalten-

4 BSG, Urteil vom 06.08.2014 – B 11 AL 16/13 R

Können" eines geeigneten Arbeitsplatzes bezieht. Was unter einem **geeigneten Arbeitsplatz** zu verstehen ist, zeigt sich zunächst an der Verweisung von § 2 Abs. 3 SGB IX auf § 156 SGB IX. Als Arbeitsplätze gelten demnach nicht solche, die nach der Natur der Arbeit oder nach den zwischen den Parteien getroffenen Vereinbarungen nur für die Dauer von höchstens 8 Wochen besetzt sind, sowie Stellen, auf denen Beschäftigte weniger als 18 Stunden wöchentlich beschäftigt werden, § 156 Abs. 3 SGB IX. Teilzeitarbeitsplätze, die in einem geringeren Stundenumfang als 18 Stunden/ Woche ausgeübt werden, sind damit nicht über eine Gleichstellung „sicherungsfähig".

Zur Prüfung der Frage, ob die **Gleichstellung zur Erlangung eines geeigneten Arbeitsplatzes** erforderlich ist, wird das Vorliegen eines konkreten Arbeitsplatzangebotes nicht gefordert[5], allerdings ist im Sinne einer Mindestanforderung erforderlich, dass der behinderte Mensch einen konkreten Arbeitsplatz tatsächlich anstrebt[6].

Ob die **Gleichstellung zur Erhaltung eines Arbeitsplatzes** erforderlich ist, beurteilt sich danach, ob bei wertender Betrachtung gerade in Ausgestaltung und Ausmaß der Behinderung die Schwierigkeit der Erhaltung des (geeigneten) Arbeitsplatzes begründet ist. Zur Prüfung dessen werden in der Praxis regelmäßig Stellungnahmen von Arbeitgeber, Betriebsrat und Schwerbehindertenvertretung eingeholt, ggf. auch die Zeiten der Arbeitsunfähigkeit des Arbeitnehmers nebst entsprechender Diagnose geprüft.

In beiden Fällen, Gleichstellung zur Erlangung und Gleichstellung zur Erhaltung eines geeigneten Arbeitsplatzes, muss zwischen der Behinderung und der Erforderlichkeit der Gleichstellung ein **Ursachenzusammenhang** bestehen, der nach der **Theorie der wesentlichen Bedingung** zu prüfen ist. Hiernach ist ein Ursachenzusammenhang zu bejahen, wenn die Behinderung zumindest eine sehr wesentliche Mitursache für die Arbeitsmarktprobleme des behinderten Menschen ist. Wesentlich bedeutet aber weder überwiegend noch gleichwertig oder annähernd gleichwertig. Eine wesentliche Bedingung ist vielmehr bereits dann zu bejahen, wenn anderen Ursachen keine überragende Bedeutung zukommt[7]. Nicht erforderlich ist demzufolge, dass eine Kündigung bereits konkret droht oder gar ausgesprochen worden ist[8]. **Ist eine Kündigung allerdings bereits ausgesprochen** worden, so besteht ein Erfordernis der Gleichstellung nur noch

5 BSG, Urteil vom 02.03.2000 – B 7 AR 46/99 R

6 BSG, Urteil vom 06.08.2014 – B 11 AL 5/14 R

7 BSG, Urteil vom 06.08.2014 – B 11 AL 16/13 R

8 BSG, Urteil vom 06.08.2014 – B 11 AL 16/13 R

dann, wenn der Antrag auf Gleichstellung bereits mindestens 3 Wochen vor dem Zugang der Kündigung gestellt worden ist und die Kündigung noch nicht endgültig, d.h. insbesondere rechtzeitig innerhalb der Dreiwochenfrist des § 4 S. 1, 7 KSchG, angegriffen worden ist. Wie auch im Falle der Schwerbehinderung ist das Vorliegen einer Gleichstellung dem Arbeitgeber nicht zwingend während des Arbeitsverhältnisses oder vor Ausspruch der Kündigung mitzuteilen. Es reicht in diesem Zusammenhang, dass **dem Arbeitgeber die Tatsache der Gleichstellung innerhalb der Dreiwochenfrist mitgeteilt** worden ist (siehe hierzu genauer: F. III.).

Sind die Probleme am Arbeitsmarkt oder im Arbeitsverhältnis unabhängig vom Vorliegen einer Behinderung auf **allgemeine qualifikations- oder altersbedingte Leistungsschwächen** der Person oder allein auf betriebliche Umstrukturierungsmaßnahmen zurückzuführen, die auch nicht Behinderte in gleicher Weise betreffen, ist der **Ursachenzusammenhang zu verneinen**. Die Gleichstellung kann und soll nicht vor allen Risiken des Arbeitslebens schützen und insbesondere nicht vorbeugend, das heißt nur für den Fall der Fälle, zuerkannt werden, was beispielsweise in Zeiten hoher Arbeitslosigkeit ein Ziel des Antragstellers sein kann[9].

Wenn § 2 Abs. 3 SGB IX davon spricht, dass bei Vorliegen der Voraussetzungen die Gleichstellung erteilt werden „soll", so ist dies nicht misszuverstehen. Es handelt sich hierbei um ein sogenanntes „**gebundenes Ermessen**" (in der Regel Ermessensreduzierung „auf null") mit der Folge, dass die Gleichstellung zu erteilen ist und eine andere Entscheidung durch Ausübung von pflichtgemäßem Ermessen nur möglich ist, wenn ein atypischer Fall vorliegt[10], beispielsweise der Antragsteller überhaupt nicht an der Erlangung eines geeigneten Arbeitsplatzes interessiert oder bereits im Bezug einer Altersrente ist.

Zu beachten ist, gerade in Hinblick auf die teils umfassenden Ermittlungsnotwendigkeiten, dass der Antragsteller grundsätzlich die **Darlegungs- und Beweislast** hinsichtlich der Voraussetzungen der Gleichstellung trägt. Er hat bei den anzustellenden Ermittlungen der Agentur für Arbeit mitzuwirken und insbesondere alle erforderlichen und die möglichen Angaben zu machen. Nach einer Entscheidung des LSG Rheinland-Pfalz[11] ist eine **Versagung des Gleichstellungsantrages wegen fehlender Mitwirkung** nach § 66 SGB I jedoch nicht ohne Weiteres zulässig, wenn der Antragsteller zwar die Befragung des Arbeitgebers ablehnt, nicht aber diejenige des Betriebsrats und der Schwer-

9 *Luthe* in: Schlegel/Voelzke, jurisPK-SGB IX, 4. Aufl. Stand: 01.10.2023, § 2 Rn. 146
10 BSG, Urteil vom 02.03.2000 – B 7 AR 46/99 R
11 Urteil vom 24.09.2009 – L 1 AL 59/08

behindertenvertretung. In einem solchen Fall habe sich die Agentur für Arbeit vielmehr im Rahmen des von ihr auszuübenden Ermessens mit der Frage zu befassen, ob nicht die Befragung von Betriebsrat und Schwerbehindertenvertretung ausreichend ist. Nichtsdestotrotz ist zu berücksichtigen, dass die Unerweislichkeit der anspruchsbegründenden Tatsachen, beispielsweise also der Frage, ob ein Risiko besteht, den Arbeitsplatz (behinderungsbedingt) zu verlieren, zulasten des Antragstellers gereicht[12].

Bei der Frage nach dem **Zeitpunkt für die Beurteilung des Vorliegens der Voraussetzungen der Gleichstellung** vertritt das BSG eine großzügige Linie. Hiernach müssen im Hinblick auf Schutzrichtung und Zweck der Gleichstellung alle wesentlichen Änderungen der Sach- und Rechtslage bis zur letzten mündlichen Verhandlung Berücksichtigung finden[13]. Verliert der Antragsteller oder Kläger beispielsweise im laufenden Gleichstellungsverfahren den Arbeitsplatz, so scheidet nach der Rechtsprechung des BSG eine Gleichstellung nicht bereits deshalb aus. Vielmehr ist in diesem Fall dann nicht mehr der Tatbestand der Möglichkeit der Erhaltung des bisherigen Arbeitsplatzes, sondern als Alternative der Erlangungstatbestand zu prüfen.

Ein eigenständiges Anfechtungsrecht des Arbeitgebers gegen eine erfolgte Gleichstellung besteht nicht[14].

Beachte:

Damit der besondere Kündigungsschutz greifen kann, muss der betroffene Arbeitnehmer bei Zugang der Kündigung bereits als schwerbehinderter Mensch anerkannt sein oder den Antrag auf Schwerbehinderung/Gleichstellung mindestens 3 Wochen vor Zugang der Kündigung gestellt haben (BAG, Urteil vom 01.03.2007 – 2 AZR 217/06). In diesem Fall ist es dann auch unschädlich, wenn die rückwirkende Anerkennung der Schwerbehinderteneigenschaft erst auf Widerspruch oder Klage gegen eine ablehnende Entscheidung der Behörde erfolgt (BAG, Urteil vom 06.09.2007 – 2 AZR 324/06).

In jedem Fall muss der Arbeitnehmer, hat der Arbeitgeber im Kündigungszeitpunkt von der Schwerbehinderung des Arbeitnehmers oder dessen Antrag auf Anerkennung als Schwerbehinderter mit/Gleichstellung keine Kenntnis, und will sich der Arbeitnehmer den besonderen Kündigungsschutz nach dem SGB IX erhalten, nach Zugang der Kündigung innerhalb einer angemessenen Frist (regelmäßig 3 Wochen) gegenüber dem Arbeitgeber das Bestehen des Sonderkündigungsschutzes geltend machen (BAG, Urteil vom 09.06.2011 – 2 AZR 703/09).

12 *Luthe* in: Schlegel/Voelzke, jurisPK-SGB IX, 4. Aufl. Stand: 01.10.2023, § 2 Rn. 156
13 BSG, Urteil vom 02.03.2000 – B 7 AR 46/99 R
14 *Luthe* in: Schlegel/Voelzke, jurisPK-SGB IX, 4. Aufl. Stand: 01.10.2023, § 2 Rn. 180

III. Besonderer Kündigungsschutz

Sowohl schwerbehinderte Menschen als auch diesen gleichgestellte Menschen genießen Sonderkündigungsschutz; ihre **Kündigung** durch den Arbeitgeber **bedarf der vorherigen Zustimmung des Integrationsamtes**, § 168 SGB IX. Eine ohne Zustimmung des Integrationsamtes ausgesprochene Kündigung ist nach § 134 BGB[15] unwirksam; dies gilt grundsätzlich auch dann, wenn der Arbeitgeber von der Schwerbehinderung oder der Gleichstellung keine Kenntnis hatte[16]. In diesem Falle muss der Betroffene aber, damit der Kündigungsschutz greift, dem Arbeitgeber mitteilen, dass er schwerbehindert oder gleichgestellt ist; es sei denn, die Schwerbehinderung ist offenkundig[17]. Für die Mitteilung des Vorliegens einer Schwerbehinderung, einer Gleichstellung oder eines laufenden Antragsverfahrens greift grds. die **Drei-Wochen-Frist** des § 4 S. 1 KSchG. Dabei handelt es sich um eine **Entschließungsfrist**. Das bedeutet, dass die Zeitspanne hinzuzurechnen ist, innerhalb derer der Betroffene den Zugang der Mitteilung über den bestehenden Sonderkündigungsschutz beim Arbeitgeber zu bewirken hat. Ein Berufen auf den Sonderkündigungsschutz innerhalb dieses Zeitraums ist nach Rspr. des BAG regelmäßig nicht als illoyal verspätet anzusehen. Hierbei darf es dem Arbeitnehmer auch nicht zum Nachteil gereichen, wenn er – etwa zu Beweiszwecken – eine schriftliche Information wählt[18]. Faktisch stehen dem betroffenen Arbeitnehmer also mehr als 3 Wochen bis zum spätesten Informationszugang beim Arbeitgeber zu. **Anzuraten** ist allerdings, die **Mitteilung** über das Bestehen einer Schwerbehinderung, Gleichstellung oder eines laufenden Verfahrens **nicht lediglich mit der Kündigungsschutzklage zu verbinden**. Zwar greift grds. § 167 ZPO, wonach dann, wenn durch die Zustellung eine Frist gewahrt werden soll, diese Wirkung bereits mit Eingang des Antrags eintritt, wenn die Zustellung (hier der Kündigungsschutzklage) demnächst erfolgt. Allerdings kann sich nach der Rspr. des BAG ein Arbeitnehmer, der seine Eigenschaft als schwerbehinderter Mensch allein in der bei Gericht eingereichten Klageschrift mitteilt, nicht auf den Rechtsgedanken des § 167 ZPO (Rückwirkung der Zustellung) berufen, wenn die Zustellung außerhalb der für eine unmittelbare Übermittlung an den Arbeitgeber zuzugestehenden Zeitspanne erfolgt[19]. Was

15 BAG, Urteil vom 22.10.2015 – 2 AZR 720/14
16 BAG, Urteil vom 06.09.2007 – 2 AZR 324/06
17 BVerfG, Beschluss vom 09.04.1987 – BvR 1406/86
18 BAG, Urteil vom 22.09.2016 – 2 AZR 700/15
19 BAG, Urteil vom 22.09.2016 – 2 AZR 700/15

konkret noch einen angemessenen Zeitraum darstellt, hatte das BAG nicht zu entscheiden. Sicherheitshalber bietet sich daher die förmliche Zustellung der Mitteilung auch außerhalb der Kündigungsschutzklage an.

Nur weil die Zustimmung des Integrationsamtes einzuholen ist, bedeutet das nicht, dass eine generelle Unkündbarkeit vorliegt. Das **Integrationsamt entscheidet** vielmehr über den Antrag auf Zustimmung innerhalb eines Monats, § 171 Abs. 1 SGB IX, **nach pflichtgemäßem Ermessen**. Bei der Ermessensausübung sind die Interessen des Arbeitgebers und des Betroffenen gegeneinander abzuwägen, wobei die Interessen des Schwerbehinderten oder Gleichgestellten umso mehr an Gewicht verlieren, je weniger der Kündigungsgrund mit der Behinderung in Zusammenhang steht[20].

Erteilt das Integrationsamt die Zustimmung, hat der Arbeitgeber wiederum selbst einen Monat Zeit, die Kündigung zu erklären, § 171 Abs. 3 SGB IX.

Gegen die Entscheidung des Integrationsamtes kann Widerspruch bzw. Anfechtungsklage sowie bei Ablehnung des Antrages durch den Arbeitgeber Verpflichtungsklage erhoben werden. Zu beachten ist jedoch, dass **Widerspruch und Anfechtungsklage keine aufschiebende Wirkung haben**. Im Falle der Zustimmung des Integrationsamtes muss der Arbeitgeber also innerhalb eines Monats die Kündigung erklären. Ein **Antrag** des Betroffenen **auf Herstellung der aufschiebenden Wirkung** nach § 80 Abs. 3 und 5 VwGO kann nach herrschender Meinung nicht erfolgreich gestellt werden, weil ein solches Vorgehen dem Arbeitnehmer im Verhältnis zum Arbeitgeber keinen rechtlichen Vorteil (demnach kein Rechtsschutzbedürfnis gegeben) verschaffe[21]. Die Herstellung der aufschiebenden Wirkung betreffe nämlich nur die Frage der Vollziehbarkeit des Bescheides, also den öffentlich-rechtlichen Teil. Weil der Verwaltungsakt jedoch wirksam sei und bleibe, könne der Arbeitgeber privat- bzw. arbeitsrechtlich ohne Weiteres dennoch kündigen[22].

In der Praxis laufen beide Verfahren, das arbeitsgerichtliche und das verwaltungsgerichtliche, parallel ab. Das Arbeitsgericht hat sich dabei mit der zivilrechtlichen Wirksamkeit der Kündigung zu befassen, das Verwaltungsgericht mit der Rechtmäßigkeit der Zustimmung des Integrationsamtes zur Kündigung, deren Fehlen einen Nichtigkeitsgrund nach § 134 BGB darstellt[23]. **Unterlässt der Gekündigte die Kündigungsschutzklage beim Arbeitsgericht**, so **fehlt** wiederum der verwaltungsgerichtli-

20 BVerwG, Urteil vom 19.10.1995 – 5 C 24/93; ErfK/Rolfs, 24. Aufl. 2024, SGB IX § 172 Rn. 1

21 OVG Bautzen vom 24.11.2022 – 3 B 266/22; a. A. VGH München, Beschluss vom 01.02.2023 – 12 CS 23.8

22 VGH Baden-Württemberg Beschluss vom 10.01.2012 – 12 S 3214/11

23 OVG Weimar, Beschluss vom 14.02.2024 – 4 ZKO 660/23

chen Anfechtungsklage das **Rechtsschutzinteresse**. Denn das Ziel des verwaltungsgerichtlichen Verfahrens ist es, die Rechtswirksamkeit der Kündigung durch Aufhebung der zustimmenden Verwaltungsentscheidungen zu beseitigen. Dieses Ziel kann bei unterlassener Klageerhebung wegen der Wirksamkeitsfiktion des § 7 KSchG nicht erreicht werden. Die Nichteinhaltung der Klagefrist macht die Kündigungsschutzklage dann unbegründet. Wurde sowohl der arbeitsgerichtliche als auch der verwaltungsgerichtliche Weg beschritten und hängt der Ausgang des arbeitsgerichtlichen Verfahrens allein noch vom Ausgang des verwaltungsgerichtlichen Verfahrens ab, ist das arbeitsgerichtlichen Verfahren nach § 148 ZPO auszusetzen[24].

Der Rechtsweg zu den Sozialgerichten ist, auch wenn der besondere Kündigungsschutz im SGB IX geregelt ist, jedenfalls nicht eröffnet.

24 BeckOK SozR/*Gutzeit*, 73. Ed. 01.06.2024, SGB IX § 168 Rn. 35

F. Soziale Pflegeversicherung (SGB XI)

Wird ein Angehöriger oder eine nahestehende Person pflegebedürftig, so stellen sich regelmäßig innerhalb kurzer Zeit Fragen der Organisation der Pflege, möglicherweise wird auch die Entscheidung getroffen, die pflegebedürftige Person selbst zu pflegen. In beiden Fällen stellen sich darüber hinaus, steht die mit der Organisation oder Pflege betraute Person selbst in einem Beschäftigungsverhältnis, neben arbeitsrechtlichen Fragestellungen regelmäßig auch **Fragen der sozialen Absicherung**. Beide Rechtsgebiete sind in diesen Fällen untrennbar miteinander verzahnt.

In der Praxis zeigt sich, dass selbst die arbeitsrechtlichen Regelungen, beispielsweise der Anspruch auf Freistellung bei kurzzeitiger Arbeitsverhinderung, häufig nicht bekannt sind; nicht selten wird Urlaub beantragt und genommen. Dies ist selbstverständlich ein zweckdienliches Vorgehen, es verkennt aber die sowohl arbeitsrechtlich als auch sozialversicherungsrechtlich bestehenden Möglichkeiten, die im Ergebnis dazu führen, dass etwaiger Urlaub nicht genommen werden muss und später für Erholungszwecke eingesetzt werden kann. Wurde die erste Pflege organisiert, schließt sich hieran bei dem Wunsch nach Pflege durch den im Beschäftigungsverhältnis stehenden Angehörigen die Frage nach finanzieller und sozialer Absicherung unweigerlich an. Welche Möglichkeiten bestehen, hängt, überschlägig gesprochen, vor allem von der **Größe des Arbeitgebers** ab, aber auch von der **Dauer der beabsichtigten Pflege**.

I. Freistellung bei kurzzeitiger Arbeitsverhinderung

Zunächst haben Beschäftigte nach § 2 Abs. 1 Pflegezeitgesetz das Recht, bis zu 10 Arbeitstage der Arbeit fern zu bleiben, wenn dies erforderlich ist, um für einen pflegebedürftigen nahen Angehörigen in einer **akut aufgetretenen Pflegesituation** eine bedarfsgerechte Pflege zu organisieren oder eine pflegerische Versorgung in dieser Zeit sicherzustellen. Eine solche Situation tritt beispielsweise dann ein, wenn Pflegebedarf wegen einer plötzlichen, drastischen Verschlechterung des Gesundheitszustandes eintritt, aber auch dann, wenn ein pflegebedürftiger naher Angehöriger kurzfristig aus dem Krankenhaus entlassen wird und eine Anschlussversorgung sicherzustellen ist. Inhaltlich geht es dabei nicht um die Übernahme der Pflege selbst, sondern darum, eine nun erforderliche Pflege organisieren zu können. Sinn und Zweck der Regelung ist offenkundig; der betroffene Beschäftigte soll sicher sein können, wegen des kurzzeitigen Fernbleibens von der Arbeit keine Sanktionen fürchten zu müssen.

Einzige **Verpflichtung** des Beschäftigten ist, dem Arbeitgeber die **Verhinderung** an der Erbringung der Arbeitsleistung **und deren voraussichtliche Dauer unverzüglich mitzuteilen**, § 2 Abs. 2 S. 1 Pflegezeitgesetz, und dem Arbeitgeber auf Verlangen eine ärztliche Bescheinigung über die Pflegebedürftigkeit des nahen Angehörigen und die Erforderlichkeit der in § 2 Abs. 1 Pflegezeitgesetz genannten Maßnahmen vorzulegen. Diese Anzeige- und Nachweispflicht stellt allerdings keine eigenständige, positive Voraussetzung für das **Leistungsverweigerungsrecht** dar, stattdessen handelt es sich nur um eine Nebenpflicht des Beschäftigten, deren Verletzung eigene Folgen nach sich ziehen kann, nicht jedoch den Wegfall des Fernbleibens[1]. Möglich sind allerdings wegen der Verletzung der Nebenpflicht sowohl eine Abmahnung als auch ggf. eine verhaltensbedingte Kündigung. Wenn § 5 Abs. 1 S. 1 Pflegezeitgesetz normiert, dass der Arbeitgeber das Beschäftigungsverhältnis von der Ankündigung, höchstens jedoch 12 Wochen vor dem angekündigten Beginn, bis zur Beendigung der kurzzeitigen Arbeitsverhinderung nach § 2 PflegeZG nicht kündigen darf, so ist darauf hinzuweisen, dass dieser **Kündigungsschutz** erst ab Zugang der Anzeige der kurzzeitigen Verhinderung, nicht jedoch bereits zuvor greift[2].

Während der Dauer der kurzzeitigen Arbeitsverhinderung ist der Arbeitgeber zur **Fortzahlung der Vergütung** nur verpflichtet, soweit sich eine solche Verpflichtung aus anderen gesetzlichen Vorschriften oder aufgrund einer Vereinbarung ergibt, § 2 Abs. 3 S. 1 PflegeZG. Ein Anspruch auf Fortzahlung des Arbeitsentgelts kann sich in erster Linie aus § 616 S. 1 BGB ergeben. Hiernach wird der zur Dienstleistung Verpflichtete des Anspruchs auf die Vergütung nicht dadurch verlustig, dass er für eine verhältnismäßig nicht erhebliche Zeit durch einen in seiner Person liegenden Grund ohne sein Verschulden an der Dienstleistung gehindert ist. § 616 BGB ist allerdings häufig durch Arbeitsvertrag abbedungen. Ist dies nicht der Fall, stellt sich jedoch die Frage, ob § 616 BGB in zeitlicher Hinsicht tatsächlich die Gesamtdauer der kurzzeitigen Arbeitsverhinderung nach § 2 PflegeZG erfasst und ob § 616 BGB auch die Erkrankung und Pflege von Angehörigen umfasst.

Was eine **verhältnismäßig nicht erhebliche Zeit** im Sinne des §§ 616 BGB ist, ist durchaus umstritten und reicht von wenigen Tagen bis hin zu zweieinhalb Wochen. Die Rechtsprechung orientiert sich dabei ganz überwie-

1 BeckOK ArbR/*Joussen*, 72. Ed. 01.06.2024, PflegeZG § 2 Rn. 11
2 BeckOK ArbR/*Joussen*, 72. Ed. 01.06.2024, PflegeZG § 2 Rn. 14

gend am Verhältnis der Dauer des Arbeitsverhältnisses zur Dauer der Verhinderungszeit[3]. Jedenfalls werden wegen des unbestimmten Rechtsbegriffs selbst bei Anwendbarkeit des § 616 BGB Unsicherheiten im Hinblick auf die Fortzahlung des Arbeitsentgelts bestehen. Partiell ist die Verpflichtung zur Fortzahlung des Arbeitsentgelts im Falle der Pflege naher Angehöriger auch in Tarifverträgen geregelt. Regelmäßig wird eine Verpflichtung zur Fortzahlung des Arbeitsentgelts hier aber auch nur für wenige Tage vorgesehen.

Das weitere bereits angedeutete Problem im Verhältnis von § 616 BGB und § 2 PflegeZG betrifft die Frage, ob § 616 BGB auch die Pflege von Angehörigen umfasst und wenn ja, ob der **Angehörigenbegriff** bei beiden Normen derselbe ist. Grundsätzlich ist anerkannt, dass auch die Pflege von engen Familienangehörigen von § 616 BGB umfasst ist[4]. Hierzu gehören üblicherweise der Ehepartner, der (eingetragene) Lebenspartner, Kinder, Eltern und Geschwister. Im Rahmen von § 616 BGB wird dabei jedoch regelmäßig auf eine besondere Nähebeziehung abgestellt[5]. Der Begriff des Angehörigen im Sinne des § 2 PflegeZG ist demgegenüber in § 7 PflegeZG legal definiert. Hiernach sind Angehörige Großeltern, Eltern, Schwiegereltern, Stiefeltern, Ehegatten, Lebenspartner, Partner einer eheähnlichen oder lebenspartnerschaftsähnlichen Gemeinschaft, Geschwister, Ehegatten der Geschwister und Geschwister der Ehegatten, Lebenspartner der Geschwister und Geschwister der Lebenspartner, Kinder, Adoptiv- oder Pflegekinder, die Kinder, Adoptiv- oder Pflegekinder des Ehegatten oder Lebenspartners, Schwiegerkinder und Enkelkinder; die Aufzählung ist abschließend[6]. Ein darüber hinausgehendes, besonderes Näheverhältnis ist nicht erforderlich.

Kommt man zu dem Ergebnis, dass ein Anspruch auf Entgeltfortzahlung durch den Arbeitgeber nicht besteht, steht der betroffene Beschäftigte während der kurzzeitigen Arbeitsverhinderung nach § 2 PflegeZG monetär jedoch nicht schutzlos da. Nach § 44a Abs. 3 S. 1 SGB XI besteht ein Anspruch auf einen Ausgleich für entgangenes Arbeitsentgelt (**Pflegeunterstützungsgeld**) für bis zu 10 Arbeitstage je Kalenderjahr. Vorrangig sind jedoch neben der Entgeltfortzahlung durch den Arbeitgeber auch Kranken- oder Verletztengeld bei Erkrankung oder Unfall eines Kindes nach dem SGB V. Der **Höhe**

3 Hierzu bereits BAG, Beschluss vom 18.12.1959 - GS 8/58; BeckOK ArbR/*Joussen*, 72. Ed. 01.06.2024, BGB § 616 Rn. 46 m. w. N.

4 BAG, Urteil vom 20.06.1979 – 5 AZR 479/77 zur Entgeltfortzahlung bei Pflege des erkrankten Kindes

5 BeckOK ArbR/*Joussen*, 72. Ed. 01.06.2024, BGB § 616 Rn. 29ff.

6 BeckOK ArbR/*Joussen*, 72. Ed. 01.06.2024, PflegeZG § 7 Rn. 13

nach ist das Pflegeunterstützungsgeld dem Anspruch von Eltern angeglichen, die ihr erkranktes Kind betreuen und nach § 45 SGB V hierfür Krankengeld erhalten. Das Pflegeunterstützungsgeld beträgt demnach i. d. R. 90 % des tatsächlich ausgefallenen, beitragspflichtigen Nettoarbeitsentgelts. Zu beachten ist, dass das Pflegeunterstützungsgeld nur auf **Antrag** gewährt wird, wobei der Antrag unverzüglich bei der Pflegekasse des Pflegebedürftigen zu stellen ist, § 44a Abs. 3 S. 3 SGB XI.

Während einer kurzzeitigen Arbeitsbefreiung bleiben Arbeitnehmer **kranken-, pflege-, renten- und arbeitslosenversichert**, auch wenn das Arbeitsentgelt nicht weitergezahlt wird. Wird bei kurzzeitiger Arbeitsverhinderung Pflegeunterstützungsgeld bezogen, werden aus diesem Pflegeunterstützungsgeld Beiträge zur gesetzlichen Krankenversicherung von den Pflegekassen entrichtet, im Hinblick auf die Parität der Beitragszahlung ergeben sich hier keine Besonderheiten. Besteht eine private Krankenversicherung, so erhalten die Bezieher von Pflegeunterstützungsgeld auf Antrag auch Zuschüsse zur Kranken- und Pflegeversicherung nach § 44a Abs. 4 SGB XI.

Der Anspruch auf Freistellung bei kurzzeitiger Arbeitsverhinderung ist nicht von der Größe des Arbeitgebers abhängig. Besteht der Entschluss, die tatsächliche Pflege des nahen Angehörigen selbst, ggf. auch „nur“ anteilig zu übernehmen, wird die Größe des Arbeitgebers relevant, ebenso die Frage nach der Dauer der beabsichtigten Pflege. Möglich ist bei Vorliegen der jeweiligen Voraussetzungen zum einen die Inanspruchnahme von Pflegezeit nach dem Pflegezeitgesetz als auch von Familienpflegezeit nach dem Familienpflegegesetz.

II. Pflegezeit nach dem Pflegezeitgesetz

Beschäftigte, die ihren pflegebedürftigen nahen Angehörigen pflegen wollen, haben nach § 3 PflegeZG die Möglichkeit der **Freistellung** von der Arbeitsleistung **für die Dauer von bis zu 6 Monaten**, § 4 Abs. 1 S. 1 PflegeZG. Die Norm umfasst sowohl die vollständige als auch die teilweise Freistellung. Der Anspruch besteht allerdings nicht gegenüber Arbeitgebern mit in der Regel 15 oder weniger Beschäftigten, § 3 Abs. 1 S. 2 PflegeZG. Wird die Mindestgröße des Arbeitgebers nicht erreicht, können Beschäftigte eine Pflegezeit dennoch nach § 3 Abs. 6a PflegeZG beantragen; ein Anspruch auf tatsächliche Freistellung resultiert hieraus jedoch nicht.

Auf die Person des zu Pflegenden bezogenen setzt die Anwendbarkeit der Norm voraus, dass bei diesem mindestens **Pflegegrad 1** festgestellt ist, was sich aus einem Verweis von § 7 Abs. 4 auf die §§ 14, 15 SGB XI ergibt.

Auch muss die Person bzw. müssen bei mehreren zu Pflegenden auch diese in häuslicher Umgebung gepflegt werden.

Die Pflegezeit nach § 3 PflegeZG muss dem Arbeitgeber gegenüber 10 Arbeitstage bevor sie in Anspruch genommen wird schriftlich angekündigt werden, wobei der Zeitraum als auch der Umfang der Freistellung von der Arbeitsleistung zu benennen ist, bei teilweiser Freistellung ebenso die gewünschte Verteilung der Arbeitszeit, § 3 S. 1 und 2 PflegeZG. Wenn nur teilweise Freistellung in Anspruch genommen wird, haben Arbeitgeber und Beschäftigte über die Verringerung und die Verteilung der Arbeitszeit eine schriftliche Vereinbarung zu treffen. Hierbei hat der Arbeitgeber den Wünschen der Beschäftigten zu entsprechen, es sei denn, dass dringende betriebliche Gründe entgegenstehen, § 3 Abs. 4 PflegeZG.

Für einen kürzeren Zeitraum als 6 Monate vereinbarte Pflegezeit kann bis zur Höchstdauer von ebenjenen 6 Monaten verlängert werden, wenn der Arbeitgeber zustimmt, § 4 Abs. 1 S. 2 PflegeZG. Verstirbt der pflegebedürftige nahe Angehörige, endet die Pflegezeit vorzeitig mit einer Frist von 4 Wochen nach Eintritt der veränderten Umstände, § 4 Abs. 2 S. 1 PflegeZG.

In finanzieller Hinsicht unterscheidet sich die Pflegezeit nach dem Pflegezeitgesetz von der Freistellung bei kurzzeitiger Arbeitsverhinderung erheblich. Ein Anspruch auf **Pflegeunterstützungsgeld**, also ein Anspruch auf einen Ausgleich entgangenen Arbeitsentgelts, besteht nicht. Häufig wird die Pflegezeit jedoch nur im Umfang einer teilweisen Freistellung erfolgen, sodass über die teilweise ausgeübte Beschäftigung regelmäßig noch ein verringertes Arbeitsentgelt bezogen werden wird.

In **sozialversicherungsrechtlicher Hinsicht** bestehen ebenso erhebliche Unterschiede zur kurzzeitigen Arbeitsverhinderung. Grundsätzlich gilt nach § 7 Abs. 3 SGB IV eine Beschäftigung gegen Arbeitsentgelt, die regelmäßig Aufhänger für die Versicherungspflicht ist, als fortbestehend, solange das Beschäftigungsverhältnis ohne Anspruch auf Arbeitsentgelt fortdauert, jedoch nicht länger als einen Monat. Im Falle der kurzzeitigen Arbeitsverhinderung ergeben sich demnach für die Sozialversicherungspflicht grundsätzlich keine Besonderheiten. § 7 Abs. 3 S. 1 SGB IV, der das Fortbestehen einer Beschäftigung gegen Arbeitsentgelt für die Dauer jedenfalls eines Monats fingiert, greift allerdings nicht für die Freistellung nach § 3 PflegeZG, wie sich aus § 7 Abs. 3 S. 4 SGB IV ergibt. Es ist daher eine eigenständige Differenzierung innerhalb der einzelnen Sozialversicherungsträger erforderlich.

In der **Arbeitslosenversicherung** besteht Versicherungspflicht nach Maßgabe des § 26 Abs. 2b SGB III für die in § 19 SGB XI genannten Pflegepersonen, die einen Pflegebedürftigen mit mindestens Pflegegrad 2 pflegen. Die Beiträge werden von der Pflegekasse entrichtet.

Vorgenannte Pflegepersonen, also solche, die einen Pflegebedürftigen mit mindestens Pflegegrad 2 pflegen und den Angehörigenbegriff des § 19 SGB XI erfüllen, sind auch nach Maßgabe des § 44 Abs. 2a SGB XI in den Schutzbereich der gesetzlichen **Unfallversicherung** einbezogen.

Beschäftigte, die im Rahmen der Pflegezeit nach § 3 PflegeZG **vollständig** von der Verpflichtung zur Erbringung der Arbeitsleistung **freigestellt** sind **oder** deren Beschäftigung durch die Pflegezeit **geringfügig** im Sinne des § 8 Abs. 1 Nr. 1 SGB IV wird, erhalten **auf Antrag einen Zuschuss in Höhe des Mindestbeitrages zur Kranken- und Pflegeversicherung**, § 44a Abs. 1 S. 1 SGB XI. Voraussetzung ist, dass keine anderweitige Absicherung, insbesondere keine Familienversicherung nach § 10 SGB V, besteht.

Für Beschäftigte, die im Rahmen der Pflegezeit nicht mehr als 30 Stunden wöchentlich erwerbstätig sind und einen Pflegebedürftigen mit mindestens Pflegegrad 2 wenigstens 10 Stunden wöchentlich, verteilt auf regelmäßig mindestens 2 Tage in der Woche, pflegen (vgl. § 19 S. 2 SGB XI), entrichtet die Pflegekasse zudem Beiträge zur **gesetzlichen Rentenversicherung** nach § 44 Abs. 1 S. 1 SGB XI. Grund für diese Grenzziehung ist, dass der Gesetzgeber davon ausgeht, dass beim Überschreiten der Grenze von 30 Stunden Erwerbstätigkeit wöchentlich eine entsprechende Schutzbedürftigkeit nicht (mehr) gegeben ist. Gegebenenfalls ist zur Abklärung einer möglichst günstigen Ausgestaltung eine Beratung der Pflegekasse in Anspruch zu nehmen. Zur Finanzierung des Lebensunterhalts ist noch die Beantragung eines zinslosen Darlehens beim Bundesamt für Familie und zivilgesellschaftliche Aufgaben möglich. Hier verweist § 3 Abs. 7 PflegeZG auf die entsprechenden Bestimmungen des Familienpflegezeitgesetzes.

Der Pflegebedürftige selbst hat, liegt bei ihm mindestens der Pflegegrad 2 vor, Anspruch auf **Pflegegeld** nach § 37 SGB XI. Auch dieses wird regelmäßig zur Finanzierung des Lebensunterhalts des Pflegenden eingesetzt werden.

III. Familienpflegezeit nach dem Familienpflegezeitgesetz

Familienpflegezeit ermöglicht in Abgrenzung zur Pflegezeit eine **längere Freistellung**, nämlich eine Freistellung **mit einer Dauer von bis zu („höchstens") 24 Monaten**. Eine vollständige Freistellung ist während dieser Zeit jedoch nicht möglich, die Familienpflegezeit setzt eine Mindestarbeitszeit von 15 Stunden pro Woche voraus, § 2 Abs. 1 S. 1 und 2 FPfZG. Weitere wesentliche Unterscheidung ist, dass ein Anspruch nach dem FPfZG nur gegenüber **Arbeitgebern** besteht, **die in der Regel mehr als 25 Arbeitnehmer** ausschließlich der zu ihrer Berufsbildung Beschäftigten **beschäftigen** und dass der Anspruch mit einem längeren zeitlichen Vorlauf, nämlich spätestens 8 Wochen vor dem gewünschten Beginn, schriftlich unter Angabe von Zeitraum, Umfang und Verteilung der Gesamtdauer der Freistellung **anzukündigen** ist, § 2a Abs. 1 S. 1 und 2 FPfZG. Auch hier ist bei zunächst kürzerer Vereinbarung mit Zustimmung des Arbeitgebers eine Verlängerung bis zur maximalen Dauer von 24 Monaten zulässig.

Da im Rahmen der Familienpflegezeit stets erforderlich ist, dass noch ein **Beschäftigungsverhältnis mit einem Mindestumfang von 15 Stunden pro Woche besteht**, folgt die sozialversicherungsrechtliche Absicherung bzw. die Versicherungspflicht in der Arbeitslosen-, Kranken-, Pflege-, und Rentenversicherung grundsätzlich aus diesem Beschäftigungsverhältnis. Wie auch bei der Pflegezeit nach dem Pflegezeitgesetz leistet die Pflegekasse (ergänzende) Beiträge zur Rentenversicherung, wenn die Erwerbstätigkeit höchstens 30 Stunden pro Woche beträgt. Die Höhe der zusätzlichen Rentenbeiträge steigt dabei mit dem Pflegegrad.

Da beide Möglichkeiten der Arbeitsfreistellung zur Pflege naher Angehöriger Vor- und Nachteile haben und sich im Übrigen die Interessenlage während der Pflege des Angehörigen auch einmal ändert, wird häufig eine **Kombination von Pflegezeit und Familienpflegezeit** erfolgen.

Die Gesamtdauer von Pflegezeit und Familienpflegezeit darf insgesamt 24 Monate nicht überschreiten, § 2 Abs. 2 FPfZG. Nimmt der Arbeitnehmer **zuerst Pflegezeit und hiernach Familienpflegezeit** in Anspruch, muss sich die Familienpflegezeit unmittelbar an die Pflegezeit anschließen. Die Familienpflegezeit muss in diesem Fall möglichst frühzeitig, spätestens 3 Monate vor deren Beginn, angekündigt werden (§ 2a Abs. 1 S. 5 FPfZG).

Nimmt der Arbeitnehmer zur Pflege eines Angehörigen **Pflegezeit nach einer Familienpflegezeit** in Anspruch, so muss sich die Pflegezeit ebenfalls unmittelbar an die Familienpflegezeit anschließen. Die Pflegezeit ist in diesem Fall spätestens 8 Wochen vor Beginn – statt lediglich mit einer Frist von 10 Arbeitstagen – schriftlich anzukündigen, § 2a Abs. 1 S. 6 FPfZG.

G. Grundsicherung für Arbeitsuchende (SGB II)

Bei dem SGB II, das den Titel „Bürgergeld, Grundsicherung für Arbeitsuchende“ trägt, werden die meisten weniger an Schnittstellen im Sinne von tatsächlichen Schnittmengen zwischen Arbeits- und Sozialrecht denken, sondern hauptsächlich an ein **Folge- bzw. Auffangsystem** für Fälle, in denen ein Arbeitsverhältnis ohne Anspruch auf Leistungen nach dem SGB III endet. Tatsächlich ist das SGB II jedoch mehr als das. So greift es beispielsweise auch ein, wenn zuvor noch nie ein Arbeitsverhältnis begründet worden ist, aber die Anspruchsvoraussetzungen im Sinne des § 7 Abs. 1 S. 1 Nr. 1–4 SGB II vorliegen, insbesondere Erwerbsfähigkeit nach § 8 SGB II. Das SGB II beinhaltet auch zahlreiche Ansprüche über das reine Bürgergeld hinaus für all diejenigen, die keinen Anspruch oder keinen Anspruch mehr auf Arbeitslosengeld nach dem SGB III haben. In diesem Zusammenhang zu nennen sind insbesondere die **Leistungen zur Eingliederung in Arbeit** nach den §§ 16ff. SGB II. Auch Arbeitgeber können letztlich von diesen Eingliederungsleistungen profitieren, wenn sie Leistungsberechtigte nach dem SGB II, die allerdings regelmäßig noch weitere Voraussetzungen erfüllen müssen, sozialversicherungspflichtig beschäftigen.

I. Leistungen zur Eingliederung in Arbeit nach §§ 16ff. SGB II

Für Arbeitgeber von Bedeutung sind im Bereich des SGB II insbesondere die **Zuschüsse für die Eingliederung von Langzeitarbeitslosen nach § 16e SGB II** und die **Zuschüsse für zugewiesene erwerbsfähige Leistungsberechtigte nach § 16i SGB II.**

Beginnend mit § 16e SGB II können Arbeitgeber hiernach **für** die nicht nur geringfügige **Beschäftigung von erwerbsfähigen Leistungsberechtigten, die seit mindestens 2 Jahren arbeitslos sind**, einen Zuschuss erhalten. Dieser Zuschuss soll einen Anreiz für Arbeitgeber bieten, arbeitsmarktferne erwerbsfähige Leistungsberechtigte zu beschäftigen.

Wie sich die **Dauer der Arbeitslosigkeit** genau berechnet, bestimmt § 16e Abs. 1 S. 2 SGB II durch den Verweis auf § 18 SGB III, der einen zusammenhängenden Zeitraum der Arbeitslosigkeit voraussetzt und Unterbrechungstatbestände benennt, die bei der Berechnung der Frist unberücksichtigt bleiben, darunter vor allem Zeiten einer Maßnahme der aktiven Arbeitsförderung oder zur Eingliederung in Arbeit nach dem SGB II. Weitere Leistungsvoraussetzung ist das Fortbestehen der Arbeitslosigkeit trotz vermittlerischer Unterstützung nach § 16 Abs. 1 S. 1 SGB II unter Einbeziehung der übrigen Eingliederungsleistungen nach dem SGB II. Nur dann also, wenn eine Eingliederung mit den herkömmlichen Instrumenten des SGB II nicht möglich ist, soll eine Beschäftigungsförderung nach § 16e SGB II in Betracht kommen[1].

Der Zuschuss ist vom Arbeitgeber **vor Beginn des** zu fördernden **Arbeitsverhältnisses zu beantragen**, § 37 Abs. 1 S. 1, Abs. 2 S. 1 SGB II. Bei der Ausgestaltung des zu fördernden Arbeitsverhältnisses sind die Arbeitsvertragsparteien im Rahmen der gesetzlichen Vorschriften, wie z.B. der Zahlung des Mindestlohns (die Ausnahmebestimmung des § 22 Abs. 4 S. 1 MiLoG findet für die ersten 6 Monate der Beschäftigung im Anschluss an die Langzeitarbeitslosigkeit nach § 16e Abs. 2 S. 4 SGB II keine Anwendung), grundsätzlich frei, wobei § 16e SGB II jedenfalls bestimmt, dass es sich um eine **nicht nur geringfügige Beschäftigung mit einer Dauer von mindestens 2 Jahren** handeln muss. Eine Befristung in diesem Mindestumfang ist daher grundsätzlich möglich. Sie wird auch häufig deshalb bereits erfolgen, weil die Förderdauer nach § 16e Abs. 2 S. 1 SGB II auf die ersten beiden Jahre des Bestehens des Arbeitsverhältnisses beschränkt ist. Die Höhe der Förderung beträgt im ersten Jahr des Arbeitsverhältnisses 75 und im zweiten Jahr des Arbeitsverhältnisses 50 % des zu berücksichtigenden Arbeitsentgelts. Die über den Zuschuss hinausgehenden Lohnkosten sind vom Arbeitgeber zu tragen[2].

Das geförderte Arbeitsverhältnis unterliegt im Hinblick auf alle Sozialversicherungszweige **außer der Arbeitslosenversicherung** der **Sozialversicherungspflicht**. Da nach § 27 Abs. 3 Nr. 5 SGB III Versicherungsfreiheit in der Arbeitslosenversicherung herrscht, kann durch ein nach § 16e SGB II gefördertes Arbeitsverhältnis kein Anspruch auf Arbeitslosengeld nach dem SGB III begründet werden.

Neben den grundsätzlich erforderlichen Tatbestandsvoraussetzungen für die Bewilligung des Zuschusses nach § 16e SGB II verweist § 16e Abs. 3 SGB II auf § 92 SGB III, der Regelungen zum **Förderungsausschluss** und zur **Rückzahlung** (des Zuschusses) enthält. Nach § 92 Abs. 1 Nr. 1 SGB III scheidet eine Förderung aus, wenn zu vermuten ist, dass der Arbeitgeber die Beendigung eines anderen Beschäftigungsverhältnisses veranlasst hat, um einen Beschäftigungszuschuss zu erhalten, wobei tatsächlich die reine Vermutung dessen für den Förderungsausschluss ausreichend ist. Erfasst von der Vermutungsregelung werden sowohl Kündigungen durch

1 *Harks* in: Schlegel/Voelzke, jurisPK-SGB II, 5. Aufl. Stand: 30.01.2024, § 16e Rn. 32 mit Verweis auf BT-Drs. 16/5715, S. 7

2 BR-Drs. 313/11, Seite 239

den Arbeitgeber, als auch arbeitgeberindizierte Kündigungen des Arbeitnehmers sowie einvernehmliche Beendigungstatbestände[3]. Weiter scheidet eine Förderung aus, wenn zu vermuten ist, dass der Arbeitgeber eine bisher für das Beschäftigungsverhältnis erhaltene Förderung ohne besonderen Grund nicht mehr in Anspruch nimmt. Mit dieser Regelung soll verhindert werden, dass ein Arbeitgeber eine bereits genutzte Förderungsmöglichkeit aufgibt, um den attraktiver erscheinenden Beschäftigungszuschuss zu erhalten[4].

Wird das Arbeitsverhältnis während des Förderzeitraums beendet, bestimmt § 16e Abs. 3 S. 2 SGB II, dass die in § 92 Abs. 2 SGB III normierte **Rückzahlungsregelung** mit der Maßgabe anzuwenden ist, dass der für die letzten 6 Monate bewilligte Förderbetrag zurückzuzahlen ist. Im Klartext bedeutet dies, dass die **Hälfte des geleisteten Förderbetrags** zurückzuzahlen ist, jedoch **nicht mehr als der für die letzten 6 Monate der Beschäftigung bewilligte Betrag**. Eine Rückzahlung scheidet (nur) dann aus, wenn einer der in § 92 Abs. 2 S. 2 SGB III genannten Gründe vorliegt, also unter anderem dann, wenn der Arbeitgeber berechtigt war, das Arbeitsverhältnis personen- oder verhaltensbedingt zu kündigen, eine Kündigung aus dringenden betrieblichen Erfordernissen, die einer Weiterbeschäftigung im Betrieb entgegenstehen, berechtigt war, das Arbeitsverhältnis auf das Bestreben des Arbeitnehmers hin beendet wird, ohne dass der Arbeitgeber den Grund hierfür zu vertreten hat oder der Arbeitnehmer das Mindestalter für den Bezug der gesetzlichen Altersrente erreicht hat. Prozessual ist zu beachten, dass § 16e Abs. 3 S. 2 SGB II i. V. m. den in Bezug genommenen Bestimmungen die Rückzahlung bei Beendigung des Arbeitsverhältnisses im laufenden Förderzeitraum als lex specialis abschließend regelt. Die §§ 45 ff. SGB X sind damit unanwendbar, sodass sich der Arbeitgeber demzufolge vor allem nicht auf Vertrauensschutz berufen kann[5].

Mit **§ 16i SGB II** hat der Gesetzgeber zum 01.01.2019 mit dem Teilhabechancengesetz noch einen weiteren Beschäftigungszuschuss neben § 16e SGB II geschaffen. Auch dieser Zuschuss setzt zunächst die Begründung eines sozialversicherungspflichtigen Arbeitsverhältnisses voraus. Die zunächst nur befristet geschaffene Möglichkeit wurde mit der Einführung des Bürgergeld-Gesetzes zum 01.01.2023 entfristet[6], sie kann nun also

3 *Bittner/Pfeffer* in: Henssler/Willemen/Kalb, Arbeitsrecht Kommentar, 11. Aufl. 2024, § 16e SGB II, Rn. 16

4 BT-Drs. 16/5715, S. 9

5 *Bittner/Pfeffer* in: Henssler/Willemen/Kalb, Arbeitsrecht Kommentar, 11. Aufl. 2024, § 16e SGB II Rn. 17

6 Durch Art. 1 Nr. 49 des Bürgergeld-Gesetzes, vgl. BGBl. I 2022, Seite 2328

zeitlich unbeschränkt in Anspruch genommen werden. Ein wesentlicher Unterschied zu § 16e SGB II besteht darin, dass die maximale **Förderdauer nach § 16i SGB II ganze 5 Jahre beträgt.** Bereits hieran zeigt sich, dass sich das Förderinstrument des § 16i SGB II an einen noch arbeitsmarktferneren Personenkreis richtet.

Förderungsfähige Personen sind solche, die das 25. Lebensjahr vollendet haben, für insgesamt 6 Jahre innerhalb der letzten 7 Jahre Leistungen nach dem SGB II erhalten haben und in dieser Zeit nicht oder nur kurzzeitig sozialversicherungspflichtig oder geringfügig beschäftigt oder selbstständig tätig gewesen sind. Zusätzlich dürfen für sie noch keine Zuschüsse nach § 16i SGB II für eine Dauer von 5 Jahren erbracht worden sein, § 16i Abs. 3 S. 1 Nr. 14 SGB II. Was unter einer nur kurzzeitigen Erwerbstätigkeit zu verstehen ist, regelt das Gesetz selbst nicht. Bis zu welcher Grenze eine Erwerbstätigkeit daher noch als „kurzzeitig" angesehen werden kann, ist unter Berücksichtigung des Ziels zu bewerten, das Instrument auf eine sehr arbeitsmarktferne Zielgruppe zu beschränken; ein Monat ist jedenfalls noch kurzzeitig[7].

Damit ein Arbeitsverhältnis förderungsfähig ist, muss es ebenso wie bei § 16e SGB II sozialversicherungspflichtig sein, also dem Arbeitnehmer ein Arbeitseinkommen oberhalb der Minijobgrenze des § 8 SGB SGB IV sichern. Für die Dauer der Förderung, also maximal für 5 Jahre, kann das Arbeitsverhältnis befristet werden, § 16i Abs. 8 S. 1 SGB II. Bis zu der **Gesamtdauer von 5 Jahren ist auch die höchstens einmalige Verlängerung des Arbeitsvertrages zulässig**, § 16i Abs. 8 S. 2 SGB II. Inhaltlich ist Mindestlohn und ggf., soweit Tarifgebundenheit vorliegt, Tariflohn geschuldet. Auch im Rahmen des § 16i SGB II ist der Mindestlohn dabei von Beginn des Arbeitsverhältnisses an zu zahlen, hier ist die Ausnahmebestimmung des § 22 Abs. 4 S. 1 MiLoG nicht anwendbar, vgl. § 16i Abs. 2 S. 5 SGB II.

Ein großer Unterschied zu § 16e SGB II besteht darin, dass Arbeitgeber nur für solche Arbeitnehmer einen Zuschuss erhalten können, die ihnen vom Jobcenter zugewiesen worden sind. Diese **Zuweisung** ist Fördervoraussetzung, begründet aber selbst kein Arbeitsverhältnis, es besteht also **kein Kontrahierungszwang**[8]. Auch hier wird der Zuschuss nur auf **Antrag** des Arbeitgebers gewährt, § 37 Abs. 1 und Abs. 2 S. 1 SGB II. Die daraufhin erteilte Zuweisung erfolgt durch begünstigenden Verwaltungsakt gegenüber dem Arbeitgeber mit zugleich begünstigender oder belastender

7 *Bittner/Pfeffer* in: Henssler/Willemen/Kalb, Arbeitsrecht Kommentar, 11. Aufl. 2024, § 16i SGB II Rn. 5

8 *Bittner/Pfeffer* in: Henssler/Willemen/Kalb, Arbeitsrecht Kommentar, 11. Aufl. 2024, § 16i SGB II Rn. 11

Drittwirkung gegenüber der im Leistungsbezug stehenden Person, da eine Ablehnung oder der Abbruch einer zugewiesenen zumutbaren Arbeit eine Minderung nach §§ 31 Abs. 1 S. 1 Nr. 2, 31a SGB II zur Folge haben kann[9].

Die Höhe der Förderung unterscheidet sich nicht zuletzt wegen der sehr arbeitsmarktfernen, zugewiesenen Personen ebenso von § 16e SGB II. Der Zuschuss beträgt in den ersten beiden Jahren des Arbeitsverhältnisses 100 %, im 3. Jahr 90 %, im 4. Jahr 80 % und im 5. Jahr 70 % der Höhe des Mindestlohns, zuzüglich des pauschalierten Anteils des Arbeitgebers am Gesamtsozialversicherungsbeitrag, abzüglich des Beitrags zur Arbeitsförderung, § 16i Abs. 2 S. 1 und 3 SGB II. Ist der Arbeitgeber durch oder aufgrund eines Tarifvertrages oder nach kirchlichen Arbeitsrechtsregelungen zur Zahlung eines höheren Arbeitsentgelts verpflichtet, ist dieses maßgeblich, § 16i Abs. 2 S. 2 SGB II.

Die **Ausschlusstatbestände**, bei deren Vorliegen eine Förderung nach § 16i SGB II ausscheidet, entsprechen denjenigen des § 16e SGB II (s. S. 128). Wegen der Zuweisung durch den SGB II-Träger gibt es im **Rahmen der Beendigung der Förderung** jedoch einige Besonderheiten zu beachten. Liegen die Fördervoraussetzungen des § 16i Abs. 1 SGB II nicht mehr vor, so ist die Bewilligung des Zuschusses nach §§ 45, 48 SGB X aufzuheben, der Arbeitnehmer ist umgehend abzuberufen. Die Agentur für Arbeit soll den Arbeitnehmer unter anderem dann umgehend abberufen, wenn sie diesen Personen eine zumutbare Arbeit oder Ausbildung vermitteln kann, § 16i Abs. 6 S. 1 Alt. 1 SGB II, was darin begründet liegt, dass ein ungefördertes Arbeitsverhältnis grundsätzlich Vorrang hat. Die Abberufung ist die formale Aufhebung der Zuweisung und sowohl dem Arbeitnehmer als auch dem Arbeitgeber bekannt zu geben; sie kann von beiden mit Widerspruch und Anfechtungsklage angegriffen werden. Die Abberufung eröffnet sowohl Arbeitgeber als auch Arbeitnehmer die Möglichkeit zu Kündigung aus wichtigem Grund, § 16i Abs. 6 S. 2 und 3 SGB II. Die Ausschlussfrist des § 626 Abs. 2 BGB gilt in diesen Fällen nicht, das Kündigungsrecht kann jedoch nach den allgemeinen Regelungen verwirkt sein, wenn von ihm längere Zeit kein Gebrauch gemacht worden ist[10].

Im Übrigen gelten für die Beendigung des Arbeitsverhältnisses die allgemeinen arbeitsrechtlichen Regelungen, wie beispielsweise bei Vorliegen der entsprechenden Voraussetzungen die Anforderungen des Kündigungsschutzgesetzes.

9 *Bittner/Pfeffer* in: Henssler/Willemen/Kalb, Arbeitsrecht Kommentar, 11. Aufl. 2024, § 16i SGB II Rn. 11

10 *Bittner/Pfeffer* in: Henssler/Willemen/Kalb, Arbeitsrecht Kommentar, 11. Aufl. 2024, § 16i SGB II Rn. 30

II. Ersatzansprüche bei sozialwidrigem Verhalten, § 34 SGB II

Eine nicht Jedermann geläufige Schnittstelle zwischen Arbeits- und Sozialrecht betrifft die Möglichkeit der Jobcenter, Leistungen nach § 34 SGB II bei sozialwidrigem (Vor-)Verhalten ersetzt zu verlangen. Insbesondere am Übergang zwischen Beendigung eines Arbeitsverhältnisses ohne Anspruch auf Arbeitslosengeld I und Bezug von Leistungen nach dem SGB II kommt der Ersatzanspruch zum Tragen.

§ 34 Abs. 1 S. 1 SGB II besagt, dass derjenige, der nach Vollendung des 18. Lebensjahres vorsätzlich oder grob fahrlässig die **Voraussetzungen für die Gewährung von Leistungen** nach dem SGB II an sich oder an Personen, die mit ihr oder ihm in einer Bedarfsgemeinschaft leben, ohne wichtigen Grund **herbeigeführt** hat, zum Ersatz der deswegen erbrachten Geld- und Sachleistungen verpflichtet ist. Als Herbeiführung im Sinne des S. 1 gilt dabei auch, wenn die Hilfebedürftigkeit **erhöht, aufrechterhalten oder nicht verringert** wurde, § 34 Abs. 1 S. 2 SGB II.

Erforderlich ist demnach zunächst ein **Verhalten** in Form eines aktiven Tuns (z. B. Arbeitsaufgabe) oder Unterlassens (z. B. Nichtannahme eines zumutbaren Arbeitsangebots), das **ursächlich für den Leistungsbezug** oder die Erhöhung der Hilfebedürftigkeit ist. Ursächlichkeit liegt vor, wenn der Eintritt der Hilfebedürftigkeit als die wahrscheinliche Folge des an den Tag gelegten Verhaltens anzusehen ist[11].

Weiteres Tatbestandsmerkmal ist die sich lediglich in der Überschrift wiederfindende **Sozialwidrigkeit** des Verhaltens. Mittels dieses ungeschriebenen Tatbestandsmerkmals soll sichergestellt werden, dass es zu einem Ausgleich zwischen der (auch bei schuldhafter Herbeiführung der Hilfebedürftigkeit[12]) grundgesetzlich geschützten Gewährung des Existenzminimums, Art. 1 Abs. 1 GG i. V. m. Art. 20 Abs. 1 GG, und den Interessen der Allgemeinheit/Solidargemeinschaft kommt[13]. Nach der Rspr. des BSG erfordert ein sozialwidriges Verhalten, dass die in § 31 SGB II zum Ausdruck kommenden Verhaltenserwartungen **deliktsähnlich** in besonders hohem Maß verletzt wurden und damit einen gesteigerten Verschuldensvorwurf begründen[14]. Das Erfordernis der Sozialwidrigkeit ist daher **eng auszulegen** und auf quasi-deliktisches Verhalten zu begrenzen. Ein Verhalten ist als sozialwidrig zu qualifizieren, wenn es in seiner **Hand-**

11 Grote-Seifert in: Schlegel/Voelzke, jurisPK-SGB II, 5. Aufl. Stand: 18.01.2022, § 34 Rn. 24

12 BSG, Urteil vom 02.11.2012 – B 4 AS 39/12 R

13 Uwe Klerks: Ausgewählte Fragen zum Ersatzanspruch wegen sozialwidrigen Verhaltens gem. § 34 SGB II, info also 2021, 3 ff.

14 BSG, Urteil vom 03.09.2020 – B 14 AS 43/19 R.

lungstendenz auf die Einschränkung bzw. den Wegfall der Erwerbsfähigkeit oder der Erwerbsmöglichkeit oder die Herbeiführung von Hilfebedürftigkeit bzw. der Leistungserbringung gerichtet war bzw. hiermit in „innerem Zusammenhang" stand oder bei dem ein spezifischer Bezug zu anderen nach den Wertungen des SGB II zu missbilligenden Verhaltensweisen bestand[15].

Das gilt nach der Rspr. auch dann, wenn ein **arbeitsvertragswidriges Verhalten** die Lösung eines Beschäftigungsverhältnisses begründet und das Verhalten die Voraussetzungen einer Sperrzeit bei Arbeitsaufgabe erfüllt[16]. Damit hat das BSG klargestellt, dass nicht jeder Verstoß gegen Pflichten aus dem Beschäftigungsverhältnis, der eine Kündigung des Arbeitsverhältnisses trägt, automatisch auch eine Haftung nach § 34 SGB II auslöst.

Kündigt ein Arbeitnehmer ein bestehendes Beschäftigungsverhältnis selbst, so knüpft die Rechtsprechung daran an, ob das Verhalten dem Grundsatz der Eigenverantwortung widerspricht[17].

Beispiel 1:

Hat ein Arbeitnehmer sein **Arbeitsverhältnis in der Probezeit gekündigt** und damit sehenden Auges den Verlust eines bedarfsdeckenden Einkommens und Arbeitslosigkeit herbeigeführt mit der Folge, dass Leistungen nach dem SGB II bewilligt werden, kann das Jobcenter Ersatz der deswegen erbrachten Leistungen nach § 34 SGB II verlangen. Die **Deliktsähnlichkeit** fordert dabei keine unerlaubte Handlung im Sinne von § 823 BGB, sondern es ist ausreichend, wenn der Betreffende im Sinne eines **objektiven Unwerturteils** in zu missbilligender Weise die Leistungsgewährung an sich selbst herbeigeführt bzw. seine Existenzgrundlage durch das maßgebliche Verhalten selbst unmittelbar beeinträchtigt hat[18].

Beispiel 2:

Kein sozialwidriges Verhalten liegt vor, wenn der Abschluss eines Aufhebungsvertrages damit begründet wird, dass die Ausübung einer Arbeit mit der (unbestrittenen) Pflegebedürftigkeit der Mutter nicht zu vereinbaren war. Insoweit greife § 10 Abs. 1 Nr. 4 SGB II, wonach einer erwerbsfähigen Person jede Arbeit zumutbar ist, es sei denn, dass die Ausübung der Arbeit mit der Pflege einer oder eines Angehörigen nicht vereinbar wäre und die Pflege nicht auf andere Weise sichergestellt werden kann. Hier kommt es aber wesentlich auf die Umstände des Einzelfalls an, also beispielsweise auch auf den pflegerischen Aufwand (LSG Niedersachsen Bremen, Urteil vom 12.12.2018 – L 13 AS 162/17).

15 BSG vom 16.04.2013 – B 14 AS 55/12 R
16 BSG, Urteil vom 03.09.2020 – B 14 AS 43/19 R
17 BSG, Urteil vom 29.08.2019 – B 14 AS 50/18 R
18 LSG Hamburg, Urteil vom 30.09.2019 – L 4 AS 95/17

Den Ersatzpflichtigen muss ein **Verschulden** an der Herbeiführung oder Vergrößerung der Hilfebedürftigkeit treffen. Im Verhältnis zu den Minderungstatbeständen des § 31 SGB II ist ein hierzu grundsätzlich **gesteigerter Verschuldensvorwurf** dergestalt erforderlich, dass die in den Tatbeständen des § 31 SGB II ausgedrückten Verhaltenserwartungen in besonders hohem Maß verletzt sind.[19] Gegenstand des Verschuldensvorwurfs sind neben der Sozialwidrigkeit des Handelns auch dessen Folgen (Eintritt der Hilfebedürftigkeit)[20].

Schließlich ist zur Anwendung des § 34 SGB II ein Handeln **ohne wichtigen Grund** erforderlich; dies ist in Anlehnung an den wichtigen Grund im Sinne des § 159 SGB III zu prüfen. Hiernach liegt ein wichtiger Grund vor, wenn unter Berücksichtigung aller Besonderheiten des Einzelfalls Umstände vorliegen, unter denen nach verständiger Abwägung der Interessen des Einzelnen mit den Interessen der Allgemeinheit den Interessen des Einzelnen der Vorrang einzuräumen ist[21].

Nach § 34 Abs. 1 S. 6 SGB II ist von der Geltendmachung eines Ersatzanspruches abzusehen, soweit sie eine **Härte** bedeuten würde. Die finanzielle Belastung durch den Ersatzanspruch allein begründet eine unbillige Härte selbst noch nicht. Erforderlich ist, dass mit der Ersatzpflicht eine vermutlich dauerhafte wirtschaftliche Schwäche einhergeht (angenommen z. B. bei einer Ratenzahlungsverpflichtung aufgrund der Ersatzpflicht über einen Zeitraum von über 15 Jahren[22]).

Liegen die Voraussetzungen einer Ersatzpflicht vor, erstreckt sie sich hinsichtlich des Umfanges auf alle erbrachten Geld- und Sachleistungen, inklusive der Beiträge zur Sozialversicherung, § 34 Abs. 1 S. 5 SGB II; die Geltendmachung erfolgt in der Regel zunächst durch Feststellung der Ersatzpflicht dem Grunde nach (**Grundlagenbescheid**[23]) und darauf aufbauend durch Leistungsbescheide[24]. Im Rahmen der rechtlichen Überprüfung der Folge-/Leistungsbescheide ist nur zu prüfen, ob die nach § 34 SGB II erforderliche Kausalität zwischen dem konkret geltend gemachten Ersatzanspruch und dem sozialwidrigen Verhalten vorlag und ob die Ersatzansprüche zutreffend beziffert sind[25]. Es ist aus diesem Grund immer

19 BSG, Urteil vom 29.08.2019 – B 14 AS 49/18 R

20 Uwe Klerks: Ausgewählte Fragen zum Ersatzanspruch wegen sozialwidrigen Verhaltens gem. § 34 SGB II, info also 2021, 3 ff. (6)

21 BSG, Urteil vom 17.10.2002 – B 7 AL 16/02 R

22 OVG Nordrhein-Westfalen, Urteil vom 22.05.2000 – 16 A 5805/96

23 Zur Zulässigkeit eines solchen Vorgehens: BSG, Urteil vom 29.08.2019 – B 14 AS 49/18 R; LSG Niedersachsen-Bremen, Urteil vom 12.03.2034 – L 7 AS 458/22

24 BSG, Urteil vom 29.08.2019 – B 14 AS 49/18 R

25 LSG Niedersachsen-Bremen, Urteil vom 12.03.2023 – L 7 AS 458/22

auch der Grundlagenbescheid anzugreifen, da dieser sonst wegen der eintretenden Bestandskraft inhaltlich bindend wird[26]. Liegt weiterhin ein Leistungsbezug nach dem SGB II vor, kann mit den laufenden Leistungen i. H. v. 30 % des maßgebenden Regelbedarfs aufgerechnet werden, § 43 Abs. 1 Nr. 3 und Abs. 2 SGB II.

26 LSG Niedersachsen-Bremen, Urteil vom 12.03.2034 – L 7 AS 458/22

H. Vorschüsse und vorläufige Leistungen

Oft nimmt die Entscheidung über das Bestehen von Leistungsansprüchen oder über deren Umfang längere Zeit in Anspruch, auch kann es vorkommen, dass Streit zwischen mehreren Leistungsträgern besteht, wer für eine Leistung zuständig ist. Grundsätzlich bietet das SGB I in diesen Fällen zur Vermeidung von Nachteilen für die Leistungsberechtigten die Möglichkeit der vorläufigen Leistung und der Erbringung von Vorschüssen. Zu beachten ist allerdings, dass es für die einzelnen Zweige der Sozialversicherung und im Sozialrecht als Ganzes vorrangige **spezialgesetzliche Regelungen** geben kann, die eine vorläufige Leistungsbewilligung ermöglichen, beispielsweise im SGB II die Norm des § 41a SGB II oder im SGB III die Norm des § 328 SGB III für die vorläufige Bewilligung von Geldleistungen. Neben der reinen Möglichkeit der vorläufigen Leistungsbewilligung gibt es darüber hinaus auch Leistungen, die zunächst z.B. für eine gewisse Dauer als vorläufige Leistung erbracht werden „sollen", z.B. im Recht der gesetzlichen Unfallversicherung Renten als vorläufige Entschädigung nach § 62 SGB VII.

Exemplarisch sei § 328 SGB III herausgegriffen; demnach ist zu beachten, dass in der Regel lediglich die Leistungsbewilligung vorläufig erfolgen kann oder zu erfolgen hat, nicht aber die Leistungsablehnung.

> **Beispiel:**
>
> Gelegentlich findet man in Bewilligungsbescheiden der Agenturen für Arbeit den Hinweis, dass über einen gewissen Anspruchszeitraum auf Arbeitslosengeld noch nicht entschieden worden ist (z. B. Zeitraum einer potenziellen Sperrzeit) und der Anspruch für diesen Zeitraum vorläufig „auf 0,00 €" festgesetzt werde. Eine solche vorläufige Leistungsfestsetzung auf 0,00 € ist jedoch nicht mit der Regelung des § 328 SGB III vereinbar, wie sich bereits aus dem Wortlaut der Norm ergibt, die nur eine vorläufige „Erbringung" von Geldleistungen vorsieht (vgl. LSG Baden-Württemberg, Urteil vom 28.05.2010 – L 12 AL 4265/09).

Im Einzelfall kann die Abgrenzung zwischen den Anwendungsbereichen der §§ 42 und 43 SGB I und potenziell speziellerer Regelungen schwierig sein[1]. Gibt es einschlägige spezialgesetzliche Regelungen nicht, so ist auf die §§ 42, 43 SGB I abzustellen, auf die sich zur besseren Übersichtlichkeit zunächst beschränkt werden soll.

1 Hierzu übersichtlich: *Hengelhaupt* in: Hauck/Noftz SGB III, 5. Ergänzungslieferung 2024, § 328 SGB III Rn. 38ff.

Besteht ein **Anspruch auf Geldleistungen dem Grunde nach** und ist zur Feststellung seiner Höhe voraussichtlich längere Zeit erforderlich, kann der zuständige Leistungsträger Vorschüsse zahlen, deren Höhe er nach pflichtgemäßem Ermessen bestimmt; er hat solche Vorschüsse zu zahlen, wenn der Berechtigte es beantragt, § 42 Abs. 1 BGB I. Was unter einer „**voraussichtlich längeren Zeit**" zu verstehen ist, bestimmt sich dabei nach den Umständen des Einzelfalles unter Berücksichtigung der Dringlichkeit der beantragten Leistung, die bei existenzsichernden Leistungen demnach schneller vorliegen wird, als bei ihrem Wesen nach aufschiebbaren Sozialleistungen. **Vorschüsse** kommen für alle Ansprüche auf Geldleistungen in Betracht, **nicht** aber **für Ansprüche auf Dienst- und Sachleistungen**.

Der **Vorschussbescheid** ist ein **eigenständiger Verwaltungsakt** und als solcher nicht Teil der letztlich beanspruchten Leistung. Durch die Bescheidung des Vorschusses wird daher auch die Entscheidung in der Sache nicht präjudiziert[2]. Stellt sich später heraus, dass der Anspruch nicht bestand, ist der Vorschuss zu **erstatten**. Übersteigt der Vorschuss den endgültig zustehenden Leistungsanspruch, so ist die Überzahlung zu erstatten, § 42 Abs. 2 S. 2 SGB I. Einer **vorherigen Aufhebung des Vorschussbescheides** bedarf es nicht, weil sich der Vorschussbescheid nach Bescheidung der endgültigen Leistung von selbst erledigt, sodass es beispielsweise auch einer Vertrauensschutzprüfung nicht bedarf. Allerdings ist die Geltendmachung der Erstattungsforderung ein Verwaltungsakt, vor dessen Erlass der Vorschussberechtigte nach den allgemeinen Regelungen zuvor anzuhören ist, § 24 Abs. 1 SGB X.

Vorläufige Leistungen nach § 43 SGB I kommen in Betracht, wenn mehrere Leistungsträger darüber streiten, wer zur Leistung verpflichtet ist. Beantragt der Leistungsempfänger vorläufige Leistungen, so sind diese nach § 43 Abs. 1 S. 2 SGB I zu erbringen. Zuständig für die Erbringung der vorläufigen Leistung ist grundsätzlich der zuerst angegangene Leistungsträger, also derjenige, der mit dem Leistungsbegehren zunächst befasst worden ist[3]. Auch im Falle der vorläufigen Leistung besteht **keine Bindungswirkung** für die endgültige Entscheidung über den Anspruch – es sei denn, der Leistungsträger hat die Vorläufigkeit der Entscheidung in dem Bescheid nicht hinreichend deutlich gemacht[4].

In beiden Fällen, Vorschuss und vorläufige Leistung, ist eine Klage auf Gewährung des Vorschusses oder der vorläufigen Leistung zwar durchaus

2 St. Rspr., vgl. nur BSG, Urteil vom 31.08.1983 – 2 RU 80/82
3 *Groth* in: Schlegel/Voelzke, jurisPK-SGB I, 3. Aufl. Stand: 15.03.2018, § 43 Rn. 31
4 BSG, Urteil vom 07.04.2016 – B 5 R 26/15 R

denkbar, in der Praxis jedoch wenig sinnvoll, weil sie bereits voraussetzt, dass ein Anspruch auf Sozialleistungen dem Grunde nach sicher ist, zudem wird sich die vorläufige bzw. vorschussweise gewährte Leistung in der Regel früher oder später **durch endgültige Entscheidung erledigen**. Verweigert der Leistungsträger sowohl eine vorläufige als auch eine endgültige Entscheidung oder die Zahlung eines Vorschusses, bietet sich vielmehr die Erhebung einer **Untätigkeitsklage**, § 88 SGG, an[5].

5 *Groth* in: Schlegel/Voelzke, jurisPK-SGB I, 3. Aufl. Stand: 15.03.2018, § 42 Rn. 78

I. Antragstellung vor dem Sozialgericht

Gemäß § 123 SGG entscheidet das Gericht über die vom Kläger erhobenen Ansprüche, ohne an die Fassung der Anträge gebunden zu sein. Ausgangspunkt für die Frage danach, was im konkreten Verfahren **Streitgegenstand** ist, sind die Anträge und das sonstige Vorbringen des Klägers.

§ 92 Abs. 1 S. 3 SGG bestimmt, dass die Klage einen bestimmten Antrag enthalten „soll", was tatsächlich auch in diesem Sinne zu verstehen ist. So kommt es in der Praxis nicht selten vor, insbesondere bei unvertretenen Klägern, dass bis zur mündlichen **Verhandlung überhaupt keine Anträge angekündigt** worden sind. Dies ist zunächst auch nicht weiter gravierend, da vor den Sozialgerichten der/die Vorsitzende darauf hinzuwirken hat, dass Formfehler beseitigt, unklare Anträge erläutert, sachdienliche Anträge gestellt, ungenügende Angaben tatsächlicher Art ergänzt sowie alle für die Feststellung und Beurteilung des Sachverhalts wesentlichen Erklärungen abgegeben werden, § 106 Abs. 1 SGG. Das klägerische Begehren ist im Zweifel **meistbegünstigend** auszulegen. Einem anwaltlich nicht vertretenen Kläger hat das Gericht grundsätzlich Formulierungshilfe zu leisten[1].

Schon hieran zeigt sich, dass die **Hinwirkungspflicht** des Gerichts **nicht uferlos** besteht. So darf das Gericht bei rechtskundigen Vertretern grundsätzlich davon ausgehen, dass ihr prozessuales Handeln und Vorbringen zweckgerichtet ist. Nur dann, wenn sich Anhaltspunkte dafür ergeben, dass der rechtskundige Vertreter einem für das Gericht **erkennbaren Irrtum** aufsitzt, hat das Gericht auch die rechtskundig vertretenen Beteiligten hierauf hinzuweisen[2]. Häufig wird in gerichtlichen Verfahren explizit um Erteilung eines richterlichen Hinweises gebeten, dem wird das Gericht in der Regel auch nachkommen. Allerdings reicht die Hinweispflicht nicht soweit, dass sie rechtsberatende Züge anzunehmen hat, dies widerspräche sogar der Neutralitätspflicht des Gerichts. So ist das Gericht bei anwaltlich vertretenen Klägern z.B. nicht verpflichtet, einen Sachantrag anzuregen, der über das von den Beteiligten angestrebte Rechtsschutzziel hinausgeht[3]. Auch auf eine beabsichtigte Tatsachen- oder Beweiswürdigung muss das Gericht nicht hinweisen. Die Hinweiserteilung ist daher auch für das Gericht häufig eine Gratwanderung zwischen der Wahrung der Unparteilichkeit und der Sicherstellung des Rechts auf rechtliches Gehör.

1 BVerwG, Beschluss vom 27.06.2007 – 4 B 25/07
2 BSG, Urteil vom 14.12.2006 – B 4 R 19/06 R
3 BVerwG, Beschluss vom 01.07.2013 – 4 B 10/13

Unabhängig vom Bestehen der Hinwirkungspflicht kommt der **Ankündigung eines bestimmten Klageantrages** allein schon wegen der Bestimmung des Streitgegenstandes eine besondere Bedeutung zu, ebenso der Klagebegründung, die das Gericht in die Lage versetzt, das klägerische Begehren zu erfassen und ggf. im Rahmen seiner Hinwirkungspflicht bei der Formulierung eines sachdienlichen Klageantrages zu helfen. Nicht selten kommt es allerdings vor, dass der/die Vorsitzende für das Begehren des Klägers keinen begründeten oder, in diesem Falle noch misslicher, keinen zulässigen Antrag formulieren kann. Hält der/die Vorsitzende jegliche Anträge für unzulässig, unbegründet oder aussichtslos, so endet spätestens an dieser Stelle die Hinwirkungspflicht des Gerichts[4].

In Bezug auf die Frage, welche Klageart und damit verbunden welcher Klageantrag nun statthaft ist, kann man sagen, dass die primäre, grobe (!) Weichenstellung zunächst danach zu erfolgen hat, ob ein Verwaltungsakt vorliegt oder ein solcher begehrt wird (Anfechtungs- und Verpflichtungsklage) oder aber, ob sich die Fallkonstellation um ein schlichtes Verwaltungshandeln (= Realakt, folglich Leistungsklage) dreht. Auf der anderen Seite kann auch die Feststellung des Bestehens oder Nichtbestehens eines Rechtsverhältnisses im Rahmen der Feststellungsklage oder ein anderer Fall, in dem die Feststellungsklage statthaft ist (vgl. § 55 Abs. 1 SGG) zum Gegenstand gerichtlicher Auseinandersetzungen gemacht werden. Die Differenzierung ist im Einzelfall mit der groben Weichenstellung nicht darstellbar, da auch bei Vorliegen eines Verwaltungsaktes grundsätzlich zusätzlich, also „kombiniert", Feststellungsklagen statthaft sein können. Zur feineren Weichenstellung ist daher zunächst zu verdeutlichen, dass das Sozialrecht zwar in seinen einzelnen Gesetzbüchern regelmäßig mehrere Hundert Vorschriften enthält, die Fallkonstellationen sich in den einzelnen Gesetzbüchern jedoch im Verhältnis hierzu weit überwiegend auf ein Minimum immer wiederkehrender Vorschriften und Begehren begrenzen. Im Folgenden soll daher anhand typischer Begehren in den einzelnen, für die Schnittstelle zwischen Arbeits- und Sozialrecht relevanten, Zweigen des Sozialrechts die Systematik der Antragstellung erläutert werden.

I. Die Antragstellung im SGB II

Im Bereich der Grundsicherung für Arbeitsuchende streiten die Beteiligten in der Folge der Beendigung eines Arbeitsverhältnisses ohne Anspruch auf Arbeitslosengeld nach dem SGB III regelmäßig u. a. um die konkrete Höhe des

4 BVerwG, Urteil vom 01.07.2013 – 4 B 10/13

Leistungsanspruches nach dem SGB II. Häufig wird als Antrag dann als Begehr die Leistungsbewilligung „in gesetzlicher Höhe“ gewünscht. Dabei ist darauf zu achten, dass der Ausspruch eines Grundurteils, § 130 Abs. 1 SGG, nicht in jedem Fall zulässig ist. Ob ein sogenanntes „**Grundurteil im Höhenstreit**“ ergehen darf, ist danach zu beurteilen, ob das Grundurteil den Streitstoff vollständig erfasst und somit auch erledigen kann[5]. Der Richter muss daher **kursorische Feststellungen zu jeder Tatbestandsvoraussetzung**, die den Grund des Anspruchs betrifft, und zu jedem die Höhe betreffenden Rechnungselement treffen und dies jedenfalls in den Entscheidungsgründen zum Ausdruck bringen[6]. Andernfalls handelt es sich um eine – in der Regel – unzulässige **Elementenfeststellungsklage**. Berücksichtigt werden sollte in der gerichtlichen Praxis immer, dass ein reines Grundurteil im Höhenstreit stets die Gefahr birgt, dass die Auffassungen der Beteiligten über die zutreffende Umsetzung des Urteils im Nachgang variieren und sich demgemäß ein weiteres Streitverfahren anschließt. Beim Streit um Leistungsansprüche nach dem SGB II ist das Grundurteil im Höhenstreit allerdings weit verbreitet.

Beispiel (Grundurteil):

Die Klägerin, die mit ihrem Ex-Partner in einer Wohnung lebt, macht geltend, alleinerziehend zu sein und daher Anspruch auf einen höheren Regelbedarf nach § 20 Abs. 2 SGB II zu haben. Außerdem begehrt sie die Anerkennung des anteiligen Bedarfs für Unterkunft und Heizung, was der Beklagte bislang abgelehnt hat:

Die Klägerin beantragt,

den Bescheid des Beklagten vom 01.03.2023 in der Gestalt des Widerspruchsbescheides vom 15.03.2023 abzuändern und den Beklagten zu verurteilen, ihr höhere Leistungen nach dem SGB II zu bewilligen.

oder

Die Klägerin beantragt,

den Bescheid des Beklagten vom 01.03.2023 in der Gestalt des Widerspruchsbescheides vom 15.03.2023 abzuändern und den Beklagten zu verurteilen, ihr Leistungen nach dem SGB II in gesetzlicher Höhe zu bewilligen.

In den **Entscheidungsgründen** ist in diesen Fällen zwingend zur Frage des höheren Regelbedarfs für eine alleinstehende Person und zu den Bedarfen für Unterkunft und Heizung (Kopfteilprinzip) einzugehen. Oftmals wird allerdings allein bereits aufgrund der Notwendigkeit der Ermittlung der **konkreten Beschwer** für die Erteilung der zutreffenden Rechtsmittelbelehrung ohnehin eine „Proberechnung“ anzustellen sein. In diesen Fäl-

5 *Giesbert* in: Schlegel/Voelzke, jurisPK-SGG, 2. Aufl. Stand: 15.06.2022, § 130 Rn. 34
6 So auch *Giesbert* in: Schlegel/Voelzke, jurisPK-SGG, 2. Aufl. Stand: 15.06.2022, § 130 Rn. 34

len erscheint es jedenfalls vorzugswürdig, nach entsprechender Antragsformulierung zur Zahlung konkreter Beträge zu verurteilen. Nur so wird dem Kläger auch eine Vollstreckung nach der ZPO eröffnet, § 198 Abs. 1 SGG i. V. m. § 754 ZPO, und dem erkennenden Gericht ein oftmals unliebsamer Antrag nach § 201 SGG erspart[7].

Eine weitere, überproportional häufig im SGB II vorkommende Fallkonstellation betrifft die **Überprüfungsverfahren nach § 44 SGB X**, auch „Zugunstenverfahren" genannt. Zu § 44 SGB X existieren in den einzelnen Sozialgesetzbüchern oftmals Sonderregelungen, im SGB II ist insbesondere auf § 40 Abs. 1 S. 2 Nr. 2 SGB X hinzuweisen, wonach in den Fällen des § 44 Abs. 4 S. 1 SGB X Leistungen nach dem SGB II längstens für einen Zeitraum bis zu einem Jahr (statt regelhaft bis zu 4 Jahre) vor der Rücknahme des Verwaltungsaktes erbracht werden, wenn dieser mit Wirkung für die Vergangenheit zurückgenommen worden ist. An der Möglichkeit – im Ergebnis dann erfolglos –, Leistungen auch für einen längeren Zeitraum in die Vergangenheit hinein zu verlangen, ändert dies gleichwohl nichts. Hat der Kläger beispielsweise wegen oder trotz bestehender Bestandskraft, § 77 SGG, die Überprüfung eines Bewilligungsbescheides mit dem Argument verlangt, ihm hätten eigentlich höhere Leistungen nach dem SGB II zugestanden, so ist der Klageantrag stets auf Aufhebung des entsprechenden ablehnenden Überprüfungsbescheides in der Gestalt des zugehörigen Widerspruchsbescheides und auf Verpflichtung der Behörde zur Zurücknahme bzw. Abänderung des (bestandskräftigen) Bescheides sowie auf die Zahlung höherer Leistungen gerichtet:

> *Der Kläger beantragt,*
>
> *den Bescheid vom 01.12.2022 (Ergebnis der Überprüfung) in der Gestalt des Widerspruchsbescheides vom 31.12.2022 aufzuheben und die Beklagte zu verpflichten, den Bewilligungsbescheid vom 20.11.2020 (teilweise) zurückzunehmen und die Beklagte zu verurteilen, dem Kläger Leistungen nach dem SGB II im Zeitraum vom 01.12.2020 bis 31.11.2021 (Zeitraum des Bewilligungsbescheides vom 20.11.2020) in gesetzlicher Höhe ohne die Anrechnung von Kindergeld zu bewilligen.*

Die Verpflichtung der Behörde zur Zurücknahme des bereits bindend gewordenen Bescheides folgt daraus, dass eine Aufhebung dieses Bescheides wegen der eingetretenen Bindungswirkung nicht mehr unmittelbar ausgesprochen werden kann.

7 Zur Vollstreckung sozialgerichtlicher Urteile gegen die Jobcenter: *Schneider* in: info also 6/2012, 243 ff.

II. Die Antragstellung im SGB III

Im SGB III machen demgegenüber an der Schnittstelle von Arbeits- und Sozialrecht Klagen gegen Sperrzeiten (§ 159 SGB III) einen großen Anteil der Verfahren aus. Dabei wird oft übersehen, dass nach der Rechtsprechung des BSG **Bewilligungs- und Änderungsbescheide** über die Leistungsberechnung **mit dem Sperrzeitbescheid** eine **rechtliche Einheit** bilden[8] und sich mithin auch im Klageantrag widerspiegeln müssen. Die Annahme einer rechtlichen Einheit gilt auch dann, wenn beide zu unterschiedlichen Zeitpunkten erlassen worden sind[9].

Ist vor dem Erlass von Sperrzeitbescheid und entsprechendem Arbeitslosengeld-Änderungsbescheid das Arbeitslosengeld bereits mit weiterem Bescheid bewilligt worden, so ist zutreffende Klageart die **isolierte Anfechtungsklage**.

> **Beispiel:**
>
> Unter dem Datum des 01.02.2023 ergeht ein Bewilligungsbescheid über Arbeitslosengeld in Höhe von kalendertäglich 30,00 € ab 01.02.2023 bei einer Anspruchsdauer von 360 Kalendertagen. Später, mit Sperrzeitbescheid vom 01.03.2023, stellt die Beklagte fest, dass im Zeitraum vom 01.02. bis 07.02.2023 eine Sperrzeit eingetreten ist. Diese berücksichtigt die Beklagte auch im Änderungsbescheid vom 02.03.2023. Der Widerspruch des Klägers gegen den Sperrzeitbescheid bleibt erfolglos (Widerspruchsbescheid vom 15.03.2023).
>
> *Der Kläger beantragt,*
>
> *den Bescheid der Beklagten vom 01.03.2023 in der Gestalt des Änderungsbescheides vom 02.03.2023 und des Widerspruchsbescheides vom 15.03.2023 aufzuheben.*

Wurde dagegen für den Zeitraum der Sperrzeit noch kein Arbeitslosengeld bewilligt, fehlt also im Beispielsfall der Bescheid vom 01.02.2023, ist der Antrag um einen Leistungsantrag zu ergänzen:

> *Der Kläger beantragt,*
>
> *den Bescheid der Beklagten vom 01.03.2023 in der Gestalt des Widerspruchsbescheides vom 15.03.2023 aufzuheben und die Beklagte unter Abänderung des Bescheides vom 02.03.2023 zu verurteilen, dem Kläger Arbeitslosengeld auch im Zeitraum vom 01.02 bis 07.02.2023 in gesetzlicher Höhe (und ohne Minderung der Anspruchsdauer) zu bewilligen.*

8 St. Rspr.; vgl. BSG, Urteile vom 04.04.2017 – B 11 AL 19/16 R und vom 05.08.1999 – B 7 AL 14/99 R

9 Hierzu bereits: BSG, Urteil vom 16.09.1999 – B 7 AL 32/98 R

Der Leistungsantrag ist hier vorliegend auf den Erlass eines Grundurteils (§ 130 Abs. 1 S. 1 SGG) gerichtet. Möglich ist hier wegen der vorliegenden Bewilligungsentscheidung regelmäßig aber auch die Bezifferung eines konkreten täglichen Leistungsentgelts. Anders als in anderen Verfahrensarten findet (jedenfalls in der Praxis) nach einem Grundurteil im sozialgerichtlichen Verfahren **kein gerichtliches Nachverfahren über die Höhe der Leistung** mehr statt. Das Grundurteil beendet somit das Verfahren als End- oder Schlussurteil endgültig. **Unterlässt es die Behörde dennoch, einen entsprechenden Ausführungsbescheid zu erlassen,** wird der Ausgangsrichter erneut im Rahmen der Vollstreckung tätig werden müssen. Insoweit ist § 201 SGG analog anwendbar mit der Begründung, dass es sich bei sozialgerichtlichen Grundurteilen in der Sache um verkappte Verpflichtungsbescheidungsurteile handelt[10]. Das Gericht des ersten Rechtszuges hat daher auf Antrag unter Fristsetzung ein Zwangsgeld bis zu 1.000,00 € durch Beschluss anzudrohen und nach vergeblichem Fristablauf festzusetzen. Ein neues Aktenzeichen ist, da die Vollstreckung nur Annex zur Entscheidung in der Sache ist, nicht zu vergeben.

Die **kombinierte Anfechtungs- und Verpflichtungsklage**, letztere in diesem Falle auch „Bescheidungsklage" genannt, ist vor allem dann vorzugswürdig, wenn eine Leistung streitgegenständlich ist, die im **Ermessen** der Agentur für Arbeit steht, in der Regel z. B. einschlägig bei Leistungen der aktiven Arbeitsförderung (Förderung der beruflichen Weiterbildung, Gründungszuschuss, Eingliederungszuschuss etc.). Besteht die (seltene) Möglichkeit, dass eine Ermessensreduzierung auf null vorliegt, also nur eine einzige Entscheidung ermessensfehlerfrei ist, bietet sich die Stellung von Haupt- und Hilfsantrag an:

> Die Klägerin beantragt,
>
> 1. den Bescheid der Beklagten vom 09.06.2024 (Ablehnung Gründungszuschuss 2. Phase) in der Gestalt des Widerspruchsbescheides vom 15.07.2024 aufzuheben und die Beklagte zu verurteilen, der Klägerin für den Zeitraum vom 01.01.2024 bis 30.06.2024 einen Gründungszuschuss i. H. v. 300,00 € monatlich zu zahlen;
>
> hilfsweise für den Fall des Unterliegens mit dem Klageantrag zu 1.,
>
> 2. den Bescheid der Beklagten vom 09.06.2024 (Ablehnung Gründungszuschuss 2. Phase) in der Gestalt des Widerspruchsbescheides vom 15.07.2024 aufzuheben und die Beklagte zu verpflichten, den Antrag der Klägerin vom 15.12.2023 unter Beachtung der Rechtsauffassung des Gerichts neu zu bescheiden.

10 BSG, Urteil vom 06.08.1999 – B 4 RA 24/98 B

Im vorgenannten Fall war die Bezifferung des Gründungszuschusses sachdienlich, da dieser in der 2. Phase des Gründungszuschusses immer 300,00 € beträgt, § 94 Abs. 1 SGB III. Liegt der Fall nicht so einfach und kann die begehrte Leistung nicht konkret beziffert werden, so erlaubt § 130 Abs. 1 SGG bei Leistungen in Geld auch ein sogenanntes Grundurteil, also die Verurteilung „dem Grunde nach in gesetzlicher Höhe".

III. Die Antragstellung im SGB V und XI

Das Recht der gesetzlichen Krankenversicherung ist im Wesentlichen geprägt von Streitverfahren im Bereich des Krankenhausvergütungsrechts und im Allgemeinen von Vergütungsstreitigkeiten zwischen Krankenkasse und Leistungserbringer. An der Schnittstelle von Arbeits- und Sozialrecht relevant sind aber vielmehr Fragen mit Bezug zur Leistung „Krankengeld" und – anknüpfend an die Beendigung eines Beschäftigungsverhältnisses – Fragen der Beitragstragung, z. B. aufgrund freiwilliger Versicherung.

Die Antragstellung ist in den vorgenannten Fällen häufig selbsterklärend. Hat die Krankenkasse bspw. die Zahlung von Krankengeld über ein gewisses Datum hinaus abgelehnt, weil sie der Auffassung ist, dass die Arbeitsunfähigkeit nicht lückenlos nachgewiesen ist, so kann sich der Kläger hiergegen mit der kombinierten Anfechtungs- und Leistungsklage wenden:

> *Der Kläger beantragt,*
>
> *die Beklagte unter Aufhebung des Bescheides vom 20.12.2023 in der Gestalt des Widerspruchsbescheides vom 13.03.2024 zu verurteilen, dem Kläger Krankengeld über den 15.12.2023 hinaus nach Maßgabe der gesetzlichen Bestimmungen zu gewähren.*

Ist der Zeitraum, für den Krankengeld noch beansprucht wird, eingrenzbar, so ist dieser im Antrag mit aufzunehmen. Wichtig ist, dass für das Fortbestehen der Mitgliedschaft in der gesetzlichen Krankenversicherung nach § 192 Abs. 1 Nr. 2 SGB V aufgrund des Bezugs von Krankengeld Arbeitsunfähigkeit (nahtlos) spätestens am Tag nach der Beendigung eines Pflichtversicherungsverhältnisses ärztlich festgestellt wird[11].

Streiten Versicherter und Krankenkasse darum, ob der Versicherte als Student der **Krankenversicherung der Studenten** oder aber, weil er diese Voraussetzung nicht (mehr) erfüllt, freiwillig versichertes Mitglied der gesetzlichen Krankenkasse ist, wird dem Sachverhalt regelmäßig ein Be-

11 BSG, Urteil vom 10.05.2012 – B 1 KR 19/11 R

scheid über die Beiträge zur freiwilligen Krankenversicherung (und Pflegeversicherung) für einen gewissen Zeitraum zugrunde liegen. Streitgegenständlich ist in diesen Fällen ausschließlich die **Beitragsfestsetzung** aufgrund der freiwilligen Mitgliedschaft, hier wird der Versicherte regelmäßig mit der Klage die Reduzierung des entsprechenden Beitrages begehren. Statthaft ist dann die kombinierte Anfechtungs- und Verpflichtungsklage nach § 54 Abs. 1 SGG:

> *Der Kläger beantragt,*
>
> *die Beklagte unter Aufhebung des Bescheides vom 06.07.2023 in der Gestalt des Widerspruchsbescheides vom 28.08.2023 zu verurteilen, den Beitrag zur gesetzlichen Kranken- und Pflegeversicherung ab dem (Datum) auf das gesetzliche Maß zu reduzieren.*

Da die freiwillige Mitgliedschaft nach dem Ausscheiden aus einer Versicherungspflicht nach § 188 Abs. 4 S. 1 SGB V kraft Gesetzes beginnt, kommt einem Schreiben, das den Versicherten über den Beginn der freiwilligen Mitgliedschaft unterrichtet, keine Verwaltungsaktqualität im Sinne des § 31 S. 1 SGB X zu. Es kann daher auch nicht im Rahmen einer Anfechtungsklage angegriffen werden[12].

Fortbestehende längere Arbeitsunfähigkeit ist eine der wichtigsten Schnittstellen zwischen Arbeits- und Sozialrecht. Endet die Entgeltfortzahlung im Krankheitsfall durch den Arbeitgeber, schließt sich hiernach regelmäßig der Bezug von Krankengeld, ggf. auch von Übergangsgeld an. Versicherten, deren Erwerbsfähigkeit nach ärztlichem Gutachten erheblich gefährdet oder gemindert ist, kann die Krankenkasse nach § 51 Abs. 1 S. 1 SGB V eine Frist von zehn Wochen setzen, innerhalb der sie einen Antrag auf Leistungen zur medizinischen Rehabilitation und zur Teilhabe am Arbeitsleben zu stellen haben. Häufig wird in diesem Zusammenhang dann auch die Möglichkeit bestehen, Rehabilitationsanträge in Rentenanträge umzudeuten (§ 116 SGB VI). Dies ist nicht immer gewünscht. Die Rücknahme eines solchen in einen Rentenantrag umgedeuteten Rehabilitationsantrages ist jedoch nicht ohne Weiteres möglich. Man spricht davon, dass das „**Dispositionsrecht**“ des Versicherten insoweit eingeschränkt ist. Begehrt der Versicherte die Zustimmung der Krankenkasse zur Rücknahme eines nach § 116 Abs. 2 SGB VI in einen Rentenantrag umgedeuteten Rehabilitationsantrages (was wegen des der Krankenkasse zustehenden Ermessens bei der Aufforderung möglich ist), ergeht nach entsprechender Antragstellung ein (in diesem Beispielsfall ablehnender) Bescheid. Statthaft ist, da nicht der Erlass eines Verwaltungsaktes, son-

12 Vgl. LSG Nordrhein-Westfalen, Urteil vom 27.10.2022 – L 16 KR 758/20

dern die Abgabe einer Erklärung begehrt wird, die kombinierte Anfechtungs- und Leistungsklage:

> *Der Kläger beantragt,*
>
> *die Beklagte unter Aufhebung des Bescheides vom 06.07.2023 in der Gestalt des Widerspruchsbescheides vom 28.08.2023 zu verpflichten, die Zustimmung dazu zu erteilen, dass der Reha Antrag vom 05.01.2023 nicht als Rentenantrag gelte.*

Im Bereich der **Pflegeversicherung** besteht grundsätzlich die Besonderheit, dass die Sozialgerichte (nicht zuletzt wegen desselben Leistungsumfanges) auch für Angelegenheiten der privaten Pflegeversicherung zuständig sind, § 51 Abs. 1 Nr. 2 SGG. Weil diese privaten Pflegeversicherungsunternehmen ihre Beitragsforderungen nicht nach den Vorschriften des SGB IV durchsetzen können und die Erhebung von Leistungsklagen für jede einzelne dieser Beitragsforderungen die Funktionsfähigkeit der Sozialgerichte offensichtlich gefährdet, wurde mit § 182a SGG ein gesondertes Verfahren eingerichtet. Hiernach sind Beitragsansprüche zunächst nach den Vorschriften der ZPO vor dem Amtsgericht geltend zu machen (Mahnverfahren). Wird gegen den **Mahnbescheid Widerspruch** oder später **Einspruch gegen den Vollstreckungsbescheid** eingelegt, so sind die Sozialgerichte mit der Angelegenheit befasst.

Der Klageantrag in diesen Fällen richtet sich nicht auf Aufhebung des Mahn- oder Vollstreckungsbescheides, sondern auf Zahlung:

> *Der Kläger beantragt,*
>
> *den Beklagten zu verurteilen, an die Klägerin 2.837,00 € nebst Zinsen i. H. v. 5 Prozentpunkten über dem Basiszinssatz hieraus seit dem 01.03.2023 (Rechtshängigkeit) zu zahlen.*

Regelmäßig wird demgemäß ausnahmsweise der Versicherte Beklagter sein.

IV. Die Antragstellung im SGB VI

Im Rentenversicherungsrecht gilt in Hinblick auf die sachdienliche Antragstellung im Wesentlichen, was auch in den anderen Sozialversicherungszweigen Gültigkeit beansprucht. Auch hier ist insbesondere auf eine **hinreichend bestimmte Antragstellung** hinzuwirken. Dabei ist darauf zu achten, dass die der Umgangssprache entstammende und sich noch regelmäßig in Entscheidungen wiederfindende Formulierung, dass beantragt wird, eine „Rente wegen Erwerbs**un**fähigkeit" zu gewähren, nicht zu einem durchsetzbaren Anspruch gereichen dürfte, schließlich wurde die Erwerbsunfähigkeitsrente, die früher in § 44 SGB VI a. F. geregelt war, bereits zum 01.01.2001 abgeschafft und durch die Erwerbsminderungsrente ersetzt. Dasselbe gilt für die häufig anzutreffende Formulierung, dass beantragt wird, eine „Hinterbliebenenrente" zu gewähren; eine solche Formulierung findet im Gesetz keine Grundlage, vielmehr spricht das Gesetz von „Witwenrente und Witwerrente" bzw. „großer und kleiner Witwenrente und Witwerrente", vgl. § 46 SGB VI.

> *Die Klägerin beantragt,*
>
> *den Bescheid der Beklagten vom 24.11.2020 in der Gestalt des Widerspruchsbescheids vom 14.08.2021 aufzuheben und die Beklagte zu verurteilen, der Klägerin Rente wegen voller Erwerbsminderung auf Zeit, hilfsweise wegen teilweiser Erwerbsminderung auf Zeit (ab dem 01.12.2019) zu gewähren.*
>
> *oder für den Fall einer Witwenrente,*
>
> *den Bescheid der Beklagten vom 24.10.2020 in der Gestalt des Widerspruchsbescheides vom 14.08.2021 aufzuheben und die Beklagte zu verurteilen, der Klägerin große Witwenrente ab dem 05.10.2019 aus der Versicherung ihres Ehemannes H. C./nach dem Versicherten H. C. nach den gesetzlichen Bestimmungen zu gewähren.*

Die **Aufnahme des Datums, ab dem die Rente begehrt wird**, unterbleibt häufig, kann aber sachdienlich sein, weil so klar ist, was überhaupt **Umfang des klägerischen Begehrens** ist. So können durchaus Diskrepanzen bei der Frage des Eintritts des Leistungsfalls und daran anknüpfend unterschiedliche Auffassungen in Hinblick auf den Rentenbeginn bestehen. Eine Rente aus eigener Versicherung wird nämlich nur dann von dem Kalendermonat an geleistet, zu dessen Beginn die Anspruchsvoraussetzungen für die Rente erfüllt sind, wenn die Rente bis zum Ende des 3. Kalendermonats nach Ablauf des Monats beantragt wird, in dem die Anspruchsvoraussetzungen erfüllt sind, § 99 Abs. 1 S. 1 SGB VI. Bei späterer Antragstellung wird eine Rente aus eigener Versicherung von dem Kalendermonat an geleistet, in dem die Rente beantragt wird, § 99 Abs. 1 S. 2 SGB VI. Zusätzlich hierzu gibt es zahlreiche Sonderregelungen (vgl. u. a. für befristete Renten § 101 SGB VI). Nur durch die Aufnahme des Datums, ab dem der Kläger die Rente begehrt, ist auch klar, ob der Klage im Falle des Erfolgs vollumfänglich stattgegeben werden kann oder die Klage „im Übrigen" abzuweisen ist.

Zu vermeiden ist weiter – wie in allen Teilen des Sozialrechts – die häufig in Anfechtungskonstellationen verwendete Formulierung, dass *„die Beklagte verurteilt wird, den Bescheid vom (…) aufzuheben"*. Denn nicht die Behörde hebt ihre eigene Entscheidung auf – hierzu hatte sie im Rahmen des Vorverfahrens Gelegenheit –, sondern das Sozialgericht.

V. Die Antragstellung im SGB VII

Im Unfallversicherungsrecht geht es häufig um die **Anerkennung eines Ereignisses als Arbeitsunfall**, die **Anerkennung einer Erkrankung als Berufskrankheit** oder aber um **konkrete Leistungen aus der gesetzlichen Unfallversicherung.**

Der Verletzte kann seinen Anspruch auf Feststellung, dass eine Gesundheitsstörung Folge eines Arbeitsunfalls ist, ebenso bspw. seinen Anspruch auf Feststellung, dass ein Ereignis ein Arbeitsunfall ist, u.a. mit einer **kombinierten Anfechtungs- und Feststellungsklage** gem. §§ 54 Abs. 1 S. 1. Alt, 55 Abs. 1 Nr. 3 SGG verfolgen. Die grundsätzliche prozessrechtliche Nachrangigkeit der Feststellungsklage steht der Zulässigkeit der mit der Anfechtungsklage verbundenen Feststellungsklage nach ständiger Rechtsprechung des BSG in Fällen dieser Art nicht entgegen[13]. Der Kläger kann in diesen Fällen unmittelbar eine rechtskräftige, von der Verwaltung nicht mehr beeinflussbare Feststellung erlangen:

> *Der Kläger beantragt,*
>
> *den Bescheid der Beklagten vom 01.09.2023 in der Gestalt des Widerspruchsbescheides vom 01.10.2023 aufzuheben und festzustellen, dass das chronische Schmerzsyndrom Folge des Arbeitsunfalls vom 01.11.2022 ist.*

Wahlweise kann der Verletzte aber auch mit einer **Kombination aus einer Anfechtungsklage** gegen den das Nichtbestehen des von ihm erhobenen Anspruchs feststellenden Verwaltungsakt **und einer Verpflichtungsklage** vorgehen[14]. Für die Abgrenzung ist im Einzelfall nach dem Begehren des Klägers und insbesondere danach zu fragen, ob eine behördliche (dann Anfechtungs- und Verpflichtungsklage) oder aber unmittelbar eine gerichtliche Feststellung des Versicherungsfalls begehrt wird (dann Anfechtungs- und Feststellungsklage).

Oftmals wird es zunächst allein darum gehen, zu klären, ob ein bestimmtes Ereignis einen Arbeitsunfall darstellt oder eine bestimmte dauerhafte Erkrankung eine Berufskrankheit. Eine **Feststellung oder Verurteilung der Entschädigungspflicht** des Unfallversicherungsträgers „**dem Grunde nach**" kommt in diesen Fällen nicht in Betracht, vor allem steht im Entscheidungszeitpunkt regelmäßig noch nicht fest, welche der infrage kommenden Geld- und/oder Sachleistungen (Verletztengeld, Krankenbehandlung etc.) im konkreten Fall tatsächlich beansprucht werden kann und auch nicht für

13 BSG, Urteile vom 07.09.2004 – B 2 U 46/03 R; und vom 30.10.2007 – B 2 U 29/06 R
14 Vgl. BSG, Urteil vom 5. Juli 2011 – B 2 U 17/10 R

welchen Zeitraum. Der Erlass eines Grundurteils würde im Falle der Geldleistung ohnehin voraussetzen, dass Anspruch auf eine bestimmte Geldleistung besteht; im Hinblick auf Sachleistungen, wie beispielsweise Heilbehandlung, ist der Erlass eines Grundurteils – streng genommen, wenngleich anders gelebt – ohnehin nicht statthaft[15].

Falsch wäre es daher beispielsweise, den Beklagten zu verurteilen, „einen Unfall zu entschädigen" oder „Leistungen der gesetzlichen Unfallversicherung dem Grunde nach zu bewilligen".

Uneinheitlich in der Rechtsprechung wird die Frage beantwortet, ob ein Versicherter in den Fällen, in denen der Unfallversicherungsträger neben dem Vorliegen eines Versicherungsfalls auch „Leistungen/Entschädigungen der gesetzlichen Unfallversicherung" ablehnt, **neben der Feststellung des Vorliegens eines Versicherungsfalls im Wege der Leistungsklage auch eine konkrete Leistung**, z. B. eine Rente, verlangen kann. Weiter stellt sich in diesem Falle auch die Frage, ob der Versicherte zur Vermeidung des Eintritts der Bestandskraft, § 77 SGG, nicht sogar hinsichtlich konkreter Leistungen so vorgehen muss. Einige Obergerichte stützen sich in diesem Fall auf eine Entscheidung des BSG, die ohne jegliche Erörterung von der Zulässigkeit der Leistungsklage bezogen auf eine konkrete Leistung ausgeht, weil der Unfallversicherungsträger neben der Ablehnung der Feststellung eines Arbeitsunfalls erklärt hat, dass „Entschädigungsleistungen aus der gesetzlichen Unfallversicherung nicht zu erbringen sind"[16]. Ohne auf die eigene Senatsentscheidung näher einzugehen, hat das BSG allerdings 2021 bekundet, dass mit einer **Ablehnung aller denkbar in Betracht kommenden Leistungen** aus der gesetzlichen Unfallversicherung keine unbestimmte Anzahl eigenständiger Regelungen verbunden ist, die jede für sich mit der Anfechtungs- und Leistungsklage angreifbar wären und die auch nicht angefochten werden müssten, um den Eintritt der Bestandskraft jeder einzelnen Regelung zu verhindern[17]. Hiernach könnte und müsste der Versicherte also im Nachgang zur erfolgreichen Anerkennung eines Versicherungsfalls zunächst bei der Behörde einen Antrag auf eine konkrete Leistung stellen.

Klarstellend sei an dieser Stelle angemerkt, dass in einer Vielzahl jüngerer Entscheidungen der Instanzgerichte häufig die fehlerhafte Formulierung zu finden ist, dass zur Zahlung einer „**Verletztenrente**" verurteilt wird. Den Begriff der Verletztenrente gibt es jedoch bereits seit Ablösung

15 BSG, Urteil vom 07.09.2004 – B 2 U 35/03 R, *Aubel* in: NZS 2021, 376 ff.
16 BSG, Urteil vom 18.11.2008 – B 2 U 14/07 R
17 BSG, Urteil vom 08.12.2021 – B 2 U 4/21 R

der Reichsversicherungsordnung durch das SGB VII nicht mehr, vielmehr spricht das Gesetz lediglich von „Rente“, vgl. § 56 SGB VII.

Lehnt die Behörde die Zahlung einer solchen Rente bei unstreitigem Arbeitsunfall ab, so lautet der Antrag wie folgt:

> *Der Kläger beantragt,*
>
> *den Bescheid der Beklagten vom (Datum) in der Gestalt des Widerspruchsbescheids vom (Datum) aufzuheben und die Beklagte zu verurteilen, dem Kläger eine* Rente *als vorläufige Entschädigung/auf unbestimmte Zeit nach einer MdE von 30 vom Hundert ab dem (Datum) zu gewähren.*

Begehrt der Kläger unabhängig von einer konkreten Leistung die **Anerkennung einer Gesundheitseinschränkung als Folge eines Arbeitsunfalls**, lautet der Antrag wie folgt:

> *Der Kläger beantragt,*
>
> *den Bescheid der Beklagten vom (Datum) in der Gestalt des Widerspruchsbescheids vom (Datum) aufzuheben und festzustellen, dass der Bandscheibenvorfall in der Höhe L4/L5 Folge des Arbeitsunfalls vom 12.09.2020 ist.*

Begehrt der Kläger nicht die **Anerkennung** eines Arbeitsunfalls, sondern **einer Berufskrankheit**, ist nicht nur festzustellen, dass eine Berufskrankheit vorliegt, sondern auch welche Erkrankung eine Berufskrankheit darstellt:

> *Der Kläger beantragt,*
>
> *„unter Aufhebung des Bescheides vom (Datum) in der Gestalt des Widerspruchs vom (Datum) festzustellen, dass die COVID-19-Infektion des Klägers, nachgewiesen am 02.02.2021, eine Berufskrankheit nach Nr. 3101 der Anlage 1 zur Berufskrankheiten-Verordnung ist.“*

Wird eine Berufskrankheit anerkannt, steht es dem Versicherten bei **späteren weiteren Folgen** – nach ordnungsgemäßer Durchführung des Vorverfahrens – frei, diese ebenfalls gerichtlich feststellen zu lassen. Dies kann der Versicherte wiederum im Wege der kombinierten Anfechtungs- und Feststellungsklage oder, hier einmal exemplarisch, im Wege der kombinierten Anfechtungs- und Verpflichtungsklage erreichen:

> *Der Kläger beantragt,*
>
> *„den Beklagten unter Aufhebung des Bescheides vom (Datum) in der Gestalt des Widerspruchsbescheides vom (Datum) zu verpflichten, bei dem Kläger ein „Chronisches Fatigue Syndrom“ als weitere Folge der anerkannten Berufskrankheit nach Nr. 3101 der Anlage 1 zur Berufskrankheiten-Verordnung anzuerkennen.“*

VI. Die Antragstellung im SGB IX

Im SGB IX spielen an der Schnittstelle von Arbeits- und Sozialrecht vor allem wegen der Auswirkungen auf das Arbeitsverhältnis (Stichwort: besonderer Kündigungsschutz) unter anderem Klagen auf Anerkennung des Vorliegens der Voraussetzungen einer Schwerbehinderung eine große Rolle. Für die Antragstellung gelten insoweit grundsätzlich dieselben Kriterien wie in den anderen Sozialrechtsgebieten.

Wendet sich der Kläger bspw. gegen eine **Herabsetzung seines GdB** unter Entzug von **Merkzeichen**, so ist die isolierte Anfechtungsklage statthafte Klageart. Denn im Falle der erfolgreichen Anfechtung lebt der ursprüngliche Feststellungsbescheid wieder auf.

Beispiel:

Bei dem Kläger wurden bislang ein GdB i. H. v. 100 und die Merkzeichen „G", „aG", „B" und „H" anerkannt. Mit Bescheid vom 18.10.2022 wurde der GdB auf 80 herabgesetzt und das Merkzeichen „aG" mit Wirkung ab 01.11.2022 entzogen, der Widerspruch hiergegen blieb erfolglos (Widerspruchsbescheid vom 19.11.2022).

> *Der Kläger beantragt,*
>
> *den Bescheid des Beklagten vom 18.10.2022 in der Gestalt des Widerspruchsbescheides vom 19.11.2022 aufzuheben.*

Wird über eine bereits erfolgte Feststellung demgegenüber ein weiteres Merkmal nach § 152 Abs. 4 SGB IX begehrt, ist statthafte Klageart die kombinierte Anfechtungs- und Verpflichtungsklage, §§ 54 Abs. 1 S. 1 Alt. 1 und 2, 56 SGG.

Beispiel:

Bei dem Kläger wurde bislang ein GdB i. H. v. 60 und das Vorliegen der gesundheitlichen Voraussetzungen für das Merkzeichen G festgestellt. Mit seinem **Neufeststellungsantrag** begehrt der Kläger einen höheren GdB (i. H. v. 80) und das Merkzeichen „aG". Mit Bescheid vom 18.11.2022 wurde ein GdB i. H. v. 80 und das weitere Vorliegen des Merkzeichens G festgestellt, das Merkzeichen aG jedoch nicht. Der Widerspruch blieb erfolglos.

> *Der Kläger beantragt,*
>
> *den Bescheid des Beklagten vom 18.11.2022 in der Gestalt des Widerspruchsbescheides vom 19.12.2022 abzuändern und die Beklagte zu verpflichten, bei ihm ab dem 18.06.2022 die gesundheitlichen Voraussetzungen für das Merkzeichen „aG" festzustellen.*

VII. Die Antragstellung im SGB XII

Begehrt der Kläger unter Aufhebung entgegenstehender bestandskräftiger Bescheide rückwirkend höhere Leistungen nach dem SGB XII, so kann sich der Kläger mit der kombinierten Anfechtungs-, Verpflichtungs- und Leistungsklage, §§ 54 Abs. 1 S. 1, Abs. 4, 56 SGG, die auch bei **Anwendung des § 44 SGB X im Höhenstreit** zulässigerweise auf ein Grundurteil nach § 130 Abs. 1 S. 1 SGG gerichtet ist[18], wenden. Bei der Formulierung des Klageantrags ist die Merkformel dienlich, dass nur (noch) aufgehoben werden kann, was nicht bereits bestandskräftig geworden ist, also der ablehnende Überprüfungsbescheid in der Gestalt des Widerspruchsbescheides. Verpflichtet werden muss die Behörde jedoch, den bereits bestandskräftig gewordenen Bescheid dennoch (trotz Bestandskraft) zurückzunehmen:

> *Der Kläger beantragt,*
>
> *den Bescheid der Beklagten vom 01.02.2023 (**Ablehnung der Überprüfung**) in der Gestalt des Widerspruchsbescheides vom 01.03.2023 aufzuheben und die Beklagte zu verpflichten, den Bescheid vom 17.06.2022 (**bestandskräftiger Leistungsbescheid**) zurückzunehmen und dem Kläger höhere Hilfe zum Lebensunterhalt dem Grunde nach zu bewilligen (**Leistungsantrag dem Grunde nach**).*

Dabei sind im Sozialhilferecht wegen des **Gegenwärtigkeitsprinzips**[19] (Behebung einer augenblicklichen Notlage) nachträgliche Geldleistungen im Gesetz i. d. R. nicht vorgesehen. Der Anwendungsbereich des § 44 SGB X ist im SGB XII daher sehr reduziert. So kommt eine rückwirkende Leistungserbringung etwa dann nicht mehr in Betracht, wenn die nachträglich zu erbringende Leistung ihren Zweck nicht mehr erfüllen kann, beispielsweise, wenn es sich um eine Einmalleistung oder um einen Mehrbedarf handelt[20] oder die Notlage bzw. Bedürftigkeit des Hilfesuchenden im Entscheidungszeitpunkt nicht mehr vorliegt[21]. Zu beachten ist in jedem Fall, dass eine **rückwirkende Leistungserbringung**, ebenso wie im SGB II, lediglich für ein Jahr vor Rücknahme möglich ist, § 44 Abs. 4 SGB X i. V. m. § 116a SGB XII (materielle Ausschlussfrist).

Häufig streiten die Beteiligten auch um **Mehrbedarfszuschläge**, beispielsweise wegen kostenaufwendiger Ernährung. Nach st. Rspr. des BSG handelt es sich bei Mehrbedarfszuschlägen um **prozessual eigene Streitgegenstände**, sodass auch eine Beschränkung des Streitgegenstands allein auf Mehr-

18 Vgl. nur BSG, Urteil vom 26.06.2013 – B 7 AY 6/12
19 BVerfG, Beschluss vom 12.05.2005 – 1 BvR 569/05
20 *Merten* in: Hauck/Noftz SGB X, 3. Ergänzungslieferung 2023, § 44 Rn. 116
21 BSG, Urteil vom 29.09.2009 – B 8 SO 16/08 R

bedarfe zulässig ist[22]. Insoweit unterscheidet sich die Herangehensweise im Vergleich zum SGB II deutlich, weil dort Mehrbedarfe nicht gesondert als isolierter Streitgegenstand sondern nur gemeinsam mit dem Regelbedarf geltend gemacht werden können[23]. Dies spiegelt sich auch in der Antragstellung wieder:

> *Der Kläger beantragt,*
>
> *den Bescheid der Beklagten vom 28.02.2020 in der Gestalt des Widerspruchsbescheides vom 27.06.2021 aufzuheben und die Beklagte zu verurteilen, dem Kläger im Zeitraum von März bis August 2020 einen Mehrbedarf i. H. v. 20 % des für ihn maßgebenden Regelsatzes wegen besonderer kostenaufwendiger Ernährung bei Laktose- und Fruktoseintoleranz zu bewilligen.*

Da im vorliegenden Falle auch die konkrete Bezifferung des Mehrbedarfs ohne weitere Hindernisse möglich ist, würde sich in diesem Falle auch die konkrete Bezifferung des monatlich begehrten Betrages anbieten.

22 BSG, Urteil vom 26.08.2008 – B 8/9b SO 10/06 R, a. A. LSG Niedersachsen-Bremen, Urteil vom 07.07.2022 – L 8 SO 277/18

23 BSG, Urteil vom 14.02.2013 – B 14 AS 48/12 R

J. Prozessuale Unterschiede des Sozialrechts zum Arbeitsrecht

I. Verwaltungsverfahren

1. Einleitung

Bestehen materiell-rechtliche Ansprüche oder ist deren Bestand streitig, stellt sich regelmäßig die Frage nach dem „richtigen" Weg, diese durchzusetzen. Arbeitsrechtlich geht dieser Weg in der Regel von einer zunächst außergerichtlichen Geltendmachung der Ansprüche unter Fristsetzung über oder bereits ohne vorherige außergerichtliche Geltendmachung direkt (Stichwort: Kündigungsschutzklage) zum Klageverfahren vor dem Arbeitsgericht. Der sozialrechtliche Weg ist regelmäßig ein anderer, wobei auch hier die Vorgehensweise in einigen Bereichen des Sozialrechts, die allerdings keine originäre Schnittmenge mit dem Arbeitsrecht haben, ohne das nachfolgend näher ausgeführte vorgerichtliche Verfahren auskommt (z. B. Vergütungsstreitigkeiten zwischen Krankenhaus und Krankenkasse).

Im an der Schnittstelle von Arbeits- und Sozialrecht klassischen Fall, dass ein Versicherter oder Leistungsempfänger oder aber eine Person, die behauptet zu diesen Personengruppen zu gehören, beginnt der „Sozialrechtsfall" in der Regel mit einem Antrag bei der Behörde, womit in jedem Fall das sog. „**Verwaltungsverfahren**" eingeleitet ist. Als Grundfall der Einleitung eines Verwaltungsverfahrens sieht das Gesetz mit § 18 S. 1 SGB X allerdings die pflichtgemäße Ausübung des der Behörde zustehenden Ermessens vor (**Opportunitätsprinzip**). Den tatsächlichen Begebenheiten der Sozialverwaltung entspricht dies gleichwohl nicht, vielmehr stellt die Verfahrenseinleitung nach § 18 S. 2 Nr. 1 Alt. 2 SGB X auf Antrag des Bürgers (**Dispositionsmaxime**) den Regelfall der Verfahrenseröffnung dar[24].

Ein solches Verwaltungsverfahren ist dem Arbeitsrecht (schon aufgrund seines nicht öffentlich-rechtlichen Charakters) fremd. Gerade aus diesem Grund ist der arbeitsrechtlich bewanderte Rechtsanwalt darauf hinzuweisen, dass eine Kostenerstattung für die Tätigkeit im sozialrechtlichen Verwaltungsverfahren vom Gesetzgeber nicht vorgesehen ist. Eine Erstattung außergerichtlicher Kosten kommt erst in Betracht, wenn das Verwaltungsverfahren zum Vorverfahren übergeht (hier dann § 63 SGB X, der die Kosten des Widerspruchsverfahrens umfasst).

---

24 *Vogelgesang* in: Hauck/Noftz SGB X, 3. Ergänzungslieferung 2023, § 18 Rn. 2

a) Verfahrensgrundsätze

Im laufenden Verwaltungsverfahren hat die Behörde zahlreiche Prinzipien zu berücksichtigen. Der in § 20 SGB X geregelte **Untersuchungsgrundsatz** legt der Behörde beispielsweise die Verpflichtung auf, den Sachverhalt von Amts wegen zu ermitteln und Art und Umfang der Ermittlungen zu bestimmen. Die Behörde ist dabei weder an das Vorbringen der Beteiligten gebunden, noch auf bestimmte Ermittlungsarten beschränkt. Die Behörde kann nach § 21 Abs. 1 S. 2 SGB X insbesondere Auskünfte jeder Art einholen, Beteiligte anhören, Zeugen und Sachverständige vernehmen oder deren schriftliche Äußerungen einholen, Urkunden und Akten beiziehen und den Augenschein einnehmen.

Die das Sozialverwaltungsverfahren prägende Ermittlungsverpflichtung der Behörde ist allerdings nicht uferlos. Aus § 21 Abs. 2 SGB X, der durch die Regelungen in §§ 60ff. SGB I für das Leistungsverfahren konkretisiert wird, ergibt sich der allgemeine Grundsatz, dass die Beteiligten bei der Aufklärung des Sachverhalts **mitwirken**, insbesondere ihnen bekannte Tatsachen und Beweismittel angeben sollen, § 21 Abs. 2 S. 2 SGB X. Diese Obliegenheit[25] entbindet die Behörde aber nicht davon, den Sachverhalt von Amts wegen aufzuklären; das Sozialverwaltungsverfahren kennt insoweit keine „primäre" Beweisführungslast. Eine Weigerung des Beteiligten an der Aufklärung des Sachverhalts mitzuwirken darf diesem im Rahmen der **Beweiswürdigung** dann (und nur dann) zum Nachteil gereichen, wenn die Behörde zuvor alle zumutbaren Anstrengungen unternommen hat, den Sachverhalt aufzuklären oder weitere Bemühungen im Verhältnis zum Erfolg nicht mehr zumutbar sind[26]. Die Folgen eines nicht erbrachten Beweises (non liquet) trägt dann nach allgemeinem Grundsatz derjenige, der aus dem nicht aufgeklärten Sachverhalt eine für ihn günstige Rechtsfolge herleiten will, bei anspruchsbegründenden Tatsachen ist dies regelmäßig der Antragsteller, bei anspruchsvernichtenden oder -hemmenden Tatsachen i. d. R. der Leistungsträger.

Bevor die Behörde einen Verwaltungsakt erlässt, der in die Rechte eines Beteiligten eingreift (Eingriffsverwaltung), ist diesem stets Gelegenheit zu geben, sich zu den für die Entscheidung erheblichen Tatsachen zu äußern, § 24 Abs. 1 SGB X, wobei eine Anhörung **formfrei** auch telefonisch oder per E-Mail erfolgen kann[27]. Ausnahmen von der Anhörungspflicht sind in § 24

25 H.M.: *Kopp/Ramsauer*, VwVfG, 24. Aufl. 2023, § 26 Rn. 44; Vogelgesang in: Hauck/Noftz, SGB X, 2. Ergänzungslieferung 2024, § 21 Rn. 30

26 *Vogelgesang* in: Hauck/Noftz, SGB X, 2. Ergänzungslieferung 2024, § 20 Rn. 2

27 *Apel* in: Schlegel/Voelzke, jurisPK-SGB X, 3. Aufl. Stand: 15.11.2023, § 24 Rn. 36

Abs. 2 SGB X geregelt. Mit der Anhörungspflicht korrespondiert das Recht des Einzelnen auf **rechtliches Gehör** im Verwaltungsverfahren[28]. Der Bürger soll vor **Überraschungsentscheidungen** geschützt werden[29] und vor Erlass belastender Entscheidungen Einfluss auf diese nehmen können. Gleichsam kommt der Norm weniger praktische Relevanz zu als dies in Anbetracht ihres Regelungsgehalts vermutet werden könnte, da eine unterlassene oder fehlerhafte Anhörung regelmäßig über eine Nachholung bis zur letzten Tatsacheninstanz geheilt wird, § 41 Abs. 2 SGB X. Das Gericht kann bei einem solchen Mangel im Verwaltungsverfahren das **Verfahren** auf Antrag gem. § 114 Abs. 2 S. 2 SGG **aussetzen**, um der Verwaltung die Möglichkeit der **Heilung** zu eröffnen, soweit eine solche Aussetzung sachdienlich ist. Ist eine notwendige Anhörung nicht erfolgt und auch nicht nachgeholt, so ist der Verwaltungsakt formell rechtswidrig und bereits aus diesem Grunde aufzuheben.

b) Mitwirkungspflichten

Damit die Behörde in die Lage versetzt wird, das Verwaltungsverfahren sachgerecht abzuschließen, ist die Behörde auf die Mitwirkung der Antragsteller, Leistungsempfänger und Versicherten angewiesen. Die **allgemeinen Mitwirkungspflichten** der Leistungsberechtigten sind dabei in den §§ 60 ff. SGB I geregelt und gelten – vorbehaltlich spezialgesetzlicher Regelungen, vgl. § 37 SGB I – für das gesamte Sozialrecht. Sie dienen der Ermittlung der Tatsachen, die der Leistungsträger für eine Sachentscheidung benötigt. Von der bestehenden **Amtsermittlungspflicht** gemäß § 20 SGB X entbinden sie den Leistungsträger allerdings nicht. Lediglich dann, wenn – auch infolge der mangelnden Mitwirkung des Leistungsberechtigten – weitere Ermittlungsmöglichkeiten nicht in Betracht kommen, kann sich dies im Rahmen der Beweiswürdigung zulasten des Antragstellers auswirken[30]. Kommt derjenige, der eine Sozialleistung beantragt oder erhält, seinen Mitwirkungspflichten nach den §§ 60–62, 65 SGB I nicht nach und wird hierdurch die Aufklärung des Sachverhalts erheblich erschwert, kann der Leistungsträger ohne weitere Ermittlung die Leistung – nach vorherigem schriftlichen Hinweis, § 66 Abs. 3 SGB I – bis zur **Nachholung der Mitwirkung** ganz oder teilweise **versagen** oder **entziehen**, soweit die Voraussetzungen der Leistung nicht nachgewiesen sind. Gleiches gilt entsprechend, wenn der Antragsteller oder Leistungsberechtigte in anderer Weise absichtlich die Aufklärung des Sachverhalts erheblich erschwert, § 66 Abs. 1 SGB I.

28 Vgl. hierzu bereits BSG, Urteil vom 28.07.1977 – 2 RU 31/77.

29 Vgl. BSG, Urteil vom 09.11.2010 – B 4 AS 37/09 R

30 *Seewald* in: KassKomm, Sozialversicherungsrecht, 88. EL Dezember 2015, vor §§ 60–67 SGB I Rn. 3

Die Versagung oder Entziehung wirkt fort bis zur Nachholung der Mitwirkung. Der Bescheid über die Versagung bzw. Entziehung erledigt sich bei Nachholung jedoch nicht von selbst[31], sondern ist durch den Leistungsträger aufzuheben, da er mit Nachholung der Mitwirkung rechtswidrig wird[32]. In jedem Fall ist zu beachten, dass mit der Leistungsversagung **keine Entscheidung** des Leistungsträgers **in der Sache** getroffen wird.

> **Fallbeispiel (Versagung von Arbeitslosengeld I):**
>
> Wendet sich ein Antragsteller gegen die Versagung von Arbeitslosengeld wegen fehlender Mitwirkung (beispielsweise wegen Nichtvorlage diverser Bescheinigungen wie der Arbeitsbescheinigung oder der Bescheinigung über den Bezug von Krankentagegeld, vielleicht auch wegen Nichtvorlage eines Gesundheitsfragebogens bei langandauernder Erkrankung etc.), so kann er in diesem Klageverfahren wegen fehlender Mitwirkung nicht die Verpflichtung der Agentur für Arbeit zur Gewährung von Arbeitslosengeld erstreiten (LSG Nordrhein-Westfalen, Urteil vom 21.02.2022 – L 20 AL 170/19).

Wendet sich der Kläger gegen eine Leistungsversagung, ist mangels Entscheidung in der Sache die isolierte Anfechtungsklage, nicht die kombinierte Anfechtungs- und Leistungsklage statthaft[33]. Daraus folgt weiter, dass **maßgeblicher Zeitpunkt für die Beurteilung der Rechtmäßigkeit** des Versagungsbescheides der Zeitpunkt seines Erlasses ist[34].

c) Untätigkeitsklage

Manchmal wird es vorkommen, dass die Behörde eine längere Zeit trotz des Antrages keine Entscheidung im Verwaltungsverfahren trifft. Unter den Voraussetzungen des § 88 Abs. 1 S. 1 SGG ist dann die Erhebung einer **Untätigkeitsklage** statthaft. Erforderlich hierfür ist, dass ein Antrag auf Vornahme eines Verwaltungsakts ohne zureichenden Grund in angemessener Frist (sechs Monate seit dem Antrag auf Vornahme des Verwaltungsaktes) sachlich nicht beschieden worden ist. Bei der Untätigkeitsklage handelt es sich um eine **reine Bescheidungsklage.** Damit ist alleiniger Streitgegenstand, ob tatsächlich eine Untätigkeit der Behörde gegeben ist. Ist dies der Fall, ist die Behörde zur unverzüglichen Bescheidung zu verpflichten. Grundsätzlich falsch ist es, wenn der Richter im Falle bloßer

---

31 *Mrozynski*, SGB I, 7. Aufl. 2024, § 67 SGB I Rn. 10.
32 BSG, Urteil vom 22.02.1995 – 4 RA 44/94
33 Vgl. BSG, Urteil vom 17.02.2004 – B 1 KR 4/02 R
34 LSG Berlin-Brandenburg, Urteil vom 23.11.2021 – L 25 AS 1035/19

Untätigkeit eine Entscheidung in der Sache selbst vornimmt; dies gilt auch dann, wenn die Sache selbst spruchreif ist[35].

Vor Ablauf der „**Wartefrist**" von 6 Monaten ist die Klage unzulässig, der Ablauf der **Wartefrist ist Sachurteilsvoraussetzung**. Eine Untätigkeitsklage ist nur ausnahmsweise dann bereits vor Ablauf der Wartefrist zulässig, wenn die Behörde erklärt, über den Antrag oder Widerspruch nicht zu entscheiden[36]. **Läuft die Wartefrist nach Klageerhebung ab**, wird die zunächst unzulässige Klage zulässig, der Zulässigkeitsmangel geheilt[37]. Das Gericht muss diese Wartefrist jedoch nicht abwarten und kann auch zuvor die Klage bereits als unzulässig abweisen.

Die Untätigkeitsklage ist begründet, wenn die Behörde den Antrag (oder Widerspruch) ohne zureichenden Grund nicht in angemessener Frist beschieden hat, bei einem Antrag beträgt die angemessene Frist sechs Monate, § 88 Abs. 1 S. 1 SGG. Dass ein **zureichender Grund** vorliegt, muss die Behörde darlegen und beweisen[38], wobei nur objektive Gründe zu beachten sind. Subjektive Hinderungsgründe, wie beispielsweise, dass die Behörde sich für unzuständig hält, sind dagegen unbeachtlich[39]. Einen solch lediglich subjektiven Hinderungsgrund stellt es bspw. dar, wenn der Antragsteller seinen Mitwirkungspflichten nach den §§ 60ff. SGB I nicht nachkommt, weil es der Behörde in diesen Fällen freisteht, den Antragsteller zur Mitwirkung aufzufordern und die Leistungen bei Erfolglosigkeit zu versagen.

Einzelne Sozialgerichte haben einen zureichenden Grund für eine Nichtbescheidung in angemessener Frist anerkannt bei kurzfristig **stark erhöhtem Arbeitsaufkommen** aus Anlass der Coronapandemie, wenn die Behörde gleichzeitig alles getan hat, um den erhöhten Arbeitsanfall zu bewältigen [40]. Ebenso wird ein wichtiger Grund vorliegen bei zeitlich **aufwendigen Ermittlungen des Sachverhaltes**, die eine Entscheidung (noch nicht) zulassen, weil beispielsweise noch die erforderliche Rückmeldung Dritter, z. B. von Gutachtern oder anderen Behörden, abgewartet wird.

Erlässt die Behörde während des laufenden Klageverfahrens **den begehrten Bescheid**, ist die Untätigkeitsklage, weil alleiniger Streitgegenstand

35 Vgl. BSG, Urteil vom 16.10.2014 – B 13 R 282/14 B

36 BSG, Urteil vom 18.05.2011 – B 3 P 5/10 R

37 BSG, Urteile vom 27.07.2021 – B 8 SO 10/19 R und vom 18.05.2011 – B 3 P 5/10 R; LSG Nordrhein-Westfalen, Urteil vom 25.10.2012 – L 2 AS 1592/12 B

38 *B.Schmidt* in: Meyer-Ladewig/Keller/Leitherer/Schmidt, SGG, 14. Aufl. 2023, § 88 Rn. 7

39 *Claus* in: Schlegel/Voelzke, jurisPK-SGG, 2. Aufl., § 88 SGG Rn. 34 (Stand: 15.06.2022)

40 SG Berlin, Urteil vom 25.09.2020 – S 90 AY 58/20; SG Münster, Urteil vom 26.04.2021 – S 14 R 29/21

die Untätigkeit der Behörde ist, in der **Hauptsache erledigt**[41]. Welchen sachlichen Inhalt aber die Entscheidung hat, ist dabei unerheblich[42].

d) Erlass des Verwaltungsaktes

Das Verwaltungsverfahren endet, wenn es sich nicht auf sonstige Weise erledigt, mit dem Erlass eines Verwaltungsaktes. Verwaltungsakt ist nach der Legaldefinition des § 31 S. 1 SGB X jede Verfügung, Entscheidung oder andere hoheitliche Maßnahme, die eine Behörde zur Regelung eines Einzelfalles auf dem Gebiet des öffentlichen Rechts trifft und die auf unmittelbare Rechtswirkung nach außen gerichtet ist. Die Rechtswirkungen, die an den Erlass eines Verwaltungsaktes geknüpft sind, können erheblich sein. So führt beispielsweise die **Bindungswirkung** (materielle Bestandskraft) des Verwaltungsaktes letztlich dazu, dass auch ein **rechtswidriger Verwaltungsakt**, wenn er nicht rechtzeitig angegriffen wird, vollstreckt werden kann. Gleichzeitig eröffnen (nur) Verwaltungsakte die Überprüfungsmöglichkeit von Recht- und Zweckmäßigkeit der Entscheidung auf Veranlassung des Adressaten im Vorverfahren, §§ 78 Abs. 1 S. 1, 83 SGG.

Liegen die vorgenannten materiell- rechtlichen Voraussetzungen des § 31 S. 1 SGB X vor, handelt es sich um einen Verwaltungsakt, unabhängig davon, ob nach der **äußeren Form** ein Verwaltungsakt gegeben ist[43], beispielsweise eine **Rechtsfolgenbelehrung** beigefügt ist.

> **Beispiel Kurzarbeitergeld (SG Gießen, Urteil vom 19.02.2024 – S 20 AL 72/23):**
>
> Bei der **Aufforderung** der Bundesagentur für Arbeit, **Korrekturanträge** im Verfahren über die abschließende Bewilligung von Kurzarbeitergeld **einzureichen**, handelt es sich mangels Regelungswirkung nicht um einen Verwaltungsakt. Wird dem Aufforderungsschreiben dennoch eine Rechtsbehelfsbelehrung beigefügt, so kann sich der Kläger hiergegen statthafter Weise mit Widerspruch und Anfechtungsklage wenden.

Erweckt im umgekehrten Fall eine Erklärung der Behörde nach ihrer Form den Anschein eines Verwaltungsaktes, dem es allerdings an den materiellrechtlichen Voraussetzungen mangelt (formeller Verwaltungsakt), kann sich der Bürger dennoch mit dem Widerspruch und der Anfechtungsklage zur Wehr setzen. Der Adressat ist in diesem Fall allein schon durch die Existenz eines **Anscheinsverwaltungsaktes** beschwert, der „Verwaltungsakt" demgemäß aufzuheben[44].

---

41 BSG, Urteil vom 17.9.2020 – B 4 AS 13/20 R

42 *Diehm* in: BeckOGK/SGG, Stand: 01.05.2024, § 88 Rn. 85

43 *Littmann* in: Hauck/Noftz, SGB X, 2. Ergänzungslieferung 2024, § 31 Rn. 18

44 BSG, Urteil vom 20.12.2001 – B 4 RA 50/01 R

Für die Auslegung von Verwaltungsakten gelten die Vorschriften des bürgerlichen Rechts über die **Auslegung** von Willenserklärungen, §§ 133, 157 BGB, entsprechend[45]. Maßgeblich für den Regelungsgehalt des Verwaltungsaktes ist demgemäß, wie ihn der Empfänger der Erklärung bei verständiger Würdigung nach den Umständen des Einzelfalles objektiv verstehen muss. Wiederholt die Behörde lediglich einen bereits ergangenen Verwaltungsakt (**wiederholende Verfügung**), so liegt hierin keine erneute Regelung mit der Folge, dass ein (neuer) Verwaltungsakt nicht gegeben ist[46]. Anders ist dies jedoch dann zu sehen, wenn ein sogenannter „**Zweitbescheid**" gegeben ist, wofür ausreichend ist, dass die Behörde in eine erneute inhaltliche Sachprüfung eingetreten ist[47].

Beachte:

Ein Bescheid kann durchaus mehrere Verwaltungsakte enthalten. Erlässt die Agentur für Arbeit beispielsweise einen Bescheid, der Höhe und Dauer des Arbeitslosengeldes und eine Sperrzeit ausweist, liegen mehrere Regelungen und damit auch mehrere Verfügungssätze im Sinne von § 31 SGB X vor.

Damit ein Verwaltungsakt Wirksamkeit erlangen kann, ist dessen **Bekanntgabe** (§ 37 SGB X) gegenüber demjenigen, für den er bestimmt oder der von ihm betroffen ist erforderlich, § 39 Abs. 1 S. 1 SGB X. Daneben ist der Zeitpunkt der Bekanntgabe auch für den Lauf von Rechtsmittelfristen und die Frage, welche Rechtsgrundlage für die Aufhebung von Verwaltungsakten einschlägig ist (§§ 44 – 47 SGB X oder § 48 SGB X), von entscheidender Bedeutung.

Die Behörde ist bei der Frage nach der **Bekanntgabeform** in der Regel frei, sodass auch eine einfache Bekanntgabe ohne Zustellnachweis möglich ist.

In den Fällen der einfachen Bekanntgabe kann sich die Behörde auch auf die **Zustellungsfiktion** des § 37 Abs. 2 SGB X berufen, wonach sowohl ein schriftlicher Verwaltungsakt, der im Inland durch die Post übermittelt wird, als auch ein Verwaltungsakt, der elektronisch übermittelt wird, am dritten Tag nach der Aufgabe zur Post bzw. Absendung als bekannt gegeben gelten. Wann der Verwaltungsakt zur Post aufgegeben worden ist, ist aber in jedem Falle in den Akten zu vermerken, sonst greift die Zugangs-

45 BSG, Urteil vom 31.05.1989 – 4 RA 19/88
46 BSG, Urteil vom 28.10.2008 – B 8 SO 22/07 R
47 Vgl. BSG, Urteil vom 20.11.2003 – 13 RJ 43/02 R

fiktion nicht[48]. Auch bei nachweislich späterem Zugang ist vom tatsächlichen Zugangszeitpunkt auszugehen[49].

Fehlt die **Rechtsbehelfsbelehrung** in einem Bescheid, hat dies **keine Auswirkungen auf die Wirksamkeit der Bekanntgabe**[50]. Ob das Fehlen einer Rechtsbehelfsbelehrung auch zur Rechtswidrigkeit des Verwaltungsaktes führt, ist umstritten und wird von der wohl herrschenden Meinung abgelehnt[51]. Hierfür spricht auch § 66 Abs. 2 S. 1 SGG, wonach sich in den Fällen unrichtiger und unterbliebener Belehrung die Rechtsbehelfsfrist auf ein Jahr verlängert. Ob der Adressat des Verwaltungsaktes die zutreffende Rechtsmittelfrist kannte, ist dabei unerheblich[52]. Geht aus der Entscheidung jedoch unrichtigerweise hervor, ein Rechtsmittel sei nicht gegeben, läuft allerdings keine Frist, auch nicht die Jahresfrist[53]. In diesen Fällen kommt lediglich eine **Verwirkung** in Betracht[54]. Nur in dem Fall, dass die Einlegung des Rechtsbehelfs infolge höherer Gewalt nicht innerhalb der Jahresfrist möglich war, ist eine **Wiedereinsetzung in den vorigen Stand** möglich, § 66 Abs. 2 S. 2 SGG i. V. m. § 67 Abs. 2 SGG analog.

Wird der gegen einen Verwaltungsakt gegebene **Rechtsbehelf** nicht oder erfolglos eingelegt, so ist der Verwaltungsakt für die Beteiligten in der Sache **bindend**, soweit durch Gesetz nichts anderes bestimmt ist, § 77 SGG. Unter Berücksichtigung des Vorgenannten ist Voraussetzung für die Bestandskraft zunächst das Vorliegen eines jedenfalls wirksamen Verwaltungsaktes, unter anderem also eine ordnungsgemäße Bekanntgabe und seine Unanfechtbarkeit (**formelle Bestandskraft**). Die Bestandskraft tritt nur dann nicht ein, wenn form- und fristgerecht Widerspruch eingelegt worden ist. Wird der Widerspruch verfristet eingelegt, wird demgemäß auch der rechtswidrige Verwaltungsakt bindend[55]. **Nichtige Verwaltungsakte**, § 40 SGB X, leiden indes an einem besonders schweren materiell- oder formalrechtlichen Fehler und können daher keine Bindungswirkung entfalten. Die Bindungswirkung entfällt zudem, wenn ein Widerspruch zwar verspätet eingelegt worden, die Behörde jedoch trotz Verfristung in eine Sachprüfung eingetreten ist[56]. Die nicht selten in Widerspruchsbescheiden anzutreffende Formu-

48 BSG, Urteil vom v. 03.03.2009 – B 4 AS 37/08 R
49 BSG, Urteil vom 6. Mai 2010 – B 14 AS 12/09 R
50 *Pattar* in: Schlegel/Voelzke, jurisPK-SGB X, 3. Aufl. Stand: 12.04.2024, § 37 Rn. 73
51 Stv.: *Mutschler* in: BeckOGK, SGB X, Stand: 01.05.2021, § 36 Rn. 22
52 *Grube* in: Schlegel/Voelzke, jurisPK-SGB X, 3. Aufl. Stand: 30.07.2024, § 36 Rn. 48
53 BSG, Urteil vom 14.12.2006 – B 4 R 19/06 R
54 Vgl. näher: *H. Müller* in: Ory/Weth, jurisPK-ERV Band 3, 2. Aufl. Stand: 09.07.2024, § 66 SGG Rn. 42 ff.
55 *Luthe* in: Schlegel/Voelzke, jurisPK-SGB X, 3. Aufl. Stand: 15.11.2023, § 31 Rn. 25
56 *Giesbert* in: Schlegel/Voelzke, jurisPK-SGG, 2. Aufl., § 77 Rn. 83 (Stand: 15.06.2022)

lierung, dass der Widerspruch „unzulässig, weil verfristet, aber auch in der Sache unbegründet“ ist, führt demgemäß zwingend zur weiteren inhaltlichen Prüfung der behördlichen Entscheidung im Klagewege.

II. Vorverfahren und Vorverfahrenskosten

Dem Verwaltungsverfahren schließt sich nach Erlass des Bescheides das Vorverfahren, auch „Widerspruchsverfahren“ genannt, an, wenn mit der Entscheidung im Verwaltungsverfahren kein Einverständnis besteht. Die Durchführung des Vorverfahrens ist **Sachurteilsvoraussetzung** einer späteren Anfechtungsklage (die, ggf. in Kombination mit anderen Klagen, immer dann statthaft ist, wenn eine den Kläger beschwerende, also belastende Entscheidung in Form eines Verwaltungsaktes vorliegt). Wird Klage erhoben, ohne dass überhaupt Widerspruch eingelegt worden wäre, ist die Klage ohne Weiteres unzulässig. Wurde Klage erhoben, bevor über einen **eingelegten Widerspruch** entschieden worden ist, so kommt allerdings eine **Aussetzung** des Klageverfahrens analog § 114 SGG in Betracht[57] mit der Folge, dass bei Erlass des Widerspruchsbescheides das Klageverfahren fortzusetzen ist. Auszusetzen ist selbstverständlich dann nicht, wenn die Nichtbescheidung eines Widerspruchs durch die Behörde alleiniger Streitgegenstand ist, also eine Untätigkeit i. S. d. § 88 Abs. 1 und Abs. 2 SGG vorliegt. In Gegensatz zur Untätigkeit in Hinblick auf die Bescheidung eines Antrages (sechs Monate) beträgt die angemessene Entscheidungsfrist für Widersprüche drei Monate.

Das Vorverfahren beginnt nach § 83 SGG mit der **Erhebung des Widerspruchs**, der nach § 84 Abs. 1 S. 1 SGG binnen eines Monats, nachdem der Verwaltungsakt dem Beschwerten bekannt gegeben worden ist, schriftlich, in elektronischer Form nach § 36a Abs. 2 SGB I oder zur Niederschrift bei der Stelle einzureichen ist, die den Verwaltungsakt erlassen hat. **Inhaltliche Anforderungen** enthält das SGG nicht, sodass bei fehlender Bezeichnung als Widerspruch die allgemeinen Auslegungsgrundsätze gelten[58], wobei bei anwaltlicher Vertretung strengere Maßstäbe anzusetzen sind[59]. Folge des Widerspruchs ist die **Hemmung der Bestandskraft** des angegriffenen Verwaltungsaktes bis zum Abschluss des Vorverfahrens.

Abgesehen von den Fällen der zwischenzeitlichen anderweitigen Erledigung – beispielsweise durch Rücknahme des Widerspruchs – wird das

57 *Guttenberger* in: Schlegel/Voelzke, jurisPK-SGG, 2. Aufl. Stand: 15.06.2022, § 114 Rn. 43
58 LSG Niedersachsen-Bremen, Urteil vom 28.1.2019 – L 16 KR 324/18; zur Auslegung vgl. BSG, Urteil vom 06.04.2011 – B 4 AS 119/10 R
59 LSG Sachsen, Urteil vom 15.12.2011 – L 3 AS 480/09

Vorverfahren beendet durch Erlass eines **(Teil-)Abhilfe- und/oder Widerspruchsbescheids**, § 85 Abs. 1 und Abs. 2 SGG. Hilft die Behörde dem Widerspruch nicht oder nur teilweise ab, so erlässt sie einen Widerspruchsbescheid. Dieser ist schriftlich zu begründen, § 85 Abs. 3 S. 1 SGG, wobei Begründungsmängel nach § 41 Abs. 1 Nr. 2, Abs. 2 und 3 SGB X geheilt werden können.

Ergeht eine Entscheidung im Vorverfahren, hat die Behörde über die notwendigen Aufwendungen des Widerspruchsführers unter Beachtung der Grundsätze des § 63 SGB X zu entscheiden[60]. Hiervon umfasst sind zum einen die **gesetzlichen Gebühren und Auslagen des Rechtsanwaltes** oder Bevollmächtigten, zum anderen die **Auslagen des Widerspruchsführers** selbst, z. B. Porto- oder Kopierkosten. Mit der Formulierung, dass „die zur zweckentsprechenden Rechtsverfolgung oder Rechtsverteidigung notwendigen Aufwendungen zu erstatten sind, ***soweit*** der Widerspruch erfolgreich ist", hat der Gesetzgeber die Kostenerstattung im Vorverfahren allein an den **Erfolg des Widerspruchs** geknüpft, der eingetreten ist, wenn die Behörde dem Widerspruch stattgegeben hat und zwar nicht lediglich aufgrund nachträglicher Erfüllung etwaiger Mitwirkungspflichten des Widerspruchsführers[61]. Anders als im Rahmen der Kostenentscheidung nach § 193 SGG hat die Behörde durch die klare Bindung an den Erfolg des Widerspruchs eine **gebundene Entscheidung** zu treffen. Für Ermessenserwägungen bleibt im Rahmen des § 63 SGB X kein Raum. Gleichzeitig folgt aus der Formulierung „soweit", dass die Behörde im Falle des Teilerfolgs eine Kostenquote auszusprechen hat.

Regelmäßig problematisch ist die Frage nach der Möglichkeit der Erstattung von Aufwendungen im Vorverfahren in den Fällen des § 86 SGG (im Klageverfahren ist § 96 SGG zu beachten). **§ 86 SGG** besagt, dass dann, wenn ein **Verwaltungsakt** während des Vorverfahrens **abgeändert** wird, auch der neue Verwaltungsakt Gegenstand des Vorverfahrens wird. Auch die vollständige Aufhebung eines Verwaltungsakts und dessen Ersetzung durch einen neuen Verwaltungsakt mit zumindest teilweise identischem Regelungsbereich wird hiervon umfasst; das Ersetzen ist die radikalste Form der Abänderung[62]. Die Einbeziehung erfolgt **von Gesetzes wegen**, also unabhängig vom Willen der Behörde oder des Widerspruchsführers. Hat die Behörde also beispielsweise unter dem Datum des 15.01.2024 einen Bescheid über die Bewilligung von Leistungen für den Zeitraum vom 01.01.2024 bis

60 BSG, Urteil vom 31.05.2006 – B 6 KA 78/04 R

61 BSG, Urteil vom 21.07.1992 – 4 RA 20/91

62 LSG Berlin-Brandenburg, Urteil vom 10.11.2016 – L 20 AS 2378/15

30.06.2024 getroffen und ändert sie diese Entscheidung in der Höhe ab, ggf. auch nur für den Zeitraum von März bis Juni 2024, wird dieser abändernde Bescheid Gegenstand des Widerspruchsverfahrens, wenn er nach Erhebung eines Widerspruchs gegen den Ursprungsbescheid vom 15.01.2024 erlassen worden ist. Die Einbeziehung von Verwaltungsakten, die einen angegriffenen Bescheid abändern oder ersetzen, erfolgt auch im Klageverfahren, hier unter Anwendung der Norm des § 96 SGG. Nach herrschender Meinung, teilweise unter Berufung auf § 86 SGG[63], teilweise unter Berufung auf § 96 SGG[64], wird der abändernde Verwaltungsakt auch kraft Gesetzes einbezogen, wenn er **zwischen Widerspruchsbescheid und Klage** ergeht.

Auch wenn § 86 SGG bestimmt, dass der abändernde Verwaltungsakt unverzüglich der Stelle, die über den Widerspruch entscheidet, mitzuteilen ist, erlangt die Widerspruchsstelle nicht immer Kenntnis von der abändernden Entscheidung. Da die Einbeziehung kraft Gesetzes erfolgt, ist dies zwar grundsätzlich unerheblich; es hat jedoch zur Folge, dass häufig in dem abändernden Bescheid die **fehlerhafte Rechtsbehelfsbelehrung** zu finden ist, wonach der Widerspruch gegen den ablehnenden Bescheid statthaft ist – zutreffend wäre eigentlich, darauf hinzuweisen, dass der abändernde Verwaltungsakt Gegenstand des bereits anhängigen Widerspruchsverfahrens geworden ist. Nicht zuletzt aus anwaltlicher Sorgfalt oder aber auch in Unkenntnis oder wegen Unsicherheit im Hinblick auf die Eröffnung des Anwendungsbereichs des § 86 SGG, wird daher häufig Widerspruch gegen den abändernden Verwaltungsakt erhoben. Dieser **Widerspruch** ist jedoch wegen der Einbeziehung des abändernden Verwaltungsaktes von Gesetzes wegen nicht statthaft und demgemäß **als unzulässig zu verwerfen.**

Beispiel: Kosten des Widerspruchs (fehlerhafte Rechtsbehelfsbelehrung):

Wurden mit Bescheid vom 15.01.2024 Leistungen für Januar bis Juni 2024 bewilligt, hiergegen am 30.01.2024 Widerspruch erhoben und erlässt die Behörde am 15.02.2024 einen Aufhebungsbescheid für den Monat Juni 2024, so ist dieser Aufhebungsbescheid automatisch nach § 86 SGG Gegenstand des Widerspruchsverfahrens.

Hat die Behörde ihrem Aufhebungsbescheid vom 15.02.2024 die fehlerhafte **Rechtsbehelfsbelehrung** beigefügt, nach welcher der **Widerspruch statthaft** sei, so können mangels „Erfolg" für einen dementsprechend eingelegten Widerspruch keine Kosten erstattet verlangt werden. Nach dem unmissverständlichen Wortlaut des **§ 63 Abs. 1 S. 1 SGB X** hat der Rechtsträger, dessen Behörde den

63 BSG, Urteil vom 01.08.1977 – RAr 37/77

64 *Senger* in: Schlegel/Voelzke, jurisPK-SGG, 2. Aufl. Stand: 03.04.2024, § 86 Rn. 16

angefochtenen Verwaltungsakt erlassen hat, demjenigen, der Widerspruch erhoben hat, die Kosten zu erstatten, **soweit** der Widerspruch erfolgreich ist (BSG, Urteil vom 19.06.2012 – B 4 AS 142/11 R).

Zu denken ist in diesen Fällen an die Möglichkeit, ggf. über die **Klageerhebung**, eine (teilweise) **positive Kostengrundentscheidung** zu erlangen. Denn nach der für Klageverfahren maßgeblichen Regelung des § 193 SGG entscheidet das Gericht über die Kosten nach billigem Ermessen. Hier ist neben dem Erfolg der Klage auch zu berücksichtigen, wer Anlass für Rechtsverfolgung gegeben hat (**Veranlasserprinzip**). Nach einem Urteil des LSG Baden-Württemberg vom 12.02.2010 (L 4 R 803/09) gilt sogar, nimmt der Betroffene den fehlerhaft als statthaft bezeichneten Widerspruch nach Kenntnis seiner Unzulässigkeit zurück, dass die Behörde die vollen Kosten des Widerspruchsverfahrens zu tragen hat.

Umfasst von den zu erstattenden Kosten sind jene Aufwendungen, die zur zweckentsprechenden Rechtsverfolgung oder -verteidigung notwendig waren. Gemäß § 63 Abs. 2 SGB X sind die **Gebühren und Auslagen eines Rechtsanwalts** oder eines sonstigen Bevollmächtigten im Vorverfahren erstattungsfähig, wenn die **Zuziehung** eines Bevollmächtigten **notwendig** war, wobei darauf abzustellen ist, wie ein verständiger Dritter in dessen Situation gehandelt hätte[65]. Sind schwierige Sach- oder Rechtsfragen zu beurteilen, weshalb ein vernünftiger Dritter einen Rechtsanwalt beauftragen würde, ist die Notwendigkeit der Hinzuziehung offenkundig[66]. Selbst für den Fall, dass ein **Rechtsanwalt sich selbst vertritt**, ist ein Anspruch auf Kostenerstattung möglich. Auch in diesem Falle ist nicht auf die besonderen Rechtskenntnisse des Rechtsanwalts abzustellen, sondern danach zu fragen, ob ein vernünftiger Bürger ohne spezielle Kenntnisse einen Bevollmächtigten hinzugezogen hätte[67]. Im Hinblick auf die Komplexität des Sozialrechts, die auch ausgebildeten Juristen Schwierigkeiten bereitet, ist ohnehin eine weite – nicht aber grenzenlose – Auslegung geboten. **An der Notwendigkeit** der Hinzuziehung **fehlt es** beispielsweise dann, wenn der Widerspruchsführer selbst und für ihn **leicht erkennbar fehlerhafte Angaben** gemacht hat, auf denen eine belastende Entscheidung beruht.

Ist der Widerspruchsführer mit der Kostenentscheidung im Vorverfahren nicht einverstanden, so kann er sich auch **isoliert gegen die Kostenentscheidung** im Klagewege wenden. Geht der Widerspruchsführer im Klagewege gegen die Kostenentscheidung nach § 63 SGB X vor, so umfasst die gerichtliche Kostenentscheidung auch eine Entscheidung über die

65 BVerwG, Urteil vom 24.05.2000 – 7 C 8/99
66 LSG Sachsen-Anhalt, Urteil vom 26.07.2012 – L 2 AL 40/11
67 BSG, Urteil vom 18.12.2001 – B 12 KR 42/00 R

Kosten des Vorverfahrens (sog. „**Einheitlichkeit der Kostenentscheidung**“[68]). Wird einem Widerspruch teilweise abgeholfen und erklärt sich die Behörde bereit, dem Widerspruchsführer einen Teil seiner notwendigen Aufwendungen zu erstatten, so **erledigt** sich in jedem Falle dieser Verwaltungsakt (ganz!) auf sonstige Weise gemäß § 39 Abs. 2 SGB X, sobald der Widerspruchsführer gegen den im Übrigen erlassenen Widerspruchsbescheid Klage erhebt. Das Risiko, eine (teilweise) positive Kostenentscheidung im Vorverfahren zu „verlieren“ trägt in diesem Falle also der Kläger[69].

III. Klageverfahren

Verfahrensrechtliche Unterschiede zwischen Arbeitsgerichtsprozess und Sozialgerichtsprozess gibt es viele. Mit der Beschränkung auf die Kenntnis der wesentlichen Unterscheidungsmerkmale kommt man bei Tätigkeit in beiden Rechtsgebieten jedoch schon relativ weit, obwohl es sich doch um zwei grundlegend verschiedene Rechtsmaterien – namentlich Zivilrecht einerseits und öffentliches Recht andererseits – handelt.

Zunächst kennt – zu verstehen als eine erste Art der groben Weichenstellung – das Sozialgerichtsverfahren im Gegensatz zum arbeitsgerichtlichen Verfahren keine Unterscheidung zwischen **Urteilsverfahren** und **Beschlussverfahren**.

Statt des Begriffs „**Parteien**“ bezeichnet man Kläger, Beklagte und Beigeladene im Sozialgerichtsverfahren als „**Beteiligte**“, § 69 SGG. Während sich die Parteien vor dem Bundesarbeitsgericht und dem Landesarbeitsgericht nach § 11 Abs. 4 S. 1 ArbGG durch Prozessbevollmächtigte vertreten lassen müssen, ist dies im Sozialgerichtsverfahren auch in zweiter Instanz nicht der Fall, vielmehr besteht **Vertretungszwang** nur vor dem Bundessozialgericht, § 73 Abs. 4 S. 1 SGG. Das führt bspw. dazu, dass auch ein vertretener Kläger die Klage unabhängig vom Willen des Rechtsanwalts zurücknehmen kann.

In **kostenrechtlicher Hinsicht** gibt es zum Sozialgericht keine § 12a ArbGG entsprechende Regelung, wonach in Urteilsverfahren des ersten Rechtszugs kein Anspruch der obsiegenden Partei auf Entschädigung wegen Zeitversäumnis und auf Erstattung der Kosten für die Zuziehung eines Prozessbevollmächtigten oder Beistandes besteht; es besteht hierfür allerdings auch kein Bedürfnis. Führt man sich vor Augen, dass sich in den klassischen sozialrechtlichen Über-/Unterordnungsverhältnissen Leistungsempfänger/

68 BSG, Urteil vom 19.10.2016 – B 14 AS 50/15 R
69 BSG, Urteil vom 19.10.2016 – B 14 AS 50/15 R

Versicherter und Behörde gegenüberstehen, liegt auf der Hand, dass ein einfacher Zugang zur Überprüfung behördlicher Entscheidungen geschaffen werden muss. So soll die Durchsetzung materieller sozialer Rechte nicht durch die Besorgnis erschwert werden, mit erheblichen Kosten belastet zu werden[70], hierzu dient § 183 SGG. Nach § 183 S. 1 SGG ist das Verfahren vor den Gerichten der Sozialgerichtsbarkeit für Versicherte, Leistungsempfänger, einschließlich Hinterbliebenenleistungsempfänger, Menschen mit Behinderungen oder deren Sonderrechtsnachfolger nach § 56 des Ersten Buches Sozialgesetzbuch kostenfrei, soweit sie in dieser jeweiligen Eigenschaft als Kläger oder Beklagte beteiligt sind – ebenso für Personen, die im Falle des Obsiegens zu diesen Personen gehören würden, § 183 S. 3 SGG. Der Staat, der den Versicherten in der Regel dem Versicherungszwang unterwirft, bietet ihm demnach zum Ausgleich durch Kostenfreiheit die Möglichkeit der umfassenden Wahrnehmung seiner Rechte[71].

Gehören in einem sozialgerichtlichen Verfahren Kläger oder Beklagter zu den in § 183 genannten Personen, fallen also keine Verfahrenskosten an. Die **außergerichtlichen Kosten** werden nach den §§ 183 ff. SGG verteilt. So haben beispielsweise Kläger und Beklagter, die nicht zu den in § 183 SGG genannten Personen gehören, nach § 184 SGG für jede Streitsache eine **Pauschgebühr** zu entrichten, die für Verfahren vor den Sozialgerichten 150 €, vor den Landessozialgerichten 225 € und für Verfahren vor dem Bundessozialgericht 300 € beträgt. Man kann also sagen, dass jede Behörde eine Art Selbstbeteiligung zu zahlen hat, allein, weil eine Streitsache – gleich, ob sie im Ergebnis begründet ist oder nicht – rechtshängig geworden ist. Da § 193 Abs. 4 SGG bestimmt, dass die Aufwendungen der in § 184 Abs. 1 SGG genannten Gebührenpflichtigen nicht erstattungspflichtig sind, besteht die Besorgnis, für etwaige Kosten der Behörde aufzukommen, nicht.

Zudem fallen in Verfahren nach § 183 SGG lediglich die recht geringen **Betragsrahmengebühren** nach § 3 Abs. 1 S. 1 RVG an – eine Vergütung, die von Rechtsanwälten häufig als nicht dem Aufwand angemessen beurteilt wird. Für den Leistungsempfänger/Versicherten ist auch das jedoch regelmäßig günstiger als eine im Arbeitsrecht üblichen Bemessung nach Streitwert. Auch im sozialgerichtlichen Verfahren kann allerdings ein **Streitwert** anzusetzen sein, nämlich dann, wenn es sich um ein kostenpflichtiges Verfahren nach § 197a SGG handelt, also in einem Rechtszug weder Kläger noch Beklagter zu den in § 183 SGG genannten Personen gehören (Beispiel: Krankenhaus klagt auf Vergütung gegenüber Krankenkasse).

70 BVerfG, Beschluss vom 01.07.1987 – 1 BvL 21/82
71 BVerfG, Beschluss vom 01.07.1987 – 1 BvL 21/82

Während im Urteilsverfahren des ersten Rechtszuges vor den Arbeitsgerichten die Durchführung einer **Güteverhandlung** obligatorisch ist, § 54 ArbGG, gibt es eine solche Güteverhandlung vor den Sozialgerichten nicht, es gilt vielmehr der Grundsatz, dass das Verfahren möglichst in der („einer") **mündlichen Verhandlung** entschieden werden soll. Dennoch ist insbesondere die Sachlage häufig nicht ganz eindeutig oder auch noch nicht völlig klar, sodass es häufig der persönlichen Erörterung mit den Beteiligten bedarf. Hierzu kann der/die Vorsitzende einen Termin anberaumen, das persönliche Erscheinen der Beteiligten hierzu anordnen und den Sachverhalt mit diesen erörtern, § 106 Abs. 3 Nr. 7 SGG, also einen **Erörterungstermin** durchführen. In diesem kann, insoweit vergleichbar mit der Güteverhandlung, keine Entscheidung ergehen, wohl aber Beweis erhoben werden; auch mehrere Erörterungstermine könnte das Gericht grundsätzlich ohne Zustimmung der Beteiligten durchführen, was jedoch eher selten der Fall sein wird.

Eine Entscheidung in der Sache ist der Durchführung einer mündlichen Verhandlung vorbehalten oder kann mit Einverständnis der Beteiligten nach § 124 Abs. 2 SGG auch **ohne mündliche Verhandlung durch Urteil**, getroffen werden. Bei der Entscheidung ohne mündliche Verhandlung durch Urteil nach § 124 Abs. 2 SGG wird zwar auf die Durchführung einer mündlichen Verhandlung verzichtet, die Entscheidung ist aber unter Beteiligung der ehrenamtlichen Richter, nicht durch den/die Vorsitzende/n allein, zu treffen. Der/Die Vorsitzende allein kann allerdings auch entscheiden, dass die Voraussetzungen für den Erlass eines **Gerichtsbescheides** vorliegen und von dieser Möglichkeit Gebrauch machen. Nach § 105 Abs. 1 S. 1 SGG kann das Gericht ohne mündliche Verhandlung durch Gerichtsbescheid entscheiden, wenn die Sache keine besonderen Schwierigkeiten tatsächlicher oder rechtlicher Art aufweist und der Sachverhalt geklärt ist. Die Beteiligten sind (nur) vorher zu hören, § 105 Abs. 1 S. 2 SGG. Die Durchführung eines vorherigen Erörterungstermins ist nicht erforderlich.

Bei all den Möglichkeiten zur Entscheidung stellt sich für Rechtsanwälte häufig die Frage, inwieweit die Entscheidungsform Auswirkungen auf das Entstehen einer **(fiktiven) Termingebühr** haben kann.

Nach Nr. 3106 VV RVG entsteht die Termingebühr auch, wenn

1. in einem Verfahren, für das eine mündliche Verhandlung vorgeschrieben ist[72], im Einverständnis mit den Parteien ohne mündliche Verhandlung entschieden oder in einem solchen Verfahren ein schriftlicher Vergleich geschlossen wird,

72 Vor den Sozialgerichten in 1. Instanz immer der Fall, § 124 Abs. 3 SGG

2. nach § 105 Abs. 1 Satz 1 SGG durch Gerichtsbescheid entschieden wird und eine mündliche Verhandlung beantragt werden kann oder
3. das Verfahren, für das eine mündliche Verhandlung vorgeschrieben ist, nach angenommenem Anerkenntnis ohne mündliche Verhandlung endet.

Die Gebühr beträgt dann 90 % der in derselben Angelegenheit dem Rechtsanwalt zustehenden Verfahrensgebühr ohne Berücksichtigung einer Erhöhung nach Nr. 1008 VV RVG.

Dem Vorgenannten lässt sich entnehmen, dass lediglich in einem Fall keine **fiktive Termingebühr** abgerechnet werden kann; das ist der Fall, dass durch **Gerichtsbescheid** entschieden wird **und** eine **mündliche Verhandlung nicht beantragt werden kann**. Mündliche Verhandlung kann immer dann beantragt werden, wenn die Berufung gegen den Gerichtsbescheid nicht gegeben ist, § 105 Abs. 2 S. 2 SGG, also der Wert des Beschwerdegegenstandes bei einer Klage, die eine Geld-, Dienst- oder Sachleistung oder einen hierauf gerichteten Verwaltungsakt betrifft, 750 € nicht übersteigt, § 144 S. 1 Nr. 1 SGG oder wenn eine Erstattungsstreitigkeit zwischen juristischen Personen des öffentlichen Rechts oder Behörden 10.000,00 € nicht übersteigt. An der Schnittstelle zwischen Arbeits- und Sozialrecht kann man sich also merken, dass eine **fiktive Termingebühr nicht anfällt, wenn der Wert des Beschwerdegegenstandes 750 € übersteigt**; denn dann ist die Berufung statthaft mit der Folge, dass gerade keine mündliche Verhandlung nach Nr. 3106 Nr. 2 VV RVG beantragt werden kann.

Weitere wesentliche Unterschiede zwischen Arbeits- und Sozialgerichtsverfahren finden sich in Bezug auf den Umgang und die Folgen **des Ausbleibens eines oder mehrerer Beteiligter im Termin**. Im Arbeitsgerichtsverfahren schließt sich bei Säumnis einer Partei in der Güteverhandlung unmittelbar eine weitere Verhandlung an, in der auf Antrag ein Versäumnisurteil zu erlassen ist. Bei Säumnis beider Parteien im Gütetermin ist das Ruhen des Verfahrens anzuordnen, bei Säumnis beider Parteien in der mündlichen Verhandlung ist eine Entscheidung ohne mündliche Verhandlung herbeizuführen. Ein **Versäumnisurteil kennt das sozialgerichtliche Verfahren allerdings nicht**; es ist dort schlicht nicht existent. Das Sozialgericht kann vielmehr, sofern – wie regelmäßig – in der Ladung auf diese Möglichkeit hingewiesen worden ist, gem. § 126 SGG nach Lage der Akten entscheiden, wenn in einem Termin keiner der Beteiligten erscheint oder beim Ausbleiben von Beteiligten die erschienenen Beteiligten dies beantragen. Es kann bei Vorliegen der Voraussetzungen des § 126 SGG erst recht auch eine mündliche Verhandlung durchführen[73]. Vorteil

73 BSG, Urteil vom 16.12.1993 – 13 RJ 37/93

an der Durchführung der mündlichen Verhandlung ist, dass das Urteil nach § 132 SGG in dem Termin direkt noch verkündet werden kann – und damit kein weiterer möglicherweise nachgereichter Sachvortrag zu berücksichtigen ist.

Abschließend bleibt ein Blick auf die **Klagerücknahmefiktion** nach § 102 Abs. 2 S. 1 SGG und auf die Möglichkeit der Auferlegung von **Verschuldenskosten**, § 192 SGG, zu werfen.

§ 102 Abs. 2 SGG fingiert die Klagerücknahme in Fällen, in denen der Kläger entgegen einer Aufforderung des Gerichts das Verfahren „länger als drei Monate nicht betreibt“ und bestimmt auch das Verfahren, das zur Klagerücknahmefiktion führt[74].

Die Klagerücknahmefiktion beruht auf der Annahme, dass der Kläger bei Nichtbetreiben des Verfahrens kein subjektives Rechtsschutzinteresse mehr hat[75]. Für diese Annahme ist zunächst eine Betreibensaufforderung erforderlich, die sowohl ihren Anlass als auch die Schritte bezeichnen muss, um die Zweifel am Fortbestand des Rechtsschutzinteresses zu beseitigen. Gleichzeitig ist eine Frist zum Betreiben zu setzen. Hat der Kläger das Verfahren trotz entsprechender Aufforderung nicht betrieben, so gilt die Klage als zurückgenommen, der Rechtsstreit ist damit in der Hauptsache erledigt. Ist der Kläger mit einer solchen Entscheidung nicht einverstanden, kann er einen Antrag auf Fortsetzung des Verfahrens stellen[76], über den das Gericht zu entscheiden hat.

Ebenfalls der Kategorie „Fahrlässigkeit im Hinblick auf die Betreibung des Verfahrens“ kann die Norm des § 192 SGG zugeordnet werden; sie betrifft jedoch nicht die Entscheidung in der Hauptsache, sondern allein die Kostenentscheidung. Nach § 192 Abs. 1 SGG kann das Gericht im Urteil, oder wenn das Verfahren anders beendet wird, durch Beschluss einem Beteiligten ganz oder teilweise die Kosten auferlegen, die dadurch verursacht werden, dass 1. **durch Verschulden** des Beteiligten die **Vertagung einer mündlichen Verhandlung** oder die Anberaumung eines neuen Termins zur mündlichen Verhandlung nötig geworden ist oder 2. der Beteiligte den Rechtsstreit fortführt, obwohl ihm vom Vorsitzenden die **Missbräuchlichkeit der Rechtsverfolgung oder -verteidigung** dargelegt worden und er auf die Möglichkeit der Kostenauferlegung bei Fortführung des Rechtsstreites hingewiesen worden ist. Dem **Beteiligten steht** nach § 192 Abs. 1 S. 2 SGG **sein Vertreter oder Bevollmächtigter gleich.** Eine

74 Horn/Pfeffer/Müller, Das Sozialgerichtsverfahren, 1. Auflage 2024, S. 228
75 *Burkiczak* in: Schlegel/Voelzke, jurisPK-SGG, 2. Aufl. Stand: 07.05.2024, § 102 Rn. 62
76 BVerfG (K), Beschluss vom 05.03.2019 – 2 BvR 12/19

§ 192 SGG entsprechende Regelung gibt es im arbeitsgerichtlichen Verfahren nicht; sie wird allerdings auch im sozialgerichtlichen Verfahren selten angewandt, gleichwohl ist die Kenntnis der Norm obligatorisch.

Die **Auferlegung der Verschuldens- bzw. Missbrauchskosten** erfolgt im Urteil, oder wenn das Verfahren durch Beschluss anders beendet wird, nicht im laufenden Verfahren. Deswegen ist, gerade im Fall des Missbrauchstatbestandes, auf einen entsprechenden Hinweis des Gerichts zu achten. Erfolgt die Auferlegung der Kosten nach § 192 SGG mit Urteil oder Gerichtsbescheid, kann hiergegen nur im Wege der Berufung bzw. Revision, also im Rahmen der Hauptsache, vorgegangen werden. Legt das Sozialgericht die Kosten wegen anderweitiger Erledigung durch Beschluss auf, ist hiergegen die Beschwerde nach § 172 SGG gegeben.

Auch der **Behörde** können nach § 192 Abs. 4 SGG **gerichtliche Ermittlungskosten** ganz oder teilweise **auferlegt** werden, die dadurch verursacht werden, dass die Behörde erkennbare und notwendige Ermittlungen im Verwaltungsverfahren unterlässt, die im gerichtlichen Verfahren nachgeholt wurden. Diese Norm ergänzt § 131 Abs. 5 SGG, die dem Gericht ermöglicht, eine Sache an die Behörde zurückzuverweisen, wenn notwendige Ermittlungen im Verwaltungsverfahren unterblieben sind – allerdings nur dann, wenn seit Eingang der Akten der Behörde bei Gericht nicht mehr als 6 Monate vergangen sind. Hier erfolgt die Auferlegung der Kosten stets durch gesonderten Beschluss, § 192 Abs. 4 S. 2 SGG.

Stichwortverzeichnis

Planvoll – prägnant – praxisorientiert.

AUCH ALS E-Book

WWW.BOORBERG.DE

Das Sozialgerichtsverfahren

Leitfaden mit Musterbeispielen für die Praxis

von Dr. Robert Horn, Ständiger Vertreter des Direktors des Sozialgerichts Gießen, Julia Pfeffer, Richterin am Sozialgericht Gießen, und Professor Dr. Henning Müller, Direktor des Sozialgerichts Darmstadt

2024, 296 Seiten, € 49,–

ISBN 978-3-415-07570-2

Leseprobe unter www.boorberg.de/9783415075702

Das Buch rückt das Sozialverwaltungs- und das Sozialgerichtsverfahren in den Mittelpunkt. Er besticht durch seine praxisorientierte Darstellung. Alle wichtigen Rechtsfragen werden behandelt. Viele Muster und Arbeitshilfen erleichtern das Verständnis und den Vollzug der einschlägigen Rechtsvorschriften. Zunehmende Bedeutung gewinnt auch der elektronische Rechtsverkehr, worauf der Wegweiser ausführlich eingeht.

Das Autorenteam ist langjährig in der Sozialgerichtsbarkeit tätig. Es arbeitet aus der Vielzahl der Verfahrensnormen und der sozialgerichtlichen Entscheidungen die bestimmenden Maßstäbe heraus.

Rechtsanwenderinnen und Rechtsanwendern sowie allen beruflich an der Materie Interessierten steht damit ein zuverlässiges und hilfreiches Arbeitsmittel zur Verfügung.

BOORBERG
RICHARD BOORBERG VERLAG
BESTELLUNG@BOORBERG.DE TEL 0711/7385-343 FAX 0711/7385-100

RA1024

Grundlegender Leitfaden für die Praxis.

AUCH ALS E-Book

WWW.BOORBERG.DE

Das sozialrechtliche Widerspruchsverfahren

von Dr. Attila Széchényi M.A., Ltd. Regierungsdirektor bei der Regierung von Oberfranken

2024, 2. Auflage, 128 Seiten, € 29,–

ISBN 978-3-415-07649-5

Leseprobe unter
www.boorberg.de/9783415076495

Der Leitfaden ist für den Bereich des sozialrechtlichen Widerspruchsverfahrens ein zuverlässiger Ratgeber, der auf die Bedürfnisse der Behörden zugeschnitten ist. Die Darstellung beschränkt sich im Wesentlichen auf Widerspruchsverfahren im Bereich des Zwölften Sozialgesetzbuches. Gleichwohl kann sie auf andere Bereiche gut übertragen werden. Neue Vorschriften im SGB X und SGG, die im Zuge der zunehmenden Digitalisierung von Verwaltungsverfahren und sozialgerichtlichem Verfahren ergänzt wurden, sind eingearbeitet.

Von der Zulässigkeit und der Begründetheit des Widerspruchs bis zum Aufbau des Widerspruchsbescheids behandelt der Leitfaden mit zahlreichen Mustern die sich in der Praxis ergebenden Probleme. Ausführungen zu den Kosten und der Rechtsbehelfsbelehrung sowie zu Bekanntgabe und Zustellung runden den Band ab.

BOORBERG
RICHARD BOORBERG VERLAG
BESTELLUNG@BOORBERG.DE TEL 0711/7385-343 FAX 0711/7385-100

SC0924